当代新闻与传播学系列教材

新闻编辑

（第二版）

陈红梅　编著

WUHAN UNIVERSITY PRESS
武汉大学出版社

图书在版编目(CIP)数据

新闻编辑/陈红梅编著.—2版.—武汉:武汉大学出版社,2011.3(2018.6重印)
当代新闻与传播学系列教材
ISBN 978-7-307-08526-8

Ⅰ.新… Ⅱ.陈… Ⅲ.新闻编辑—高等学校—教材 Ⅳ.G213

中国版本图书馆CIP数据核字(2011)第015669号

责任编辑:胡国民　　责任校对:黄添生　　版式设计:马　佳

出版发行:**武汉大学出版社**　(430072　武昌　珞珈山)
(电子邮件:cbs22@whu.edu.cn 网址:www.wdp.com.cn)
印刷:北京虎彩文化传播有限公司
开本:787×1092　1/16　印张:15.25　字数:367千字　插页:1
版次:2004年12月第1版　2011年3月第2版
2018年6月第2版第3次印刷
ISBN 978-7-307-08526-8/G·1931　定价:26.00元

目 录

第一章
绪 论

第一节 新闻编辑学的研究对象及其与相关学科的关系

一、编辑与编辑学

“编辑”一词的出现是人类社会物质文明和精神文明发展的产物，在我国有着悠久的历史。《说文解字》中是这么解释的：“编，次简也。”颜师古在《汉书注》中写道：“辑与集同，谓书之总要。”在他们看来，编辑就是顺其次第、编排成册的意思。我们现在所了解的资料表明，我国“编辑”二字合用为一词最早见于《魏书·李琰传》：“修撰国史……前后再居史职，无所编辑。”此种用法在唐代文献中多处出现，其基本意义是收集材料、整理成书。如唐颜元孙《干禄字书序》：“不揆庸虚，久思编辑。”此时“编辑”一词的意义和用法已与现代非常接近了。

在欧洲大多数语言中，“编辑”一词源于拉丁语 redigere 及其过去分词 redactus，本义为“to bring back”，即取回，首见于15世纪，比汉语“编辑”一词晚了八九百年，后引申为“to draw up（a document）”即起草，再引申为“to edit or prepare for publication”，即编辑、整理成出版物之意。可以看出，最早使用“编辑”一词，乃取其“收集、整理”之意。

随着社会的发展、分工的细密，编辑工作也日益复杂和多样化，原来的“编辑”一词的意思已不能涵盖其现代意义。现代汉语中的编辑，名词中有职务（总编、主编、责任编辑、执行编辑等），职称（编审、副编审、编辑、助理编辑等）、动词（编辑）。作为名词的编辑，依其学术、业务范围的不同，可分为编辑学家（编辑常识渊博、对编辑学学科建设颇有建树的人）、编辑家（长期从事编辑实践，业务熟悉、经验丰富的人）、编辑工作者（一般从事编辑业务的人员，或简称编者，包括编辑家与编辑学家）。现代意义上的编辑，是指在大众传播活动中，为满足受众的需要，使用独特的传播符号对他人的精神文化成果（文字、图片、图像）进行选择、组织、整理加工等，使其形成具有完善的形态，能广泛传播的创造性劳动，还指从事这一劳动的人。

从人类社会的实践看，广义的编辑活动在人类历史发展的过程中很早就出现了。我国远古把文字刻在龟骨、兽骨、竹简、石头上，或写在树皮、木板、绢帛上。墨子《兼爱篇》：“书于竹帛，镂于金石，琢于盘盂，传遗后世子孙知之。”在竹者曰“简册”，在木者曰“尺牍”，片竹者曰简，多片编之成册，集合一起谓之辑。集“简”成“册”谓之编。造纸术是到东汉才出现的，其历史是悠久而漫长的，但把编辑活动当做对象来研究的“编辑学”这个术语则是在1949年随着李次民的《编辑学》一书的出版而诞生的，直到20世纪80年代，社会上才出现了专门研究编辑学的读物，编辑学也才初步确立。

编辑学是研究编辑基础理论、探讨编辑工作一般规律和特殊规律的学科，它有着较宽的研究领域，包括图片编辑、杂志编辑、报纸编辑以及广播电视编辑、网络编辑等。它属于人文社会科学范畴，但又与自然科学、思维科学、管理科学等各种学科密切相关，是多种学科相互交叉而形成的边缘学科。目前，“编辑学”的国际用语有两种不同定名：一是redactology，一是editology。[①] 目前中国编辑学会采用前者，英译名为China Redactological Society，简称CRS。[②]

编辑与编辑学有着内在的本质联系，没有编辑活动，就没有编辑学，没有编辑学的学科建构，也就不会赋予编辑活动以科学的概念和内涵。从编辑到编辑学是客观事物运动变化的过程，也是编辑活动自身不断完善的必然趋势。

二、新闻编辑学的研究对象

新闻编辑是现代机构中，从事新闻产品的决策、组织、编辑、设计、制作等专业性工作的总称，同时也指从事这项工作的专业人员。新闻编辑学的研究对象是新闻编辑业务，是研究新闻编辑规律、方法和技巧的应用学科，它注重运用人文社会科学、自然科学等对新闻编辑业务的环节及流程进行理论总结和升华，以达到对新闻编辑进行指导的目的。

新闻编辑学的研究对象，根据传播媒介的不同，除了包括传统意义上的报纸新闻编辑、电视新闻编辑、广播新闻编辑、通讯社新闻编辑外，还包括随着网络的出现而出现的新兴编辑门类：网络新闻编辑。它除了具有传统新闻编辑的特点外，还有其自身的特点。比如相关内容的链接设计、图文结合、滚动版预设等。从总体上说，这几类编辑在业务上有着某些作为新闻媒介的共性。如都是以传播新闻产品为目的；传播的产品都是经过加工过的新闻；为了达到最佳的传播效果，都必须加以精心设计和安排，都要讲求准确、客观、生动，并且注重时效性。同时，它们又因各自传播媒介的不同而有其个性。如报纸和通讯社的新闻编辑主要是以文字和图片为传播符号以实现其编辑功能的，广播新闻编辑则是依靠语言和声音来进行传播，电视新闻编辑要注重电视视听结合、声画并茂的特点，网络新闻编辑则要特别注重其链接、滚动、互动的特性。其中，报纸编辑是新闻编辑的最早形式，也是所有编辑形式的基础，所以本书是以侧重文字编辑的报纸新闻编辑为重点来进行论述的。

三、新闻编辑学与新闻学

新闻学的主要研究对象是新闻事业，它包括报纸、广播、电视以及新兴媒体网络等在内的新闻传播事业。它以新闻事业为主，同时又涉及一切新闻活动或新闻现象。新闻学以其特定的概念和范畴组成独立的知识体系，这个独立体系的知识门类大致可以分为：理论

---

① 参见林穗芳、翁永庆：《关于“编辑学”国际用语定名问题的通信》，《编辑之友》1996年第2期。

② 参见后勒：《中国编辑学会在京举行成立大会》，《编辑之友》1993年第1期。

新闻学、应用新闻学、历史新闻学、新闻事业管理等。其中，应用新闻学是对新闻实际业务的研究及其规律的概括，它包括新闻采访、新闻写作、新闻编辑、新闻评论、新闻摄影、广播电视新闻等。新闻编辑学即属于应用新闻学范畴，是新闻学的一个分支，是研究报纸、广播、电视等新闻编辑工作的规律和方法的科学，它与应用新闻学的其他学科存在一定的交叉性。

四、新闻编辑学与编辑学

编辑学按对象不同，可以分为报纸编辑、图书编辑、期刊编辑、广播电视编辑、网络编辑等。其内容大致包括理论研究、应用研究和历史研究三个部分。

我们前面提到，新闻编辑学除了包括传统意义上的报纸新闻编辑、电视新闻编辑、广播新闻编辑、通讯社新闻编辑外，还包括近些年随着网络的出现而出现的新兴编辑门类：网络新闻编辑。所以，从其研究的内容来看我们不难发现，新闻编辑学是编辑学研究的一个分支，编辑学研究中还包括其他非新闻编辑业务的部分。

五、新闻编辑学与其他相关学科的关系

对新闻编辑学而言，从新闻的特质、编辑的信息以及知识所涵盖的内容考察，它具有渗透性、交叉性、跨越性和覆盖性等特征。因为新闻的内容会涉及社会生活的方方面面，对于新闻"把关人"之一的编辑来说，就必须掌握尽可能多的相关学科的知识。从编辑业务来看，可能会涉及的相关学科包括信息论、文化学、语言学、文学、心理学、传播学、逻辑学、艺术学、写作学、美学和方法论、系统论、控制论以及计算机操作技术等。从能力要求上讲，编辑又要尽量培养自己的辩证思维能力和创新能力，从而能够全面、客观地看待新闻事件。可以说，相对于媒体其他专业分工来说，编辑是一个学科跨度最大、内容涉及最广的工种。随着信息社会与知识经济时代的到来以及信息知识的社会化、生活化、网络化的趋势，新闻编辑普适性的品格也将越来越突出。

第二节　新闻编辑的基本任务

基于一定的目的，从事新闻类精神产品的征集、选择、整理、加工，促其发表或播出，使之有效传播的工作，就是新闻编辑工作。

新闻编辑的工作对象是精神产品——新闻稿件、新闻图片、广播电视节目素材等。这些精神产品是初始形态的，未必符合刊播的要求，只有经过了编辑人员的审改、整理、加工等一系列劳动之后，才能把它们转化为形态完整，并能广泛传播的精神成品。所以在新闻产品的生产过程中，编辑工作的重要作用不可忽视。

一、编辑工作的地位和作用

（一）从工作的流程看新闻编辑

从工作流程来看，新闻编辑是整个报纸工作的轴心，编辑部的组织结构和工作程序，都是围绕这个轴心进行的。编辑工作在报纸工作中的这种地位，是由编辑工作的对象、特点、任务和责任所决定的。

报纸的新闻编辑工作，包括制定编辑方针和报道方针、选择和组织稿件、整理加工、配置组合稿件、设计编排版面，直至制作成一张报纸，此外还包括收集读者的反馈意见等工作，这些工作贯穿报纸生产的全过程。也就是说，一张报纸的出版，从头到尾都是以编辑工作为纽带来沟通和连接起来的。从总编辑到记者、美工、校对、电讯人员以及广告、发行、技术操作人员，无一例外要同编辑人员打交道。可以说，整个报纸的工作，主要是围绕编辑出版一张报纸而进行的，而编辑工作则是这一流程的重要执行者、贯彻者。如果把刊登在报纸版面上的各类新闻稿件比作一颗颗珍珠的话，那么编辑的工作就如同穿珠的红线，整个报纸的生产过程就是编辑人员“一线穿珠”的过程。

（二）从稿件的内容看新闻编辑

编辑是报纸生产过程中的把关人和守门人，是报纸质量的监督者。

其一，编辑是信息内容的把关人。编辑每天都会收到来自各种渠道的稿件，这就产生了一个如何选择稿件的问题，只有那些立场正确、观点鲜明、事实准确而又符合报纸特点和风格的稿件，经过编辑严格筛选后，才有可能留下来。

其二，编辑是稿件质量的把关人。即使稿件符合上述条件，还存在一个稿件质量的问题，层次是否清晰，重点是否突出，语言是否流畅，标题是否正确，有无错别字等，都需要编辑的认真修改，真是“编辑无小事，枝节需用心”。

（三）从与读者的关系看新闻编辑

编辑是联系读者与作者的桥梁。读者对新闻事件及稿件质量有什么看法，一般不大可能直接找记者，却比较方便与编辑联系；编辑再将读者的意见和建议反馈给记者，以促进其业务水平的提高。同时，编辑也可以在读者的信件中发现一些有价值的线索，建议记者进行相关采访等。

所以说新闻编辑工作实际上是一种服务性很强的工作。他是记者的朋友，又是读者的知己，是记者与读者之间信息交流的中介人；他是优秀稿件的“检验师”和“助产士”，又是新生力量的发现者和提携者。

二、新闻编辑工作的主要内容

新闻编辑工作是指新闻编辑在报纸生产过程中所要做的一系列工作，主要包括策划、编稿和组版三个部分。

策划包括宏观策划和微观策划：宏观策划包括报纸编辑方针的确立与报纸的整体设计方案；微观策划则主要是指报道的具体策划与组织。报道的策划又有长期、中期和即时之分。

编稿是指对稿件进行选择、修改、加工以及制作标题。

组版是指安排版面的内容和设计报纸的版面，是将单篇稿件进行搭配、组合，通过版式设计将其组合成一块完整、统一、协调的版面的操作过程。

其他媒体的新闻编辑活动，也同样贯穿节目制作的全过程。如对电视栏目的设置、主题的选择、素材的加工、解说词的改编、画面的剪辑、音乐音响的选配以及对各类人员的组织协调等。广播新闻编辑与电视新闻编辑的职能相似，只是其编辑的对象是无画面的声音而已。

三、新闻编辑工作的特点

（一）是报纸组织报道的"总串联"工作

在报纸生产过程中，编辑要与其生产过程中的各个环节打交道，从这个意义来讲，编辑是报纸的总设计师。

一张报纸的出版，是报社人员和社外人员，如上级领导、各个部门和广大读者共同努力的结果，也就是说，它渗透着整个社会的劳动，缺了哪方面都不行。但是，把这许多人的劳动汇总起来并将其最后显现为高质量的报纸的工作，则主要是靠编辑来完成的。编辑工作是报纸组织报道中的总集中、总整理和总加工，没有它，各种力量便形成不了合力，也就不能组成为一张报纸。可以说，编辑就如同"黏合剂"，紧紧地把报纸生产过程中的各工种以及与报纸相关的各部门紧紧地黏合在一起，只有具备了这种合力，才能保证报纸快速度、高质量的生产。

（二）是报纸组织报道的"总合成"工作

记者只需要对自己采写的稿件负责，而编辑每天则要面对来自如记者、通讯员及群众等各方面的稿件。这些稿件，有的未必符合报纸的要求，需要编辑进行修改和加工，最后版面编辑还要根据版面空间及主题表现的需要对这些稿件进行配置；有的还需要配置资料、图片等。此时，编辑是新闻生产这个系统工程的最后合成者。可以说，记者的种种努力，最终都要通过编辑的工作而体现在版面上。所以，如果说记者是新闻产品的"制造者"，那么编辑就是新闻产品的"供应商"。记者采集新闻信息，将信息加工成初级新闻产品，主要对新闻信息的真实性、客观性负责。编辑则要对新闻信息的价值作出准确判断，帮助记者对初级新闻产品进行二次或多次加工，使其新闻效应得到最大限度的发挥，并通过合理的版面语言，使该新闻或新闻组合从报纸版面的整体结构中体现出更深层次的价值。

（三）是报纸报道的"总把关"工作

一张报纸的出版，从制定办报方针和计划，到组稿、选稿、改稿、制作标题、安排版面，最后印刷发行，各道工序都需要严格把关，以保证传播、宣传的质量和效率。为了达到这个目的，需要各方面共同努力，编辑在这个过程中就起着重要的作用，尤其是版面编辑，是报纸印刷出版的最后环节，各种表面的和潜在的问题与差错，不仅都要汇集在这里，而且一旦漏过这一关就再也无法补救了。所以，我们说编辑是报纸的"总把关"，是"一夫当关，万夫莫开"的"一夫"。编辑要从方方面面严格把关。首先要把政治关，就是要研究分析稿件中有关马列主义、毛泽东思想的基本理论的阐述是否完整、正确；研究分析稿件中有关党的路线、方针、政策和口号的提法是否恰当、准确；研究分析稿件中提出的问题和报道内容的时机是否适当，等等。其次是把好一般差错关。就是要查看稿件中的基本事实和文字结构，消灭稿件中的各种"软"、"硬"伤，使稿件中的事实、引文、数字、人名、地点、时间、职称、年龄以及语言文字、逻辑文理和标点符号等都准确无误。

（四）是报纸报道的"创造性"工作

编辑工作是一种富有创造性的劳动。报纸编辑不是纯粹的技术性操作，而是一项内涵丰富，很需要创造性思维的工作。即使是小到对具体稿件的修改，编辑进行的也不是一种被动的劳动，而是要积极地从各方面考虑，使之符合报道的需要。可以说编辑工作的创造性体现在报纸出版的各个方面，渗透到从编稿到组版的各个环节，诸如为报道出点子、选角度、定题目，对记者或通讯员的初稿进行修改润色，在文稿的出版形式上作独具匠心的安排——如制作何种标题，是否设置为栏目，如何设计版面，是否配发评论等，都属于编辑的创造性劳动。没有创造性的报纸是呆板的、平庸的，是不能激起读者的阅读兴趣的。正如我国著名编辑家赵家璧所说："我从实践中逐渐认识到，编辑工作不仅是'为他人做嫁衣裳'而已，也可以是一种从无到有的创造性劳动。"①

四、新闻编辑工作的流程

前面提到，新闻编辑在新闻产品的形成过程中，具有了"黏合剂"的作用，他的作用渗透到报纸生产的各个环节中，涉及的范围非常广泛，这对其他新闻媒介一样适用。以电视编辑为例，一般说来，制作一个电视节目，要经历选题、采访、构思、拍摄、剪接、撰写解说词、配音、编辑合成、复制拷贝等过程，然后才能制成可以播出的节目。而这些工作除了在电视剧中是由专门的编辑和导演来指导或直接分担上述分工外，在其他电视节目制作过程中，这一系列的工作都是由电视编辑负责完成的，编辑工作贯穿于电视节目制作的全过程。

具体说来，一张报纸从确立名称、宗旨、读者对象到报纸刊出，一般要经过以下几个环节：

制定编辑方针——设计报纸方案——策划安排报道——组织稿件（记者：采访写作、摄制照片；群工：处理来信来稿；编辑：约稿、写评论）——选择稿件——修改稿件——制作标题——配置稿件——设计版面——照排制版（校对、签发）——印刷——发行。

从编辑工作的流程可以看出，就具体稿件而言，其稿件编辑大致可以分为三个阶段：

第一阶段：来稿分流阶段。即将收到的各种来稿、来信集中分类，这项工作一般由群工部负责。该部编辑将来稿筛选、分类后，根据稿件内容分送给不同专业的编辑。

第二阶段：加工整理阶段。各专业性编辑部门（如经济部、科教部、都市新闻部、国内新闻部、评论部等）的编辑们审读各稿件，经遴选、加工、整理编成备用稿，同时还要从稿件、稿群的内容、角度等决定是否要配发言论、图片或其他资料，决定是否采用专栏、专版的形式等，编辑修改后交给编辑部的负责人审定。

第三阶段：版面编辑阶段。在这一阶段，版面编辑对各部门送来的稿件进行再评价、再选择、再修改，并最终决定如何编发这些稿件，如决定哪些应该退稿，哪些立即刊发，哪些延时刊发，哪些用作内参等，然后设计版面，进行版面编辑工作，最后将拼组好的版面交送有关负责人检查和审阅，后付印发行。

在这一系列流程中，除印刷和发行外，每一环节都少不了编辑的参与和创意。大到编辑方针的制定，小到错别字的校对，都是需要编辑悉心负责的。从上面的流程我们不难看出，现代新闻编辑工作是一个大的整体的概念，大体说来，新闻编辑有两种类型：一是宏观编辑，他负责报纸中带有宏观性、全局性的工作，如制定报纸的办报方针，确定报纸的

---

① 赵家璧：《编辑忆旧》，生活·读书·新知三联书店 1994 年版，第 10 页。

风格、宗旨，报纸各版内容的设置，以及时空范围较大的报道的策划与安排。另一类是微观编辑，他面对的是具体的稿件，如稿件的选择与修改、稿件的配置、标题的制作、版面的设计等。我们一般口头上说的编辑，指的就是微观编辑，即他们只面对具体稿件（报纸编辑面对文字、图片；广播电视编辑面对的是具体声像素材）。

只有这两类编辑密切配合，严格按照职责做好各自的工作，才能共同为读者奉献出一份质量优良的报纸。

第三节 新闻编辑人员定位

一、编辑类别

随着报纸自身的不断发展，报纸规模的不断扩大，负责报纸编辑工作的编辑部门也不断趋于完善，报纸内部的分工就是在此基础上出现并逐渐发展成熟的。

在计划经济时代，“编辑部”的含义等同于“报纸”。编辑部既管编报，又管发行；广告部、发行部都是编辑部下辖的二级机构。改革开放后，这种“大编辑部小经营部”的结构在市场经济面前渐露弊端。1995年，《羊城晚报》率先试行社长领导下的总编辑负责制。报社作为最高一层机构，下辖编辑部和经理部，它们成为报社运行的“两个轮子”。编辑部下辖的是各专业部，一般设有总编室、评论部、经济部、群工部、文艺部等。随着报业市场竞争的加剧以及报纸自身发展的需要，大多数报纸实行了“采编分离”，这样，报纸编辑部内部从事新闻报道的人员就分成了编辑和记者两大工种，记者专职从事采访、写稿，不参与编辑工作；编辑专职从事稿件与版面的编辑，报社总编辑或主编还要在必要的情况下配写言论。

对于编辑人员可以从不同角度进行分类。西方有人把现代新闻媒体的编辑人员分为三种：一是录入编辑（又称拷贝编辑），主要负责从网络上收集本报记者发回的报道以及通过其他途径传输过来的信息，将其中有新闻价值的信息拷贝下来，并按照报纸的体例进行剪辑和编辑，为专栏编辑提供基本可用的稿件；二是专栏编辑，主要负责从录入编辑收编来的稿件中选取适合专栏或专版需要的稿件，编成一个专栏或专版；三是组版编辑（又称排印编辑），主要负责审阅专栏编辑编成的专栏或专版，对错误和疏漏进行修改和补充，最后组合成版面，交付印刷出版。① 我们可以按照不同的标准，对编辑人员进行如下分类：

（一）按照管辖范围和责任大小分

总编辑：总编辑是编辑部门的总负责人，主管编、采和联通等新闻业务。他是介于行政领导和新闻专家之间的“两栖”角色。其主要职责是统筹全局，把握办报刊方向，拟定编辑方针，组织和指挥各个时期的宣传报道，并随时分派编辑部人员（编辑、记者、评论员、资料员等）的工作，裁决编辑部工作中出现的问题，对重大或有疑问的稿件、主要的标题、报纸的大样、清样进行审读、签发。

---

① ［美］多萝西·A. 鲍尔斯、黛安·L. 博登：《现代媒体编辑技巧·译者序》，新闻出版社1999年版，第2~3页。

编辑部主任：编辑部下属的各个具体业务部门的负责人。其主要职责是：制定本部门的报道规划并组织和调控报道，审读、修改、签发本部门记者和通讯员的稿件，并分类提供给相关版面主编。

版面主编：负责设计、组拼报纸版面的编辑。其主要职能是负责主持本版分工范围内的选稿、改稿、标题、组版等各项工作。

编辑：协助编辑部主任和版面主编工作，担任一定范围的稿件编辑任务的人员。其主要职能是审读、初选和修改稿件、制作标题等。

校对：在报纸出版过程中专门从事校对工作的人员。其主要职能是订正差错，以保证报纸的质量。

（二）按编辑工作的业务流程分

日班编辑：新闻单位内白天从事编辑工作的一般人员，包括日间从事组织、选择和修改稿件，制作标题、编辑副刊、专栏等工作的人员。由于其工作程序前后相接而工作内容又各具特点，故又有日班编辑和夜班编辑的划分。

夜班编辑：夜间从事编辑工作的一般人员。其从事的是报纸出版前必须在夜间完成的编辑工作。如赶写重要评论、赶发重要稿件，制作标题和设计版面。由于其处在出版前的最后几道工序，时间紧，任务急，责任重大，具有与日班编辑不同的特点。

内务编辑：又称“编务”，是负责编辑部内部业务事宜的工作人员。其主要任务是搜集、研究和整理内部情况，汇集和编写各种资料，出版内部新闻业务交流刊物，培训通讯员骨干等。

（三）按编辑的内容分

新闻编辑还可以按编辑内容的不同划分为政治编辑、经济编辑、文教编辑、体育编辑等。另外，有些新闻单位内还设有言论编辑、特种编辑（新闻单位内从事某些特殊编辑业务的人员，主要是指从事副刊、专版和美术、摄影等编辑工作的人员。他们所从事的编辑业务具有特定的范围，有一定的专业性和专题性，与一般的编辑业务有所不同）、特约编辑（也称为社外编辑，是指新闻机构从外来单位请来从事编辑工作的人员）、电讯编辑（编写加工通讯社来稿以供出版的编辑）。

二、职业素养

职业素养是指编辑人员在从事日常编辑工作中应当具备的特定条件，包括：

（一）理论修养

理论是行动的先导，掌握理论是为了运用理论更好地指导实践。编辑每日面对大量的稿件，如何选择、如何报道，往往受其价值观、世界观的影响，而他们的价值观、世界观的形成除了实践之外，主要来自三个方面的理论。

第一，认识理论。编辑人员首先要掌握马克思主义关于唯物论和辩证法的理论，以便于在纷繁复杂的事物运动过程中认清本质，把握规律，区分主要矛盾和次要矛盾。具体到报道活动中，就是要用理论武装自己，使新闻传播符合事物的本来面貌。注重用辩证的方法去看待问题，既要看到稿件的优点又要看到其不足，摒弃只看一点不及其余的片面做法；坚持新闻的真实性，坚持用全面的观点和发展的眼光审视周围的事物，自觉地以唯物主义和辩证法约束自己的编辑行为。

第二，政策理论。编辑工作的最终目的就是快速、优质地把新近发生或正在发生的事实报道出来以满足受众的知情权。为取得最佳的传播效果，编辑人员就必须了解、掌握有关政策，以便使自己的编辑结果符合相关政策的要求，少走弯路、少犯错误。编辑人员应加强对党的路线、方针、政策的学习。党的十一届三中全会以来，党制定了一系列促进新闻事业发展的政策，并专门制定了《著作权法》、信息公开法和其他相关法律、法规。编辑人员学习理论、提高政治理论水平，其直接和主要的目的就是加深对党的现行路线的理解和增进执行贯彻党的方针、政策的自觉性，使自己始终保持清醒的头脑，在大是大非问题上不犯错误。

第三，专业理论。编辑要对自己工作范围中的相关知识和理论要比较熟悉。作为编辑，只有熟悉掌握这些理论，才可能使这些领域发生的事件得以准确、及时的反映，才可能减少稿件中的"硬伤"。从事某一领域的编辑工作时间久了，编辑就会成为这一领域的"专家"了。从这个方面讲，编辑的理论水平往往决定着报纸的水平和传播效果。

（二）知识结构

一般说来，新闻编辑应具备四类知识：

1. 基础知识

基础知识指文、史、哲方面的知识。虽然我们不能要求编辑成为文、史、哲方面的专家，但编辑要在此方面具有相当的功底却是非常重要的。

就文字编辑而言，编辑首先应具备"驾驭"文字的能力。编辑是信息传播的中介，要想准确、有效地传播信息，就必须熟练地运用语言文字这个工具。著名语言学家陈原先生就曾说过："语言文字（口头语言、书面语言）是一切编辑工作的基础。所以传播媒介——其中特别是报纸书籍的编辑，应当毫无例外地掌握驾驭文字的艺术。"① 在史、哲方面，编辑也应当有较深的功底，编辑具备史、哲方面的知识，就可以运用辩证思维，从唯物史观的角度发现并校正来稿中的错误，从而保证稿件整体的正确性和逻辑性。

2. 专业基础知识

专业基础知识主要是指新闻学概论、传播学学科的相关知识。这些知识是新闻专业知识的基石，又是能用以指导实践的专业理论知识。

一位优秀的新闻编辑，不但要熟悉编辑工作的流程，还应通晓新闻专业的基础理论知识，因为这些基础理论源于实践同时又可以很好地指导实践。学习研究新闻理论，了解新闻传播规律，懂得新闻工作的基本原则与方法，可以提高编辑工作的自觉性，减少盲目性。一个用心的新闻编辑应不断地结合编辑实践，及时总结经验，并适时将其上升到理论的高度。

3. 专业知识

专业知识是指编辑、采写、版面设计、摄影之类专业性较强的知识。这类知识仅仅从书本上学习是不够的，必须在学习理论的同时不断地在实践中锻炼、提升。

4. 百科知识

百科知识是指各种知识，即各学科、各领域的知识。之所以要具备百科知识，是由编辑工作"杂"的特点所决定的。编辑每天接触的稿件往往来自不同的领域，为了增强编

① 陈原：《论"驾驭"文字的艺术》，《编辑学刊》，1994 年第 5 期。

辑不同稿件的科学性，编辑人员平时要注意拓宽自己的知识面，尽量开阔自己的视野。

三、能力要求

一个合格的编辑除了要掌握相关理论、具有一定的知识储备外，还要有一定的业务能力。

（一）创新能力

由于目前报纸竞争的加剧，创新也就成为摆在各报纸面前的重大课题。从某种程度上说，创新就意味着能够在激烈的市场竞争中生存下去，没有自己独特风格的报纸只能被市场所淘汰，这是市场竞争的无情法则。在报纸生产过程中处于“总设计”、“总把关”地位的编辑自然就要责无旁贷地担负起创新的重任。可以说，一份名牌报纸，处处闪烁着编辑与众不同的创新能力。编辑的创新能力具体包括：

1. 新闻策划能力

新闻策划包括从出点子到实施点子的全过程。它不同于一般的计划，它追求突破，从内容到形式都要令人耳目一新。因此，新闻策划贵在创新。这种新闻策划不能背离新闻真实这个基本要求，相反，它是以新闻价值和新闻事实为依据的；编辑一是要有“预事”能力，要能心中预知大事，手中不漏小事；二是要有“预效”能力，能够预知这条新闻的社会反响；三是要有“预机”能力，采访的时机、采写的角度等都要能预先确定。

2. 专版策划能力

专版策划能力体现在形式与内容两个方面，专版编辑要讲究运筹，讲究谋略，改变以往守株待兔或集稿的方式，要变守为攻，变被动为主动。要做到选题创新、内涵丰富，要贴近群众、贴近生活，抓住热点问题，进行正确的舆论导向，从而把专版办得富有特色，并逐渐形成自己的风格。这种专版的策划在节假日及突发事件的报道中显得尤为重要。

3. 评论创新能力

要办成名牌报纸，从内容到表现形式都必须创出新意。在见诸版面的各类文稿中，评论是比较容易显现新意的一种。评论是仁者见仁、智者见智的一种文体，编辑在编排来稿或自己配写评论时要注意挖掘事件的新意，要能够于平淡处见神奇，于无声处听惊雷。立意鲜明、角度新颖的评论往往能牢牢吸引读者的目光，能培养读者对报纸的忠诚度。

4. 专栏策划能力

编辑在选题时要有创新能力，要能够突出时代精神，可适时开设一些富有时代精神的小专栏，以灵活多样的形式反映时代风貌，贴近百姓生活。

5. 标题创新能力

标题是文章的眼睛，是文章主题最简明、最有力的体现。要想使眼睛亮起来，关键要在标题创新上下工夫。编辑要善于发现稿件中最吸引人、最有新闻价值的地方，然后以新鲜、醒目的形式体现出来。在编排标题时要讲究标题的文采，此时编辑的文、史、哲底蕴就显得非常重要。

6. 版面创新能力

版面是报纸的面孔，是报纸留给读者的第一印象，对版面的设计越来越受到报纸的重视。版面推陈出新的需要，给编辑提出了更高的要求：增强审美意识，增强艺术感知，能够传达视觉美感。富有新意的版面能够给读者留下良好的印象，不但增强了他们的阅读欲望，而且能给他们以赏心悦目的艺术享受。被称为国内报纸版面设计的“四大名旦”《北京青年报》、《新闻出版报》、《中国工商时报》、《中国减灾报》就已闯出了一条版面创新之路，使版面达到了新、奇、美、精的境界。①

（二）组织协调能力

编辑工作是整个报纸工作的轴心。编辑部的结构和工作程序，都是围绕这个轴心设置的。可以说，在整个报纸的生产过程中，编辑具有一种黏合剂的作用。编辑把报纸的各个工种有机地结合起来，并使之正常运转，保证了生产过程的顺利进行。从总编辑到记者、美工、校对、资料人员以及广告、发行、照排制版、电脑操作人员等，都无一例外地要与编辑打交道，如果没有编辑工作，整个报纸的出版工作就无法正常进行。

编辑的重要作用，决定了编辑应具备相应的组织协调能力。编辑应像红线、纽带和脉络一样来牵动、沟通和连接各部门，以保证每一个环节都能够环环相扣、有条不紊地开展工作。编辑要统观全局，做到“胸中有丘壑”，树立正确的世界观，掌握科学的方法论，对一些重大问题，能够站在战略的高度，进行预见性、针对性的研究，并能够适时指导编辑部各环节的工作。既能从大处着眼，又能从小处入手。

那么编辑怎样增加自己的协调能力呢？这就要求编辑平时要注意锻炼自己的社会活动能力与交往能力，因为新闻工作是一种社会性极强的工作，牵涉的范围是极广的。一名合格的编辑自然不能只呆在办公室里编辑来稿，他必须是一位社会活动家，他必须深谙自己所处时代的特征、社会习惯、文化背景和风土人情。他既能与达官贵人畅叙政坛风云，又能与文人墨客一道吟风弄月，还能和平民百姓一起促膝谈心。编辑只有具备了较强的社交能力，才能知道怎样去协调与周围同事、朋友的关系，知道为取得有价值的线索应采取什么样的方式，真正做到表面看似风平浪静，一切却早已了然于心，这才是优秀的编辑人才所应达到的境界。1964 年任《纽约时报》总编辑范·安达有句名言：“孤陋寡闻的人是不配当编辑的，这样的人无法指导记者到合适的地方去发现和采访新闻。”

（三）鉴别能力

鉴别能力是指编辑对稿件的判断能力。编辑具备鉴别能力这一要求缘于编辑是报纸的“把关人”这一职能。如果说记者从事采访，同新闻来源直接发生关系，可以叫做“第一把关人”，那么编辑从事新闻产品的最后加工和定稿，则可以叫做“最后的把关人”。经过编辑的手，新闻报道是正确的还是错误的，是完善的还是不足的，就可以作出最终决定。后面的环节，如印刷等一般不可能对内容进行任意修改，所以编辑的这种“最后把关”就要求编辑应当具备敏锐的鉴别能力。

编辑对稿件的鉴别大致包括三个方面：

第一个方面是政治倾向的鉴别，这是选用稿件的重要前提。编辑要认真负责不让违反马列主义、毛泽东思想、邓小平理论的错误观点流传出去，不让违背党的路线、方针、政策、文件精神的提法流传出去，不让涉及我们党和国家的各种机密的内容和字句流传出去。

第二个方面是事实真伪的鉴别。对于稿件中报道的事件，编辑要独具慧眼，切不可偏听偏信。新闻以真实性为前提，而有的记者为了达到某种特殊目的，不惜制造假新闻。如

① 参见荆瑞鹏：《论报纸编辑的创新能力》，《编辑学刊》2000 年第 6 期。

果编辑不具备鉴别真伪的能力，一旦让这种假新闻刊登出去，其对读者感情的欺骗以及对报纸信誉度的损害都是难以弥补的。鉴别事实真伪的能力来自于编辑长期的工作经验以及对生活的感情，这就要求编辑不能只在办公室里编稿件，还要经常深入人心，丰富生活阅历，开阔自己的眼界，惟其如此，才能练就一双敏锐的慧眼，才能不让虚假新闻有可乘之机。

第三个方面是稿件质量的鉴别。有经验的编辑应当在看完稿件后就对篇稿件的质量就做到心中有数。稿件有无新意，能否刊登以及具体的修改工作应从何处下手等都已了然于心。编辑有选择和修改稿件的权力，因此稿件的命运往往就系于编辑的一念之间。一个缺乏质量鉴别能力的编辑很可能会轻易地埋没有价值的稿件而浑然不知，所以优秀的编辑应该是善于发现“千里马”的“伯乐”，以发现有价值的稿件、培养写作新人为乐事。编辑对稿件的鉴别能力是编辑基本修养和工作经验的综合体现。一般说来，理论修养、知识修养、职业道德修养越高的人，对稿件质量的鉴别能力也就越高。

(四) 写作能力

写作能力是编辑的一项基本功。编辑每天都要修改大量的稿件，如果自身的写作功底薄弱，又怎么能够去对别人的稿件品头论足呢？

写作能力对编辑工作的意义十分深远：一是编辑可以体会到新闻写作的艰辛，从而认真对待他人来稿，增强编辑审稿的责任感；二是可以掌握写作规律，运用新闻写作规律审阅稿件，提高审稿、改稿的能力；三是通过写作进一步促进自己了解和掌握新闻学科前沿的最新信息，提高自身的业务素质。许多前辈编辑都是既长于编辑工作又勤于新闻写作，成为学者型的著名编辑、作家，如邹韬奋、邓拓等。

编辑自身的写作水平会明显地影响其处理稿件的水平。如何使稿件的主题凝练、层次清晰、文词简洁、标题鲜明等，都离不开编辑的写作功底。一个自己胸中没什么墨水的编辑不但不可能改出什么好稿，甚至还可能将原来的好稿件改得面目全非。另外，在必要的情况下，编辑还要配写评论，这更是编辑写作能力的直接体现。一篇好的稿件如果配上蹩脚的评论，那实在是报纸编辑的一大败笔。

增强编辑的写作能力，要求编辑平时要博览群书，内容涉及的领域要尽可能地广泛。一篇修改后神采飞扬的稿件是编辑多年文字功底的体现和自身文学素养的结晶。

(五) 审美能力

新闻编辑的实践告诉我们，凡是能够经得住时间的考验，历久弥新的新闻作品，无一例外都具有很高的美学价值。无论是文字的编排、标题的制作、版面的设计以及花边的运用、照片的修剪、漫画的穿插等都能够折射出编辑的审美水平。

编辑的审美能力首先要求编辑要具备“美”的情感，能够与作者、读者真心地交流。这种情感是真实人性的流露，是与读者产生的共鸣。编辑的这种情感，会渗透到具体的编辑工作中，引导他去选择美的内容，创造出新的形式。

编辑在选择稿件时，要注意维护社会道德准则，传播自身的审美观念，不能仅仅满足于对读者简单的信息告知，而应着眼于长远，以有较高文化含量的作品对读者进行审美能力、审美情趣的引导，以优秀的作品呼唤时代新风，维护社会正义，坚持用优秀的作品的鼓舞人，用高尚的情操感染人。

选择了“美”的内容，还要赋予其以“美”的形式。对于编辑而言，这种美的形式大致包括两个方面：一是通过对稿件的修改，赋予单稿以能够较好承载其内容的恰当形式，即语言要准确、流畅，层次要清晰、分明，标题要鲜明、突出；二是要创造出“美”的版面风格，这具体表现在稿件间的合理配置、编排手段的适当运用，文字与图片的合理搭配等方面。老报人徐铸成在他的《新闻艺术》一书说过：一个版面好比一桌酒席，要搭配得当，不要像蹩脚的厨师，端上来的菜都是一个味。范敬宜在《〈人民日报〉版面备要·序》中也指出：“版面是一门学问，也是一门艺术，当然更是一种政治。”版面作为“报纸面孔”，其风格最能体现出编辑的审美能力，编辑在设计版式时，既要注重图文并茂、多姿多彩，又要注重标题、字符、图片、空白的相得益彰，还要发挥题饰、字形、花边、网底的装饰作用，创作出或者有阳刚之美，或者有柔雅之风的版面。

总之，作为一种社会精神产品生产过程中的一个环节，编辑的基本劳动就是审阅、修改、组版，这既是一种创造性的劳动，又是一项审美活动。编辑人员在具体的工作中应当自觉地将美学知识运用到实践中，使自己的劳动成果成为一件艺术品，使它们整体协调，从而达到艺术形式的完美。

（六）现代传播技术操作能力

报纸编辑要时时关注国内外新闻领域的最新动态。国内外各种报纸丰富多彩的报道形式、妙不可言的版面设计、视觉冲击力特强的新闻摄影、颇具特色的独家新闻等，都会令我们耳目一新。

近些年来，由于高新技术的崛起，电子技术被迅速而广泛地应用于编辑、排版、信息储存、传输、印刷等领域，实现了计算机处理的一体化，这给新闻编辑的创新开辟了广阔的天地。作为报纸编辑要掌握并熟练运用这些新技术，使这一优势发挥出来。可以说，对于现代新闻编辑而言，对最新技术的掌握，是编辑工作的一项基本能力要求。

四、道德修养

这里说的道德修养，主要是指职业道德修养。在一个物欲观念强烈碰撞的时代，新闻编辑人员难免会遇到各种各样的诱惑，想要抵制这种诱惑，坚守新闻职业理想，保证新闻的客观性、公正性，就必须树立正确的人生观和价值观，增强自身的道德修养。那么具体应该怎么做呢？

（一）爱岗敬业

“苦恨年年压金线，为他人做嫁衣裳。”这是唐人秦韬玉《贫女》中的最后两句，用它来形容编辑工作的特点十分贴切。编辑工作者是“幕后英雄”，他们将作者送上来的“素材”修改成符合报纸特点、符合传播要求的“成品”，见报后读者记下的却是记者的名字。在很多人看来，编辑把稿件修改得更好是应该的，而出了问题，编辑的责任却是重大的。很多老编辑案头作业多年，总是为别人的东西修修改改，多少年回头一看，自己倒是没有写过多少，没有什么是自己的，常不免心生感慨。然而即使如此，仍有许多编辑辛勤耕耘在这块沃土上。支持他们乐此不疲的动力是什么？是爱岗敬业的精神，是不计个人名利的操守。编辑工作虽然清苦，但他们却像寻宝那样，以发现新人新作为乐，“得天下佳作而推荐之”便是他们所崇尚的信条和乐趣所在。惟其如此，编辑才能克服自身的失落感，才能心甘情愿地为他人“做嫁衣裳”。

(二) 读者观念

报纸编辑人员从一开始制定办报方针、政策和计划时就应当以受众是否喜欢、读者是否同意、公众是否拥护作为办报的准则。让报纸的形式、内容更多地面向群众、反映人们生活。读者是报纸的上帝，读者的喜爱是对编辑工作的最大奖赏，也是编辑工作的无穷动力所在。一个称职的编辑应注重加强同群众的联系，除了要与作者、读者打交道外，还要与传播过程中的许多环节中的人员进行交流，只有了解群众所想所需，才能及时调整编辑方针和内容提供，才能办出高质量的报纸来。

(三) 廉洁自律

新闻编辑有选择稿件的权力，在使用这个权力时，要提醒自己廉洁公正，正确处理好各种利害关系，坚决抵制拜金主义、享乐主义和个人主义思潮的侵蚀，反对“有偿新闻”，正确对待和处理好关系稿、人情稿，杜绝权力稿、金钱稿，自觉与各种腐败现象作斗争。

(四) 勇担责任

编辑是新闻报道的“把关人”，编辑选择及修改后的稿件所具有的倾向性代表着媒体的立场和态度，同时也是公众舆论的重要表现形式，这对营造良好的社会风气有着重要的作用。所以编辑要有不畏强暴、疾恶如仇的精神，鞭挞黑暗，伸张正义，为社会进步和正义事业尽到自己的一份责任，“铁肩担道义”应是编辑自觉的道德追求。

◎思考题：

1. 编辑学与哪些学科有关系？
2. 为什么说编辑的工作是一项“创造性”劳动？具体表现在哪些方面？
3. 如何增强新闻编辑的职业道德修养？

第二章 新闻传播与新闻评价

第一节 新闻传播的社会功能

认识新闻传播的社会功能，对于一个新闻编辑来说具有特殊的意义，它可以促使新闻编辑恪守职业道德规范，坚持以新闻专业主义为本位，自觉对待自己工作的每一个环节。我们可以从以下角度来认识新闻传播的社会功能。

一、关于媒介功能的研究成果

（一）媒介的正负功能

1. 正功能

1948 年，拉斯韦尔在《社会传播的结构与功能》一文中提出了传播活动对于社会存续和发展的三大功能，从总体上强调了媒介对社会系统的平衡功能。

（1）监视环境。拉斯韦尔把新闻工作者比喻为“哨兵”。他认为，在动物界，一个群体往往会指派某些成员担任“哨兵”，一旦周围出现异样情况或危险，哨兵就会及时发出警报。这些哨兵对族群的发展与延续非常重要，而人类中担当起这一重要职责的就是新闻传播机构。

普利策的名言是：“倘若一个国家是一条航行在大海上的船，新闻记者就是船头的瞭望者。他要在一望无际的海面上观察一切，审视海上的不测风云和浅滩暗礁，及时发出警告。”他把新闻工作者比喻为时刻站在船头监测意外情况的瞭望者。

施拉姆也把媒介的这种环境监视功能形象地比喻为“社会雷达”。他们都从积极方面肯定了媒介所具有的监视环境的功能。

（2）协调关系。新闻媒介通过其功能的发挥，可以把社会的各个部分、各个环节、各个因素整合为一个有机的整体，以维护社会的正常运转和安定秩序。如果说监视环境主要体现在报道方面，那么协调关系就主要体现在言论和新闻评析中。监视环境着眼于真实迅速，协调关系侧重于意见沟通。

大众媒介在监视环境和协调关系方面，有着得天独厚的优势。就监视环境而言，媒介可将信息迅速、准确地传递到社会各界；就协调关系而言，媒介则通过其传播的广泛性和公开性，使意见能在社会的最大范围内实现最大程度的理解和共识。

（3）传承文化。大众传播活动是一种积极的文化形式，是文明发展演变的产物和结果，但同时，它又是传承社会文化和进行社会教育的最佳载体。它可以以这种普遍、快速的形式，形成累积效应、共鸣效应、“遍在”效应，将信息传递到千家万户，使对文化的传承成为自觉和无意识。它的日常报道和评论，它所提供的各种信息，既是对以往文化的传承，又是对当代文化的记录，还能成为未来文化研究者研究我们当代文明的重要资料。“今天的新闻就是明天的历史”，它说明了新闻媒体履行的就是这种记录历史、传承文明的重要职责，它对文化的传承精细入微，渗透到我们生活的方方面面。

（4）提供娱乐。1975 年，社会学家赖斯在《大众传播：功能的探讨》一书中，对拉斯韦尔的功能学说作了重要补充，即增加了一大功能：提供娱乐。其实早在 1967 年，学者斯蒂芬森就提出过大众传播的“游戏理论”①，他认为，传播的目的主要是为了游戏、使人愉悦。媒介几乎所有的内容，都具有游戏和娱乐的作用。

关于大众传播的社会功能，社会责任论者提出的现代社会对于报刊的五项基本要求，很好地概括了新闻传媒的功能。

①提供真实、全面、理智的报道，并将它们置于能显示其意义的特定的前后联系之中；

②报刊要成为“交换评论和批评的论坛”；

③报刊要反映各个集团的典型画面；

④报刊要负责介绍和阐明社会的目标和美德；

⑤报刊要“完全接近每日的信息”，这是对新闻报道完整性的要求。

2. 负功能

美国另一位传播学奠基人拉扎斯菲尔德提出了媒介的负面功能论。他认为，大众媒介具有麻醉精神的消极功能，主要体现为两个方面：一是让人沉醉在虚幻的满足中，二是由此剥夺了人们的行动能力。除此之外，拉扎斯菲尔德和默顿还论及了媒介的以下几点负面表现：

（1）持续不懈的媒介宣传使人们丧失辨别能力而不假思索地顺从现状。他们指出，美国的大众媒介不断肯定现存制度的合理性，而且始终不触及与社会结构有关的实质性问题。因此，商业性大众媒介一方面使人们顺从现实，另一方面又很少为人们提供深刻认识社会问题的根据，这也就间接却有效地限制了人们对社会做真正中肯的批判，即大众媒介造成了“社会顺从主义”。

（2）媒介内容是使大众的审美鉴赏力退化和文化水平下降的重要原因。出于经济和政治的原因，大众传媒往往将重点放在世俗文化的传播上，降低艺术品位以迎合受众、占领市场，致使娱乐消费泛滥，高雅文化得不到展示和弘扬。

（3）媒介以低廉的代价占用、剥夺人们宝贵的自由时间资源。随着机械化程度和文明的提高，可供人们自由支配的闲暇时间越来越多，而媒介却以它诱人的通俗文化大量占据人们本应做更有意义的事情的宝贵时间。

拉扎斯菲尔德和默顿曾不无讽刺地说：“多少代以来，人们为了争取更多的自由时间而进行斗争，但现在他们在自由时间里是跟哥伦比亚广播公司的节目打交道，而不是跟哥伦比亚大学打交道。”

---

① ［美］威尔伯·施拉姆、威廉·波特：《传播学概论》，陈亮译，新华出版社 1984 年版，第 16 页。

（二）从传播学角度理解媒介的社会功能

1. 把关人理论

1947年，美国社会心理学家库尔特·卢因首次提出“把关人”概念，他认为，在群体传播过程中存在着一些把关人，只有符合群体规范或把关人价值标准的信息才能进入传播的渠道。①

1950年，传播学者怀特将社会学中的这个概念引入新闻传播领域，明确提出新闻筛选过程中的“把关”模式。他指出，社会上存在大量的新闻素材，大众传媒的新闻报道不可能有闻必录，而只能是一个选择的过程。在这个过程中，媒介组织形成了一道“关口”，通过这个关口传达到受众那里的新闻只是众多素材中的极少数，他指出了大众传播把关过程的实质：即大众传播的把关，决不止于新闻价值和新闻要素的分析，而是把政治、经济和意识形态因素考虑在内。

2. 议程设置理论

媒介的“议程设置”，是指新闻传媒经过精心策划，突出报道某些包含深意的事实、事件或问题，使之成为公众关注的焦点，并形成媒介所预期的社会舆论或社会情绪的一种媒介策略。“议程设置功能”假说的着眼点是传播效果的最初阶段，即认知层面的效果。

“议程设置”理论所考察的，不是某家媒介的某次报道活动产生的短期效果，而是作为整体的大众传播具有较长时间跨度的一系列报道活动所产生的中长期的、综合的、宏观的社会效果。它暗示了这样一种媒介观：即传播媒介是从事“环境再构成作业”的机构。也就是说，传媒对外部世界的报道不是“镜子”似的反应，而是一种有目的地取舍选择活动。

3. “沉默的螺旋”理论

“沉默的螺旋”理论强调大众传播具有强大的社会效果和影响。这里所反映的“强大”影响已经不止于认知阶段，而是包括了认知→判断→意见→行动的全过程。此理论的一个重要观点是，传播媒介提示的“意见环境”未必是社会上意见分布状况的如实反映，而一般社会成员对这种分布又处于“多元无知”状态。在这种情况下，传媒提示和强调的即使是少数人的意见也会被人们当做多数意见来认知，其结果就会引起“沉默的螺旋”反应，从而引起人们的判断和行动上的连锁反应，即传媒具有“创造社会环境”的强大力量。

4. “拟态环境”理论

李普曼在《舆论学》中提出的“身外世界与脑中图景”。在他看来，人类生活在两个环境中：现实环境和拟态环境。

所谓“拟态环境”，也就是我们所说的信息环境，它并不是现实环境的“镜子”式的再现，而是传播媒介通过对象征性事件或信息进行选择和加工、重新结构化以后向人们提示的环境。然而，由于这种加工、选择和结构化活动是在一般人看不见的地方（媒介内部）进行的，人们通常意识不到这一点，而往往把“拟态环境”作为客观环境本身来看待。这样，人的行为已经不再是对客观环境及其变化的反应，而成了对新闻机构提示的某

① 转引自［美］E. M. 罗杰斯：《传播学史——一种传记式的方法》，殷晓蓉译，上海译文出版社2005年版，第295页。

种“拟态环境”的反应。

5. 培养理论

格伯纳通过一系列调查认为，在现代社会，大众传媒提示的象征性现实对人们认识和理解现实社会有巨大影响。由于大众传播的某些倾向性，人们心目中的主观现实与实际存在的客观现实存在着很大偏离。同时，这种影响不是短期的，而是长期的、潜移默化的、培养的过程，它在不知不觉中制约着人们的现实观。

格伯纳认为，大众传播不仅是现代社会的“故事讲解员”，而且也是缓和社会各异质部分的矛盾与冲突的“熔炉”，在这个意义上它还是维护现存制度的“文化武器”。传播内容所具有的特定的价值和意识形态倾向，通常不是以说教而是以“报道事实”、“提供娱乐”的形式传达给受众的，它们形成人们的现实观、社会观于潜移默化之中，这是培养分析理论的核心观点。

以上几种理论，我们通常把它们当做传播效果来学习和认知，其实，这些效果的形成恰恰是媒介传播功能的体现。编辑认真领会传媒的这些功能，能够使其在思想上认识到自身职责的重大，从而认真对待自己的本职工作。

二、我国新闻传播社会功能的研究成果

前面我们介绍了国外在传播功能研究方面的成果，那么在我们中国，又是如何认识媒介功能的呢？在中国近代，随着外国人所办报刊的进入，中国的一些较为开明人士提出了报刊的广见闻、通上下、行教化的功能，如太平天国政治家洪仁玕、王韬、严复、梁启超。

从19世纪到20世纪，政党报刊始终是中国媒体的主流。西学东渐的结果，使得西方新闻学者关于传媒功能的观点在中国流传，如邵飘萍认为，报纸的第一任务，是报告读者最新而最有兴趣、最有关系的各种消息。

中国共产党党报理论中关于传媒功能的认识是在不断发展、深化的。以李大钊、陈独秀为起始，经过延安整风运动、《解放日报》改版实践，至1948年毛泽东、刘少奇关于新闻工作重要讲话的发表，党报理论中的传媒功能观逐渐形成。这一功能观是围绕着党报与党委、党报与群众、党报与实际三个关系展开的。认为党报作为党的宣传者和组织者，是党的喉舌；党报是群众的先生，又是群众的学生，要教育群众，又要反映群众和向群众学习；党报是党开展实际工作最有力的工具，要反映实际工作，又要指导实际工作。

中华人民共和国成立后，关于新闻传媒功能的认知随着党和政府工作重心的转移有了新的发展。主要有：新闻传媒要为经济建设服务，促进文化发展，成为人民群众自由讨论的园地等。

这一时期，学者们对于新闻传媒的功能有了更多的认识。较为突出的是王中教授，他指出，办报要更多地为读者考虑，满足读者的需要。他还提出报纸的两重特征，即一是宣传工具，二是商品性，要在商品性的基础上发挥宣传工具的作用。

改革开放以来，对传媒功能的认识的多元化成为中国传媒功能观的重要特点。变政策宣传政治指导的单一功能观为信息传递、理论宣传、政令传达、文化教育、娱乐消遣等多种功能，成为多数人的共识。

总的说来，新闻传播事业是由一定的社会经济基础决定，又作用于经济基础的，这种

反作用，就是新闻传播事业的社会功能。其主要功能有：

（一）报道新闻、传递信息

施拉姆说，信息是社会的黏合剂，这是很有道理的。新闻传播的第一个功能或者说是核心功能是传播信息，是在社会各个方面、各个层面架起一座相互沟通的桥梁，把社会联结成一个整体。人们需要了解社会政治、经济、文化的变动信息和其他各种信息，以决定自己的行动。于是，专门的信息机关——报社、电台、电视台应运而生，成为职业的信息传播机构，在这些机构服务的记者编辑就成为职业的信息工作者。他们每天要发挥社会雷达的作用，把社会变动的各种情况搜集起来，进行价值评估和权衡取舍，再把那些新闻价值大的、关系公众利益的、公众感兴趣的信息传播给公众，以满足他们获知、决策、消费的需要。所以，传播信息是新闻传播的最基本功能，是其他一切功能得以实现的基础和前提。

（二）引导舆论、疏导情绪

引导舆论、传递观念和意见也是新闻传媒的重要功能之一。媒介在传递信息的基础上，遵循新闻规律，将公众的注意力引导到媒介所设置的议程上来。同时，在重大事件发生的时候，采用各种新闻手段将社会舆论引导到主流意见上来，引导到统治阶层所希望产生的效果上来，从而将民众议程、媒介议程、政府议程达到自然的统一，合理疏导异端情绪，有利于社会舆论的统一和社会秩序的安定。从这个意义上说，传播媒介是社会公众情绪的“排气阀”。

（三）服务社会、指导生活

监测环境、监督政府是服务社会的重要内容，同时它更大量地体现在媒介为社会、公众提供的具体的服务和指导之中。

从广义上讲，媒介的一切信息工作都是为公众服务的。从天气预报到交通信息，从商品导购到寻人启事，从衣食住行到理财服务等，无所不包。新闻文化的服务性功能极大地影响了人们的生活方式，它培养着时尚，引导着消费，影响和推动着人们生活观念和价值观念的深刻变化，推动社会的不断前进和文明的不断进步。

（四）传授知识、普及教育

媒介传授知识、普及教育的功能使新闻传媒成为“人民生活的教科书”。

从社会学的角度来看，新闻传播媒介是最强大的社会化力量，它通过提倡一定的社会价值观，或反对某种社会倾向，对全体社会成员起着强大的规范作用。它通过议程设置，使人们对某些事情给予特别的关注，并进行深入探讨，深刻理解其社会意义。同时，媒介也以它快速、简洁的方式成为人们获取各种知识的有效途径，当人们从媒介中获得大量各种各样的信息时，其实也就在接受着媒介的教育。媒介是当代社会最普遍的教育机构，它的教育作用通常是在潜移默化、不知不觉中进行的，正如施拉姆所说，所有电视都是教育的电视，唯一的差别是它在教什么。

（五）提供娱乐、丰富生活

媒介文化是大众文化的重要代表形式，它以轻松娱乐的方式渗透到人们的日常生活中。通过媒介获取娱乐信息、丰富精神生活，已成为当代人的重要生活方式。人们在工作了一天回到家中后首先要做的就是打开电视，其实，此时看什么已经不重要了，关键的是“看”的过程，也就是说人们已经习惯了这么一种生活方式，习惯于从这么一种方式中寻求快乐、轻松和消遣。媒介以它丰富的内容、轻松的形式、宽松的氛围人们让人们沉浸其中，不能自拔，它已越来越成为人们生活的一个重要组成部分。

（六）刊播广告、发展经济

正式的新闻传播是从传播经济信息开始的。早在四百多年前的地中海沿岸各城市，随着经济的逐步发展和经济活动范围的不断扩大，寻找原材料和消费市场成为一个重要的社会问题，而新闻传播媒介的出现使这一问题迎刃而解，它很快成为各种经济信息的载体，成为西方资本主义经济快速发展的助推器。媒介推动经济发展的作用主要体现在：

1. 刊登广告

广告对于传递经济信息、沟通产销、发展经济、提升生活质量具有重要的作用。新闻传媒通过刊播广告，不仅可以促进经济信息流通，宣传企业形象，而且还可以给自身带来丰厚的利润，为维持生存和扩大再生产积累资金。

2. 监督市场经济正常运行

新闻传媒通过其对经济活动的报道，揭露市场运行当中的不当行为，可以有效规范经济活动，宣传经济法规，促进市场良性运转。

3. 媒介本身就是社会的一个重要经济实体

施拉姆曾说："新闻事业是一种双重性格的事业。站在为公众提供普及教育的立场来说，大众传播是一个学校，但是站在为投资者赚钱的角度而言，大众传播媒介是一个企业，任何媒介的负责人，受这种双重性格的影响，一方面要尽校长之职，另一方面要尽经理之职，这两种职务有很多时候是相互矛盾的。"在市场经济条件下，媒介的这种经济属性非常突出。

关于媒介的经济属性，或称产业属性，已被人们广泛认同。我国也提出要"事业单位，企业经营"，媒体日渐走上集团化发展的道路，成为一个可以自负盈亏、自我更新的产业实体，成为国民经济的一个重要来源。

第二节 新闻编辑的新闻评价能力

前文提到，作为一名职业新闻工作者，新闻编辑应当具备各种能力，才能将信息快速、客观、真实地传达给受众。在这种种能力当中，最重要和最基本的是信息的发现与评价能力。信息的发现能力是指编辑能在日常生活当中或在记者的文稿当中及时发现新鲜的、有价值的信息，它考察的是作品中有无新闻的问题；而评价能力则主要是指编辑所具备的能正确衡量出稿件所含信息大小或多少的能力，这是一个稿件价值量判断的问题。

一、新闻发现能力

新闻工作，是一种最讲求发现的工作类型。对于记者来说，他要在大千世界每天发生的纷繁复杂的众多事件中发现有价值的信息；对于编辑来说，他要在大量的记者采写的稿件和通讯员来稿中发现真正有价值的新闻。不具备发现能力的记者找不到受众需要的信息，不具备发现能力的编辑发现不了优秀的稿件，成为不了新闻领域的伯乐。新闻发现能力是一名合格的编辑必须具备的职业素质。

1. 新闻发现是一种创造性思维

优秀的新闻作品首先来之于发现，一个杰出的新闻工作者也必然是一个杰出的新闻发现者。

新闻发现力是指新闻工作者及时识别新闻事实所含新闻价值的能力，也即新闻工作者通过感官和思维对新闻事实或事件所蕴含的重要性、显著性、接近性、趣味性等价值要素敏锐感知的能力。新闻发现力，俗称"新闻敏感"。西方新闻则称之为新闻嗅觉或新闻鼻。新闻发现是新闻传播全过程的首道工序，也是新闻传播的基础和保证。

创造性思维是一种以批判和质疑精神为先导，勇于探索未知领域，敢于提出新见解、新主张的进取性思维方式。它要求思维者敢于、善于从现象入手，探求事物的来龙去脉与本质特征，能动地开展异于他人、优于他人的思维活动。

新闻编辑工作的创造性体现在其工作流程的各个环节，从词语的修饰润色，到稿件的布局谋篇，再到稿件的搭配组合，乃至版面的安排，无一不是编辑创造性思维的体现。它不是日复一日的单调重复，而是每天都要根据不同稿件特征而进行不同处理的创造性工作。"发现"是以强烈的欲望为动因，以对客观事实的深广透视为内容，以严格的价值标准为尺度，靠量的积累最终实现质的飞跃从而形成的顿悟，它要求编辑必须具有创造性思维。

2. 新闻发现力的内涵

（1）判断力。新闻发现力首先是一种判断力，即迅速判断某一新闻事实能否吸引较多受众的能力。当一些新闻事实的价值呈显性状态，关键是看记者是否快速判断出其有无新闻价值。它在不同人身上体现为快与慢的区别。

（2）挖掘力。挖掘力是指记者编辑能否透过表面现象挖掘出隐藏着的有价值的新闻事实的能力。挖掘力主要体现在：第一，对隐性事实的挖掘，它要求编辑要能够排斥表象和一般化的东西，挖掘出价值含量较高的新闻事实。它在不同人身上体现为深与浅的区别。第二，对某一事实被发掘后各个角度和细节的挖掘，它体现为多与少的区别。

（3）鉴别力。鉴别力是指编辑能在同一事件的诸多价值中，迅速鉴别出最有价值的信息的能力。

新闻发现力如果仅停留在对新闻事实所含价值感知的快与慢、多与少上，还是远远不够的，它还反映在对价值优劣、好坏的鉴别上。新闻实践告诉我们，有时新闻事实的价值是大的，但传播出去效果却是负面的。编辑应采用"把关人"理论，对传播效果作出前瞻性的估量，必要时还应该用新闻政策对新闻价值作出相应的制约，新闻价值与新闻政策的关系是：新近发生、发现的某个事实能否报道，一看其是否有新闻价值，二看其是否符合新闻政策。两者兼备就报道，有一方面不符合就不宜报道，两者相辅相成，互相制约。

（4）预见力。预见力是指编辑在对事物进展过程充分调查分析的基础上，预见接下来有可能出现的新闻的能力。它是记者对新闻事实的发展趋势和本质作出科学分析时所表现出的一种见微知著的能力。在许多情况下，有些新闻事实尚未成熟，但事实构成元素却是存在的，只不过暂处于分散、无序状态，而且事物一般都有产生、发展、结束的过程及因果联系，也有从量变到质变的规律，当一个事实或事件略见端倪时，记者可循着这些规律，推测出事物下一阶段的发展，甚至结局，从而对事物作出科学预见。

（5）联系力。联系力是指编辑具有的迅速判断某一新闻事实对当前工作的指导意义的能力。

联系力主要表现为一种政治敏感。即当编辑在稿件中发现一个或数个新闻事实出现时，应马上将它们与党和政府的中心工作以及编辑部的报道意图联系起来考察，看其对推动当前工作和发展当前形势有何积极、重要的意义，这是新闻敏感的重要内容。所以，联系力是一种由微观联系宏观、由现象联系意义的能力。

3. 培养新闻发现力的途径

编辑的新闻发现力对其来说非常重要，它直接决定着编辑工作的质量和效率，但编辑新闻发现力的培养却不是一朝一夕能造就的，它需要细致的磨练和长期的培养。一般来说，编辑在日常工作中应有意识地从以下几个方面培养自己的新闻发现能力：

（1）高度的责任感。从本质上说，新闻发现力是从新闻工作责任感中派生出来的，也就是说新闻发现力的有无、多少直接来源于编辑责任感的强烈与否。有些记者发现不了新闻，不是因为缺少“新闻鼻”，而是因为缺少对本职工作的热爱与责任。

（2）强烈的探究欲。新闻姓“新”，追求新鲜、保持好奇应成为记者和编辑的职业素养。许多编辑在众多稿件中抓不到真正有价值的信息，实际上就是因为缺少求新若渴的好奇心与求知欲，缺少编辑应具备的职业品质。

（3）广博的知识面。编辑如果知识量少、眼界狭窄，在思考问题时必然会囿于狭隘思维，难以运用联系的方法思考问题，无法将问题的思考引向深入，也就难以发现稿件的价值或问题。

（4）密切的关系网。新闻工作者从事的就是一项要与人、与事打交道的工作。工作的性质决定了记者、编辑应当广交朋友，努力成为一名社会活动家，建立起自己获取新闻线索的社会关系网，并努力使自己居于网络的中心，及时掌控本报道领域的动态变化。

（5）及时学习掌握相关新政策。新闻具有政治属性，这是皆知的事实，新闻有无价值和价值多少往往和当前社会的新情况、出台的新政策密切相关，所以编辑要想从众多稿件中发现有时代特征的信息，自己必须首先掌握相关政策，二者相结合，才能及时发现问题。

二、新闻评价能力

1. 新闻评价贯穿新闻编辑工作的全过程

在编辑的整个工作流程当中，处处都要伴随着对新闻稿件或版面各要素的评价与分析。这一思维过程贯穿于编辑选稿、修改、配置稿件、组合版面的全过程。在选稿的过程中，编辑要对手中的所有稿件进行对比、评价，选出新鲜、重要的稿件出来。而这些被选中的稿件，也未必是没有缺点、可以立即拿来使用的，经常还需要编辑对稿件进行修改和再加工，以使稿件能以最优的方式凸显新闻价值。最后，稿件到了版面编辑那里，组版编辑还要统筹兼顾到手的所有稿件，思考其在所有稿件中的相对价值，然后赋予其以适当的版面语言及形式，使其符合报纸的整体风格。

评价的过程实际上也就是一个比较的过程，在比较中择优舍劣。同时，评价的过程也是一个去粗取精、探究本质的过程，通过这一过程，将真正优秀的稿件以最能体现其价值的形式展示出来，实现其价值的最大化。

2. 新闻评价的首要标准：新闻价值

新闻价值这一概念是随着19世纪30年代廉价报纸在美国的成功创办而出现的。李普曼在其《舆论学》中首次提出了现代意义上的“新闻价值”概念，他当时认为有：突发性、地缘接近性、对个人的影响以及冲突等。

价值一词最初的定义主要指经济上的交换价值。所谓价值，指的是主体和客体之间的某种关系，是人对客观存在的某种意义的认识，或者说是对物对人（客体对主体）的有用性的评价。

在现代新闻理论中，新闻价值是指新闻所具有的满足受众某种需要的属性，表现为新闻在受众接受过程中满足其认知需要表现出的效用。包括受众对新闻的精神享受以及由此导致的获取到的物质利益，包括有用、有益、有效三个要素。

新闻价值的主要标准是新闻给人们提供的认知效益，包括知识价值、教育价值、服务价值和娱乐价值。新闻价值判断充满了对新闻效益的评价，主要有利害、轰动、未知、有趣等标准。

新闻价值的最终认定要经过新闻报道与传播两个阶段，否则新闻价值就体现不出来。从严格意义上讲，新闻价值其实是新闻与受众、社会之间的需求关系，表现为对受众和社会需求的满足。

要理解价值、新闻价值和评价的关系，有这么几组概念需要厘清：

（1）价值与事实。新闻是对社会存在的反映，是观念的产物。客观事实本身并没有什么价值特征，但记者报道事实时必然包含着对事实的评价，反映着价值观的差异，纯粹客观的报道是不存在的。

价值作为一种哲学范畴，在一定意义上是相对于“事实”而言的。事实是对象的特性，价值则是主体对客体的关系和态度。就事实本身而言，每一个事实都有其特定的自然属性和功能，它潜在地包含着于人有益或有害的方面，换言之，事实中已蕴藏着形成价值的可能性，事实负载着价值，事实和价值形成同一事物的两个方面。

（2）主体与客体。价值离不开主体和客体，主、客体是构成一切社会活动的两极实体，主体是从事现实生活，以不同方式掌握世界的人，而且必定是人，客体是主体活动所指向和所掌握的客观对象，包括自然、社会，也包括人自身。

新闻价值着眼的不仅仅是作为新闻内容的事实，而主要是指受众获益的客观效果。

在新闻评价过程中，评价的主体是多层次的它包括一度评价——传播者在进行选择时所作出的评价；二度评价——受众的评价。尤其是这二度评价，往往为人们所忽视，但它又是十分重要的，没有读者的二度评价，新闻的传播效果便无从得知和实现，新闻传播过程也就无法实现良性的循环。由此可见，新闻传播活动中存在着多种主客关系，而价值实际上是主、客体之间的一种关系，价值来源于客体，取决于主体，产生于实践。

所以，新闻是一种价值传递，从具有新闻价值的新闻满足人的新闻需求角度看，新闻不是一种属性范畴，而是一种关系范畴，是就主客体相互关系而言的。也就是说，脱离了客体——新闻事实，谈不上满足人的需要，自然不会有新闻价值，而脱离了主体——人和人的新闻需要，就不会有新闻，当然也就不会有新闻价值。

（3）价值与评价。评价是主体对于客体有无价值及价值大小所作出的判断，它是发现价值、实现价值、表现价值的重要手段。现实中的某些客观事实之所以能够作为新闻传播出去，都是传者根据包括自己的情感、意志、体验、认知在内的价值观念和新闻价值标准进行判断、选择的结果。从这个意义上说，价值是相对的，也就是说价值是有条件的，它表明客体的价值不是固定不变的，是以条件为转移的。它表现在新闻传播中的体现是：价值首先是一个价值判断，价值判断是评价的一种表现形式。评价是主观形态的东西，是价值在意识形态上的反映。新闻价值不是某一事物的固有属性，而是一种关系的产物，即新闻作用于接受者的产物。

所以说，新闻评价具有一定的主观随意性，对同一稿件的评价会随着不同编辑个人的价值观感、性格特征等而有所不同，这一方面是受评价者立场的制约，另一方面也受认识水平的制约。

然而，尽管由于时代不同、评价主体不同，对价值的判断会有一定差异，但人们逐渐发现，具有下列性质的客观事实对社会起着重要作用，对公众有着深刻的影响，是社会普遍关注的对象。这些性质包括：及时性、接近性、重要性、显著性、趣味性。刊载具有这样性质的信息的报纸就受欢迎，这样的传媒机构就能赚钱。这逐渐成为新闻工作者的共识，逐渐成为新闻工作者评价和选择新闻信息的标准，所有从事新闻采写和编辑的社会成员都自觉不自觉地在运用这些标准，对他们所面对的新闻信息进行严格的选择。

由此可见，如果从新闻本源的意义上说，没有事实便没有新闻；那么，从新闻传播的意义上就可以说，没有评价便没有新闻。

3. 编辑新闻评价能力的素质要求

（1）新闻价值的辨析能力。有价值的稿件或信息往往被包含在大量日常信息当中，如果编辑没有敏锐的新闻嗅觉，即前文讲述的新闻发现力，就难以在腐朽中见神奇，在平淡中见亮点。这就要求编辑首先要熟知新闻价值标准的内涵及外延，并能将之运用于对稿件的选择与修改当中，自觉运用新闻价值中重要性、接近性等标准去框定、筛选每日所面对的大量稿件，从而真正将读者应知、欲知而未知的信息选择出来。

（2）新闻政策的解读能力。评价的目的或最终归宿是将读者最感兴趣的事件报道出来，但是不是只要是读者想知道的信息，编辑就应该将其选择出来呢？答案是否定的。有些时候，一些稿件虽然有一定的价值，刊登出来读者也可能会比较感兴趣，但是编辑还要考虑另外的一个问题，它是否符合新闻政策。也就是说这一貌似有价值的信息是否违背了党和政府的相关新闻政策。党和政府相关新闻政策的制定是从全国新闻传播大局考虑的，如果一则新闻与宣传政策相悖，那么即使其信息自身有一定的价值，也是不可以被选择的，这需要编辑具有一定的政策解读和应用能力。

（3）观察生活的敏锐能力。有些稿件乍一看上去好像没什么新意，只是日常生活某一场景的描绘，但是有新闻评价能力的编辑往往能从平淡中嗅出不平淡来，能将这一现象和国家某一政策的刚刚出台或即将出台的宏观背景联系起来，预见到这一生活现象背后所蕴含的不平凡的时代内涵和意义，敏锐地识别出稿件的分量和它将带给读者的巨大震撼，从而将这一当代生活的典型画面保留下来。

（4）新闻时机的判断能力。编辑评价能力的另一个重要方面就是对稿件时机的把握。好的稿件未必是要马上刊登的，考虑到当前的社会情况，以及取得最佳传播目的的需要，有些稿件往往要暂时压一压、缓一缓，等到客观条件成熟以后再将之公布于众。这需要编辑有很好的评价能力和克制能力，决不可以图一时痛快，而忘记新闻传播事业的社会责任和道德良知。

◎**思考题：**

1. 新闻媒体的社会功能是什么？国外有哪些理论成果？
2. 新闻编辑的发现能力的内涵是什么？编辑如何才能提高自己的新闻发现力？
3. 要理解新闻价值和新闻评价需要厘清哪几组关系？

第三章 报纸编辑策划

第一节 什么是报纸编辑策划

广告策划、企业策划、宣传策划、销售策划、品牌策划……“策划”二字在我们的现代生活中处处可见。商家、企业流行策划，甚至政府部门也开始学习策划。作为社会镜鉴的报纸，自然也离不开策划。“策划”究竟是什么意思呢？为什么大家都热衷于策划呢？

策划古代称为策画，《后汉书·隗嚣传》中已见此词：“是以功名终申，策画复得。”其基本含义乃“计划、打算”之意。在现代，策划的动词性含义增强，信息、创意、点子、谋略、目标等要素为其内核。“策划”的全面含义为：如何在全面谋略上指导操作者去圆满地实施对策、计策或计谋，从而达到办事的目的。①

美国哈佛企业管理丛书编纂委员会曾对策划作过如下的表述：“策划是一种程序。在本质上是一种运用脑力的理性行为。基本上所有的策划都是关于未来的事物，也就是说，策划是针对未来要发生的事情作当前的决策。换言之，策划是找出事物因果关系，衡度未来可采取之途径，作为目前决策之依据。亦即策划是预先决定做什么，何时做，如何做，谁来做。策划如同一座桥，它连接着我们目前之地与未来我们要经过之处……策划的步骤是以假定目标为起点，然后订出策略、政策，以及详细内部作业计划，以求目标之达成，最后还包括成效之评估及反馈，而返回起点，开始了策划的第二次循环。策划是一种连续不断的循环。”②

新闻策划、报道策划，是近年来比较流行的字眼，也是业内同仁谈得比较多的一个话题。它是新时期报纸竞争中出现的一个新现象，也是大众化报纸努力出新创新形成的一个重要特色。1996 年 8 月中下旬，中国人民大学新闻学院组织了“96 新闻业务编辑策划高级研讨班”。在研讨班的一次会议上，人民日报总编辑范敬宜指出，总编辑的主要任务，一是把关，二是策划，即根据中央总的宣传方针政策，结合本报实际来安排组织报道。范敬宜认为，需要总编辑亲自参与策划的有以下几种：体现中央某一个时期重大方针政策的报道；重大会议的报道；重大纪念活动的报道；重大典型的报道；重大庆祝活动的报道。

事实上，在报纸的所有报道活动中，不仅是在重大会议的报道、重大纪念活动的报

① 赵振宇：《新闻策划》，武汉出版社 2000 年版，第 1 页。

② 转引自赵振宇：《新闻策划》，武汉出版社 2000 年版，第 3 页。

道、重大典型的报道、重大庆祝活动的报道等需要总编辑的精心策划，在报纸的日常报道中，部门主任、版面责任编辑的策划也可以也应该发挥效用。可以说，一些比较成功的报纸是期期有策划，版版有策划。中国人民大学新闻学院教授郑兴东在“96新闻业务编辑策划高级研讨班”上也认为日常的编辑工作需要策划，这是因为：稿件之间存在着多种联系，不能无视来自生活的联系；从读者的阅读心理看，单篇稿件不能满足读者的新闻欲；从传媒特点考虑，大众传媒是集合传播，稿件的编辑使报道在空间上得以广延，时间上得以延续；从传播效果考虑，整体大于孤立的部分之和，通过稿件之间的策划编排，提供给读者新的理解、联想，产生组合效应。

报纸编辑策划就是指报纸的总编辑、部门主任、每个版面的责任编辑以及记者们，在某一个特定的时期内围绕一定的目标，按照新闻规律，在已经掌握的新闻事实的基础上，进一步发掘已知，预测未来，研究现实，制定相应的政策和策略，以求最佳报道效果的策划活动。它是一个有层次的系统工程。报纸编辑策划不仅包括报纸的发展规划、编辑方针、组版思想、专版、专栏的设置等宏观策划，还包括一篇新闻报道的微观策划。它既可以是长期性的、历时性的，也可以是短期的、即时性的。报纸编辑策划追求创意和良谋，着眼于报道效果的优化。

报纸编辑策划不同于报纸设计思想，不同于编辑方针，也不同于过去常说的报道计划。报纸设计指报纸编辑根据报纸的外部环境与内部条件，在确定报纸编辑方针的前提下，对报纸的规模、结构和形象进行整体设计。报纸设计工作一般是在报纸最初创办时或者报纸改版时进行，也是报纸编辑策划的一种。编辑方针是报纸编辑策划中的一种，是一种较为宏观、高级的策划。我们通常所说的编辑方针，就是将编辑部总体的办报理想具体化、原则化，并以成文的方式记录下来用以指导整个编辑部工作的内容原则。用一句更为具体的话来概括，就是编辑对报纸的内容与形式所作的总体设计，是编辑一家报纸所应遵循的总的准则。编辑方针一旦确立，整个编辑工作就会依照方针行事，依据方针去确定新闻报道的取舍范围、新闻报道的篇幅、处理态度、新闻内容的选择标准、新闻写作的水准、标题的措辞、特稿副刊的内容以及标题形式与版面风格，等等。而报道计划也属于报纸编辑策划的一种，它则更加微观和具体一些，是指在一个特定的时期内，因为某一特定新闻由头，由编辑部制定的较为详尽细致的报道活动表，包括报道的范围、方式、时间以及人员安排等，与具体的策划书相似。报纸编辑策划与过去报道计划的最大区别，在于它不停留于完成一两次报道，而是要营造与众不同的新闻效果，争夺读者的注意力，将读者吸引到自己的报纸面前。

报纸编辑策划之所以受到报业工作者的重视，受到新闻学者的关注，是因为一组成功的策划报道，不仅能给读者带来极大的满足感，还能给报社带来巨大的社会效应和无形的经济效益。从这些年的新闻实践可以看到，凡是报纸办得好的，受读者欢迎的，有大的发行量的，大多是策划报道和策划活动搞得好的。华西都市报总编辑席文举就曾经坦率地承认：“我们的报纸能迅速走向市场，策划起了很重要的作用。”

从报道主体来说，报纸编辑策划能够充分发挥报道者的主观能动性。报纸编辑策划是策划主体作用于被策划客体的一项主观能动性的思维活动。不论是对新闻事实报道的策划，还是参与其间后的报道，都是报道者积极主动的行为表现。通过报纸编辑策划，可以强化记者编辑的新闻发现力，以不一般的视角去看待相同的新闻事实，也可以迫使记者和编辑去发现、寻觅自己的独家新闻，写出独家报道。这种策划见真功夫，能显示出一家报纸的观察能力、思考深度和综合实力。

从报道客体来说，报纸编辑策划能够使新闻价值得到充分的体现。报纸编辑策划往往集中了集体的智慧，能够在不引人注目的新闻线索群中发掘“价值昂贵的珍宝”和“带着露珠的鲜花”。报纸编辑策划能够极大地开拓和有效利用新闻资源，以集体的力量去预测新闻事实发展的趋势，从而做出超前的准备、发表成功的报道。有的新闻，按常规去报道未尝不可，但是如果加以认真策划，就可以使新闻事实本身所蕴含的新闻价值得到更充分的凸显和张扬，琢璞为玉，使新闻的价值得以提升、影响进一步扩大，从而显示报纸比别人高出一筹。这里，不仅需要策划者具有对蕴藏不露的新闻价值的洞见能力，同时也需要具有崇高的敬业精神和社会责任感。

从报道效果来说，报纸编辑策划能够增强新闻媒体的社会效应。新闻工作者不仅仅是社会现实的反映者，而且也是也应该是社会实践的参与者和促进者。通过策划，一方面新闻工作者能够更加深入生活、深入社会，与受众交流沟通；另一方面经过策划的深度报道、连续报道、体验式报道等能收到更好的传播效果，能够最大限度地满足受众需求。

第二节　报纸编辑策划的分类

从报纸编辑方针的确定到具体新闻的报道，策划活动在报纸编辑中发挥越来越重要的作用。按照策划的主体以及策划内容的范围、对整张报纸的影响力来分，报纸编辑策划可以分为宏观策划、中观策划以及微观策划。宏观策划是由报纸的总编辑、副总编辑、编委会等决策层作出的，是一种对报纸的整体形象、编辑方针、读者定位等产生重大改变、影响的策划活动。这些策划活动一般出现在报纸创刊时期或者报纸改版时期，由报社的主要业务领导组织，策划活动的成功与否，直接影响报社的生存和发展。2003 年 11 月 11 日，《新京报》创刊，引起媒体实务以及学界的广泛关注。《新京报》创刊号刊登消息：

《新京报》今日创刊

从 11 日起，听惯报纸叫卖声的北京人，将会听到一种新的叫卖声：“新京报！新京报！”

在著名报人、共产党员邵飘萍创立的《京报》停刊 66 年之后，《新京报》于 2003 年 11 月 11 日在北京创刊。

据新华社报道，《新京报》由光明日报报业集团与南方日报报业集团共同投资共同主办。该报是中国第一张得到国家有关部门正式批准的跨地区创办的报纸，是中国第一张由两家党报集团联合主办的大型日报。

在 11 月 9 日举行的《新京报》成立大会上，该报主办方的一位负责人说，《新京报》的宗旨是：坚持正确的舆论导向，坚持新闻的党性原则，坚持按新闻规律办事，坚持贴近实际、贴近群众、贴近生活的原则，坚持把社会效益放在首位。要把《新京报》办成一张有国际眼光和与时俱进的报纸。

据《新京报》负责人介绍，该报的报道理念是“负责报道一切”。这个令人瞩目的口号有两层含义：新京报有责任报道一切，新京报对报道的一切负责。

这位负责人还说，外界一般把《新京报》的创办解读为一次伟大的复刊行动。这是一个善意的、富有创造性的误读。《新京报》尽管不敢掠人之美，但也不会数典忘祖。他说，作为有理想的当代中国报人，我们在向《纽约时报》这样的外国报业巅峰仰望的同时，也要向本国史上难能可贵的报业传统致敬。知识分子的良心，从来就是奠定报业大厦的基石；知识分子的风骨，从来就是支撑报业大厦的脊梁。《纽约时报》如此，历史上的《京报》如此，《新京报》也理应如此。对国家和人民利益的看护，对理性的呼唤，对本真的逼近，对美好的追求，对公义的捍卫，对丑恶的鞭挞——这是超越国别和不同社会制度的媒体的普世价值和终极价值，这也是我国执政党一贯倡导的价值，那就是“权为民所用，情为民所系，利为民所谋”。

即将出版的《新京报》日均88版，是北京市场上版数最多的报纸。零售一元，是目前北京市场最贵的报纸之一。同时，该报也是北京市场广告价格最高的报纸之一。

2003年12月27日，新京报社社长戴自更先生在新浪-京华传媒新年论坛上发言：《新京报》是一份都市类报纸，但我们不希望它仅仅是传统意义上的都市报，它应该有全新的东西，应该更强调责任感、建设性、包容性。《新京报》提出一个口号，就是“负责报道一切”，有人觉得这个口号太大了，但这是我们的努力目标，是我们的办报理念。这有两层意思：一是“有责任报道一切”，还有一层意思是“对报道的一切负责”。我们非常注意避免传统都市报偏激的报道风格，提倡“客观、公正、有立场”。

从报纸的宗旨、报道理念、编辑方针的定位、报纸版式、价格到创刊当日报纸的内容甚至创刊的日期等，《新京报》创刊小组显然是经过了精心周密的策划，处处标榜和凸显《新京报》融南北精华于一身的新型都市报的特色。从创刊到现在，人们对《新京报》的好评如潮。这就说明，该报的宏观策划成功了一半，至于另外一半，还要在其往后的发展中接受市场和读者的检验。

中观策划，是对宏观策划的具体化、阶段化。它一般是由副总编辑或者部门主任牵头，对近期的报道活动所做出的大致计划。而微观策划，既可以说是对落实报道计划所进行的具体安排，也可以说是对各种计划外的重要报道从报道思想、采访思路、采访手段到具体写作、版面安排以及如何“开篇”、如何掀起高潮、如何结尾、分几步走等都作出事前详细设计，并随着报道进程的变化及时调整思路，作出对策①。这两种策划是对宏观策划的具体化，是对宏观策划的充实，在报社的编辑报道活动中，几乎是时时存在的。

按照报纸编辑策划的对象来分，可以分为报道类策划和活动类策划。报道类策划，是指编辑记者根据现有的已经发生或即将发生的新闻事实，所作出的对报道的类型、内容、形式、日期等方面的策划。这是新闻策划中运用得最多、出现最频繁的一种“标准型”的策划种类。策划的对象有的是突发事件，有的是热点问题，有的是重要话题，都是新闻价值比较大的新闻。内容涉及政治、经济、社会、百姓生活等方方面面。选择重要新闻加以策划推出，“大题大作”，也是按新闻规律操作的一种常规。

---

① 蒋晓丽：《现代新闻编辑学》，高等教育出版社2002年版，第12页。

报道类策划还可以分为突发事件的报道策划和非突发事件的报道策划。突发事件如自然或社会的灾祸、战争、政变等，具有突然爆发性，往往是报道者和广大读者始料不及的，具有强烈的新闻性。① 突发事件报道通常较难进行事前策划，但对其后续报道则可进行策划。非突发性事件，包括例行或拟议中的会议、谈判、庆典，按计划开展的活动，周而复始的节假日和纪念日的活动等。非突发性事件的策划是在某一个特定时间，如重大节日、纪念日、重要历史转折阶段，直接运作一项能引起社会注意的、独具特色的新闻报道，以显示报纸的不同凡响。2000 年是所谓跨世纪的“千禧之年”，这为一些报纸的策划高手提供了施展才华的千载良机。北京、广州等地报纸的策划尤为精彩，如《北京晚报》连续 3 天推出 132 个版面，对百年、千年来的历史进行全景式的回首，对未来百年、千年作前瞻性的展望。在 2000 年 12 月 31 日到 2001 年 1 月 2 日，《江南都市报》则推出了 3 天联刊 100 版的“江南都市报世纪号”。“世纪号” 3 天 3 期报纸，每天各出 4 开 32 版（每天分 A、B 两叠各 16 版）。另外，1 月 1 日这天增出特号 4 个版，累计 3 日联刊 100 版，报头、报眉重新设计，版式统一风格。A 叠，3 天全部做成新闻性版面，策划主旨为“全景纪录世纪交替之社会景象”。B 叠，三天全部做成主题新闻和专题报道，先后以“世纪结篇”、“世纪庆典”、“世纪开篇” 作为策划主旨，“全力展示世纪交替之精彩创意”。比如，找出了 20 世纪早期的江西地图与新近出版的江西地图，做出专题“地图上的江西百年”；拍摄了 48 个不同性别、不同年龄、不同职业的普通人灿烂的笑脸，以此来展示人类走出 20 世纪的可贵精神品质。

活动类策划主要是以新闻报道的形式包装某项有社会影响、社会意义的活动使之新闻化，通过策划活动来“链接” 新闻；或是利用现有的具有一定新闻价值的事情予以策划，使其扩大影响，“浮出水面”，引起关注。这些策划活动，一般来说，十分切合当时当地的政治气候和舆论环境，具有良好的正面效应。一经推出，就会产生较大的社会反响，取得成功。而且，在这些策划活动中，有许多闪光的新闻线索冒出来。因此，报道这些活动的新闻，既能引起相应的社会反响，也能使报纸获得新闻报道的丰收。

《楚天都市报》关于“心系贫困大学生” 的活动就是活动类策划的典型。每年高考结束之后，楚天都市报编辑部都会收到大量读者来信，讲述贫困学子的艰辛，希望得到社会的关注和援助。经协商，编委会提出了策划“心系贫困大学生” 报道的设想，策划报道的主题定为：战胜贫困、立志成才、报效祖国。报道以贫困大学生为参照对象，但不是去痛述“可恶” 的贫困，立足点是调动社会各界关心学子，支持教育。用报道弘扬人间真情，提高学子战胜困难的勇气和信心。不仅要从物质上，更要从精神上给贫困学子以强大支持。2000 年 8 月 16 日，《楚天都市报》在一版突出位置刊发了消息：《不要让他们因贫困而痛失成才良机　楚天都市报今发起“心系贫困大学生” 活动　目标：资助 100 名》。配合这条消息，楚天都市报开设了两部热线电话，一部是捐赠热线，一部是特困生咨询热线，并在二版刊发了缩小的申报表格。由于报道掀起的声势大、气氛浓，活动得到了社会有识之士的大力资助，共收到单位捐赠 69 万元，个人捐赠 6540 元，定向资助款 10. 34 万元，共计 79. 994 万元及部分衣物。活动共资助了 436 名同学，大大超过了楚天都市报当初的预期目标。由于该活动取得了良好的效果，2001 年、2002 年、2003 年高考结束之

① 郑兴东、陈仁风、蔡雯：《报纸编辑学教程》，中国人民大学出版社 2001 年版，第 303 页。

后,《楚天都市报》又开展了“再助贫困大学生”、“三助贫困大学生”、“四助贫困大学生”的活动,得到了社会的一致好评。

按照策划作用的时间范围可以分为阶段性报道策划、专题性报道策划以及即时性报道策划。阶段性报道策划是对一个时期的报道作总体上的部署与安排,是新闻媒体最重要的策划。就我国现实情况而言,阶段性报道策划要与党和政府一个时期的中心工作相对应。阶段性报道策划的主要任务是,阐明指导思想和总体思路,确定报道要点和重要选题,并根据竞争态势,提出创新举措和创优项目。① 阶段性报道策划一般由报社编委亲自挂帅,主要对一季度甚至一年度内,报纸的报道重点作出宏观性的布置。专题性报道策划是在一个时期内,围绕某一特定主题或事件做出的系统、连续报道。这种报道方式是阶段性策划的具体化、实例化,它是新闻媒体使用频率最高的报道方式。即时性报道策划就是对突发事件或突发信息进行现场策划。

按照报道内容所属的战线,报纸编辑策划还可以分为经济报道策划、教育报道策划、体育报道策划、卫生报道策划、娱乐报道策划等。

以上所罗列的各种策划分类,在实际的新闻报道策划中往往是交叉重合出现的。如《江南都市报》关于“江南都市报世纪号”的策划,既属于中观策划,也是非突发事件的报道策划,还是专题性报道策划。

第三节 报纸编辑策划的原则

报纸编辑策划的目的是以更好的形式来报道新闻,获取更多的社会关注,提高报纸的知名度和美誉度。报纸编辑策划是否能取得这样的效果,依赖于策划是否依原则行事。只有符合真实、前瞻、创新、系统、应变、适度等原则的策划,才有可能取得预期效果。如果背离这些原则,策划出的报道只会取得相反的效果,使读者对报纸失去信任。

一、真实原则

这是报纸编辑策划必须遵循的基本原则。无论是报道类策划还是活动类策划,报纸编辑策划的对象都是新闻,都必须符合新闻的基本原则。真实是新闻的第一生命。策划以新闻为基础,策划必须以真实的新闻为基础,以已经知道的新闻事实或者新闻线索为基础,而不是凭空想象、臆测。策划不是目的,而是一种手段,是为了增强新闻报道的可读性、吸引受众关注的一种手段。这就要求策划人员必须以事实为基础,而不是闭门造车。报纸编辑策划的确是人的主观意识活动,但是,这种主观意识活动是在占有大量的事实信息基础之上的主观活动。这些事实信息不仅是新闻事实或者新闻线索,还包括策划人员对全国、本地区、全年度、本季度报道环境乃至历史资料等信息的掌握。

一些学者甚至新闻从业人员非常反对报纸编辑策划,他们认为,新闻是对新近发生的事实的报道,是绝对不能进行策划的。如果予以策划,那就是假新闻。事实上,在报纸编辑策划中,的确存在有策划假新闻的案例。如 2004 年 1 月的《新闻记者》就评选出“2003 年十大假新闻”:

---

① 张子让:《当代新闻编辑》,复旦大学出版社 1999 年版,第 52、53 页。

1. 2009 年 1 月 18 日、19 日《华西都市报》、《青岛早报》童其志 /中国海军索马里护航逼出跟踪潜艇

2. 2009 年 2 月 2 日《北京商报》吴颖/《电影促进法》及电影分级制度将出台?

3. 2009 年 2 月 15 日《半岛都市报》栾磊/老板手头紧 让五情妇 PK

4. 2009 年 6 月 19 日《人民政协报》雷新/中国 0.4%的最富裕的人掌握了 70%的财富

5. 2009 年 8 月 10 日 环球网 李雪 唐娜/奥巴马送金正日 iPhone 和苹果电脑

6. 2009 年总第 4 期《收藏人物》肖湘/陈永贵之子陈明亮涉赌涉毒被刑拘

7. 2009 年 9 月 28 日《时代周报》沈厚/女黑老大包养 16 个年轻男子供自己玩乐

8. 2009 年 10 月 16 日《京华时报》赵鹏/国考最热岗位报录比超 4700 : 1

9. 2009 年 10 月 28 日 中国日报网 作者不详/杨振宁证实夫人翁帆怀孕 3 个月

10. 2009 年 11 月 12 日《新快报》作者不详/石家庄积雪比人高

诚然，报道假新闻是违背新闻职业道德的，这同样也是报纸编辑策划所不允许的。但是报道假新闻，并不是新闻策划本身弊病所造成的，而恰恰是策划人员没能坚持策划的首要原则——真实原则而造成的。严格说来，不坚持真实原则，就不是报纸编辑策划。报纸编辑策划不是报道假新闻。相反，它以真实原则为第一原则。我们不能因为某些人不遵守真实原则造成了错误而否定报纸编辑策划。

二、前瞻原则

美国哈佛企业管理丛书编委会认为：“策划是一种程序。在本质上是一种运用脑力的理性行为。基本上所有的策划都是关于未来的事务，也就是说，策划是针对未来要发生的事情作当前的决策……他是预先决定做什么，何时做，如何做，谁来做。策划如同一座桥，它连接着我们目前之地与未来我们要经过之处。”策划的目的，是让新闻以一个更好的角度、更好的形式出现在读者面前。那么，这项工作一定是要在报道问世之前完成，报纸编辑策划的目的决定了策划必须遵循前瞻原则。在媒体竞争越来越激烈的今天，报道独家新闻的机会相对减少，媒体报道的大部分是同源新闻。如何能在相同的新闻线索或者新闻事实基础上，进行比其他报纸高出一筹的报道呢？只有依靠预测和策划。媒体的水平高低，很多时候就是在策划能力上体现出来的。对新闻事实的预测越准确、越全面，记者就可掌握更多的主动权，对新闻事实的报道就更加充分、到位。相反，如果不遵循前瞻原则，一味跟着事实的屁股后面追，对新闻的报道就会非常被动，给读者的感觉就是不新鲜，跟别家报纸的内容一样，没有独到之处。因此，报纸编辑策划的方案总是要比事实发展快半步到一步。

新闻报道必须是对已经发生的事实的报道，这是正确的。因此有人认为前瞻原则与上述真实原则是相互矛盾的，其实不然。前瞻原则要求策划人员在新闻事实发生初期，根据事物发展的一般规律和自己以往的生活工作经验，对事实进一步发展的趋势、方向进行预测；然后，依照预测的情况制定报道计划，而不是说要策划人员空穴来风，毫无事实根据地去猜测。事实上，如果策划人员凭空猜测，只会让新闻报道陷入被动，

遭到读者的厌弃。

三、创新原则

之所以要进行报纸编辑策划，就是要以与别家报社不同的角度、不同的形式报道新闻，使自家的新闻报道新鲜好看。只有涉足别人未曾涉足的领域，报道别人未曾报道的内容，选用别人未曾选用的主题，采取别人未曾采取的形式，只有在时间和地域、内容和形式上以超凡的气势和独特的视角予以报道，才能出奇制胜，达到策划的目的。报纸编辑策划的精髓和灵魂就在于创新。但是，策划要出新求异并不是说凭空幻想或是冥思苦想得来的。它要求策划人员学习和借鉴他人的经验，熟悉所策划的新闻报道过去的报道形式和报道角度，对以往的东西、别人的东西进行整合和再创造。如果老是沉迷于过去所获得的成绩或辉煌，总是对他人的模式顶礼膜拜，就难以创新。

纵观一些成功的报道策划，无一不是创意领先。深圳特区报集团主办的《晶报》，对2002年世界杯足球赛的报道策划就充满了创新。2002年2月底，离世界杯开赛还有3个多月，《晶报》就成立了由总编辑亲自挂帅，集合了编辑中心体育新闻组、周刊组、国际新闻组、娱乐新闻组和采访中心等部门的采编精英的世界杯特刊策划小组。特刊分两部分：第一部分突出现场，主要做新闻，着力点在“足”字上，强调“新”、“快”，动感、专业。第二部分突出场外，主要说事，着力点在“口”字上，强调“说”、“议”，快感、娱乐。特刊名称：满足——世界杯特刊。“满足”二字，一为顶尖球队齐聚；二为本特刊内容齐全；三为本特刊做的都是“足”字文章；四为看了本特刊就心满意足。特刊口号：快感六月“动首动脚”。“快感”正是“满足”的内容和结果，快感也是绿茵场上酣畅淋漓的激情表演带给球迷的视觉享受和感官刺激。“动首动脚”正好体现足球运动的基本特征——头顶脚踢。

从发行情况来看，《晶报》在推出“满足——世界杯特刊”的第二天开始涨价，但正是因为有了“满足”特刊，使得《晶报》基本保持了涨价前的零售量，而且呈上升趋势。从广告情况来看，“满足——世界杯特刊”推出后，《晶报》单日广告量已经屡次创出新高，“满足”特刊的广告也越来越多。从读者反映来看，可以说是好评如潮。一位多年研究媒体市场的专家认为，在整个华南地区的非体育类媒体中，“满足——世界杯特刊”策划最佳，既有专业的分析和评论，又不乏娱乐性和趣味性，读起来感觉轻松、愉悦。《晶报》的电子版在“满足——世界杯特刊”推出后，点击率比以前增加了10倍。

四、系统原则

系统原则包含三层意思：一是指报纸编辑策划应该具有一定的系统性，在报道范围、报道时间、报道顺序、报道规模上形成条理清晰的系统，而不是“散兵作战”。二是指报纸编辑策划的整个过程，需要编辑、记者集体合作，充分发挥系统的功能。三是指如果有必要、有可能，报纸编辑策划可以邀请其他媒体一起参与到策划报道中来，以获得更好的社会效应。

一般说来，报纸编辑策划具有一定的宏观性，而不是对某一篇具体稿件的策划。一次报道策划往往经历几天甚至几十天、几个月的时间，通常是由几篇甚至几十篇、几百篇报道组成，是一个由许多小系统组成的庞大复杂的系统。多个小系统的合力可能大于它们分力之和。因此，报纸编辑策划人员必须根据系统原则，考虑到各个小系统自身的特点以及它们之间的关系，充分发挥各个小系统的优势，有条理、有计划地安排报道步骤。

俗话说，三个臭皮匠顶个诸葛亮。在报纸编辑策划中，由于记者、编辑个人的视野是有限的，不可能也没有必要了解新闻领域内的一切事情。在策划会上，各个编辑、记者从自己的视角出发，提出策划主题、策划思想，经过大家的讨论，可以更快更好地去粗取精，形成较好的、可行的策划方案。

现在的读者如果对某一条新闻发生兴趣，往往会同时从几种媒介了解相关信息，如读报纸、看电视、上网站。那么，我们在进行报纸编辑策划的时候，也可以考虑把其他形式的媒体邀请进来，进行"融合"，充分发挥各自的优势，以各种不同的形式全方位地报道新闻。当然，发挥各种媒介的系统作用，需要一定的条件，如策划主题适合多种媒体同时报道、各媒体之间合作关系良好等。随着时代的发展，多种媒体的策划报道应该会越来越多。

五、应变性原则

报纸编辑策划是对未发生或未完成的新闻事实的策划，虽然有一定的事实和环境依据，但无论策划人员的水平多么高超，也不可能准确无误地预测事态发展。一方面，新闻事实有其自身的发展规律可循；另一方面，社会环境、报道主体、报道客体等因素都有可能变化或者具有某种不确定性。这就要求策划人员首先尽量全面地设想事情发展的可能性，还要具备足够的应变能力，即使事情发展出乎意料也能从容应对。

《辽沈晚报》关于"王海假打"事件的报道策划就是一个很好的例子。1999 年底，举报"王海假打"的李长兵找到辽沈晚报社，称王海与其订立合同，去有偿地整垮另一个售假者，从而谋得巨额的酬劳。经过初步调查核实，2000 年 1 月 3 日，《辽沈晚报》一版登出《王海"假打"?》，全国几十家主流媒体迅速作出反应，商求联合报道。当天下午，辽沈晚报社记者和北京晚报社记者约见王海，王海承认了"《辽沈晚报》报道的"基本上是事实，但他解释说：他这样做是为了将计就计，通过这种方式搞清李长兵，最后连他一起端。在谈话中，王海称怀疑此事可能与他曾经打击过的"津成"电缆厂有关，但当时只是臆测，《辽沈晚报》在次日的报道中未有提及。

1 月 6 日，一直被《辽沈晚报》和众多媒体质疑的"李长兵动机"问题，随着"津成"的新闻发布会而明朗化，李长兵果然是"津成"的人。"津成"自称被王海冤了，想跟王海私了，还送上了 5 万元，但王海狮子大开口索要 40 万元，"津成"遂决定以恶治恶，设套钓王海。这曲折而复杂的"内情"也只是在新闻发布会前的几十分钟才知晓的。新闻策划无论多么缜密，也始终要被事实牵着鼻子走。新闻发布会彻底改变了《辽沈晚报》的报道计划，王海私下收了 5 万元，王海与李长兵的纠葛上升为王海、南方媒体与"津成"的矛盾。在新闻发布会上，"津成"陈述了"王海受人雇用，与南方某媒体一起将自己这样一个实力雄厚、生产正规的企业说成了'设备简陋，杂草丛生'的幽灵公司"的冤情。"津成"为了让王海停止恶意中伤，曾送上 5 万元，但欲壑难填的王海却再次索价 40 万元。"津成"无奈之下策划"倒王"，为了引起媒体注意，导演了李长兵与王海签订假打合同的一幕。次日，《辽沈晚报》等媒体分别暗访了"津成"厂区，结果所见确与王海所述大相径庭。之后的几天之中王海又召开新闻发布会声称起诉《辽沈晚报》，14 日又一改对《辽沈晚报》的指责，在网上发表了让人意外的《意外》，言辞肉麻地称《辽沈晚报》是王海最大的支持者。1月20日，《辽沈晚报》的万言综述《“王海假打”事件告诉国人些什么?》对事件的来龙去脉，“假打”缘何演变为世人关注、争议的事件等作了详实的阐述和论断。“王海假打事件”报道才就此告一段落。①

六、适度原则

任何事情都是过犹不及，报纸编辑策划也是如此。策划的目的是为了更加全面、以更好的角度来报道新闻，使读者对该则新闻印象深刻，获得更大的社会效应。但是，并不是每则新闻、每个主题都适合于策划。如果把一个不适合策划的新闻主题拿来策划一番，只会得到适得其反的结果，“新闻策划”可能变成“新闻炒作”。

报纸编辑在策划中，策划者稍不留神，策划就会变成炒作。报纸编辑策划者在追求社会反响的同时，能够遵从新闻的一般规律，注意社会效果，有较强的社会责任感，以事实说话，尽量客观公正，主动接受各种法规、纪律、道德的约束。而新闻炒作却偏重轰动效应和市场卖点，为了制造轰动效应而去抢新闻，甚至不惜哗众取宠。目前，报纸上的娱乐新闻、体育新闻以及一些社会热点新闻，容易被“策划”成“炒作”。因此，在报纸编辑策划中，策划者应该结合所策划的新闻主题制定合适的报道计划，避免炒作。

另外，在报纸编辑策划中，报道推出的时间也有讲究。报道推出的时间太早，往往起不到策划的作用，很有可能打草惊蛇甚至被读者认为是假新闻，得不到预期的效果；报道推出太迟，也就失去了策划的意义，读者已经失去新鲜感了。

第四节　报纸编辑策划的过程

我们先来看一个成功的策划案例：

《晶报》世界杯特刊策划方案

1. 特刊名称：满足——世界杯特刊
2. 特刊口号：快感六月　动首动脚
3. 特刊规模

第一阶段（小组赛），每天24版，独立成一叠；第二阶段（淘汰赛），每天16版。

4. 特刊版面安排

（1）封面：挑选当日最具冲击力的照片作为特刊的封面，并对后面各版重要内容进行导读。

主要栏目：今日导读、今日球事（介绍当天要进行的比赛、比赛地点、转播时间等）、定位球（昨日赛事引发的评论）。

---

① 参见全国省级晚报（都市报）学术委员会编：《策划制胜：全国省级晚报（都市报）的报道艺术》，新华出版社2001年版，第390页。

(2) 欲望：球迷互动版，了解球迷需求，并通过特刊满足球迷的欲望。

主要栏目：总编侃球、曾雪麟专栏（预测当日赛果）、赛地风云（天气）、看球吧、球迷秀（读者对世界杯特刊的反应）等。

(3) 赛场新闻：

①踢。这是足球运动最基本的动作。该板块是当日所有赛事之消息和综述。当日所有赛事之综合，用述评方式、散文化笔法对当日所有赛事进行综述。

②跩。这是目前最时尚、前卫的一个词，被新新人类成功地改造成了“牛”的意思。为当日胜利之师的全景式报道。主要栏目：跩景（进球瞬间）、跩人（当日球星）、跩语（当日各方评论）、跩帅（教头述评）。

③蹩。“蹩”正好是“跩”的反面。为当日失利之师的全景式报道。主要栏目：闷烧（失利之处）、蹩脚（表现最差的球员）、憋气（各方评论）。

④踏。取其原地踏步之意，为当日平局之师的全景式报道。主要栏目：半斤、八两（两队的分析、评论）。

(4) 场外新闻：

①踪。取跟踪、追踪之意。报道当日没有比赛的球队的新闻。主要栏目：跟踪、萍踪、失踪。

②跛。“跛”指腿脚有毛病。各球队球员的伤情。

③趸。“趸”取“拥趸”之“趸”，为球迷专版。

④趴。“趴”取其“倒”的意思，指被淘汰球队的新闻。

⑤蹿。“蹿”指向上跳，为顺利晋级球队的新闻。

(5) 中国队新闻：

“路”取其“征程”的意思，为所有关于中国队征战世界杯的新闻。

①路/龙战。中国队的比赛消息。

②路/龙吟。中国队教练、队员的言论。

③路/龙迹。中国队备战的新闻。

(6) 专刊及评论：

①蹈。取其“跳动”之意。为图片专版（每日的跨版）。

②波胆。对简报当日各场比赛的赛果预测，国际主要盘口核赔率。主要栏目：波神擂台（本报及其他著名人士对赛果的预测）。

③吆球。专业人士的球评专版。

④哄版。女性写手的球评专版。

⑤网言。来自网上的精彩球评文章。

⑥麻语。用麻将语言讲述足球赛事，用麻将术语来为栏目命名。

⑦宝贝。本报评选的代表32支世界杯入围球队的32位美女进行形象展示。主要栏目：宝贝心语、宝贝预测。

⑧红唇。女球迷的图片专版（封底版）。主要栏目：编后絮语（当期世界杯特刊的评点文章）。

深圳特区报业集团主办的《晶报》，是一份权威的、高品位的生活类主流报纸。世界杯历来都是全世界关注的焦点。本届世界杯是中国经过44年连续几代人的拼搏后的首次亮相，又是新世纪的首届世界杯，赛事持续时间长达一个月，读者关注度不亚于“9·11”事件，无疑将是全世界媒体的焦点。对于本地媒体而言，在这场报道大战中的表现将直接影响到媒体在读者心目中的印象，影响到报纸今后的发展和深圳媒体竞争的格局。尤其对于创办才半年多的《晶报》，世界杯更是一次难得的争取读者、拓展市场的机会。集中优势兵力，强势推出特别报道这是《晶报》成功的一大法宝，世界杯报道自然也不例外。

2月底，离世界杯开赛还有3个多月，《晶报》就成立了由总编辑亲自挂帅，集合了编辑中心体育新闻组、周刊组、国际新闻组、娱乐新闻组和采访中心等部门的采编精英的世界杯特刊策划小组。

策划小组成立后，首先是要确定世界杯报道的整体方针。经过广泛的调查与研究，在认真分析以往两届世界杯比赛时各主要媒体的报道后，大家认为，赛事报道无疑将是所有媒体世界杯报道的重点。在新闻资源上，本届世界杯对中国的每家媒体都是公平的。在拥有相同新闻资源的前提下，要比拼的就是规模大小、版面创意、策划能力、编辑功夫和出版时间了，而这些正好是我们的强项。

在特刊的版面形式方面，要在保持《晶报》既有的流行、前卫的版面形式的基础上，更加强调视觉冲击。

在这样的指导思想上，体育组在3月13日拿出了一套世界杯特刊的初步方案。这套初步方案包含7个板块：(1) 封面导读；(2) 中国队报道；(3) 韩日烽烟；(4) 魔幻波盘；(5) 美眉侃波；(6) 晶报宝贝；(7) 酷镜直击。在这样一个大框架下，体育组在3月底细化出各个版面和栏目的名称。

4月初的策划小组会议，对体育组的初步方案进行了讨论。会议认为，初步方案内容覆盖面广，但整体感不够强，特点不够突出，板块与板块之间的内在逻辑关系不够，总体上显得专业有余而活泼不足。

经过一个多月的多次修改，特刊内容被调整为现行状况。

特刊的内容确定了，在特刊取名方面，可谓绞尽了脑汁。欲冲出重围，必须出奇制胜。在策划小组的多次会议上，大家拿出各种方案，有“战争系列”，有“足球术语系列”，有“武侠系列”，有“激情系列”，有“快感系列”，有“24节气系列”，有“麻将系列”，还有“美眉系列”。一大堆方案摆在面前，但是出彩的不多。

离大赛开幕只剩下五天，可是我们的特刊名称还是定不下来。总编辑召集大家开会，并宣布这是策划班子的最后一次会议，取不好名字不散会。会上，众人都力推自己的得意之作，吵了半天，仍无人占得上风，眼看着又得不出结果了。后来，总编辑说话了：就用“满足”二字！一锤定音，获得大家一致赞同。

前期准备

1. 组织准备

在方案策划阶段，《晶报》就成立了由总编辑亲自挂帅，集合了编辑中心和采访中心等部门的业务骨干的世界杯特刊策划小组。

在临近比赛时，《晶报》专门成立世界杯报道组，由总编辑任总指挥，两位副总编辑负责总把关，编辑中心副主任负责版面统筹，体育组执行主编负责内容统筹，娱乐组执行主编负责文字统筹，版面总监负责形式统筹。

2. 人力准备

相对于世界杯报道这么一场规模宏大、时间持久的战役，仅仅依靠我们这样一张综合性报纸的体育组是远远不够的。为了解决人手不足的问题，我们采取了从报社内部调剂、从集团其他报刊临时借用和向社会公开招聘等多种方式，最终，组成了一支包括20多名文字编辑、两名美术编辑、1名图片编辑、两名外派记者、10名本报写手和5名编译人员在内的庞大的采编队伍。

与此同时，约请了国内体坛几大写手贺晓龙、李承鹏、伊沙、沈宏非、王俊专门为本报开设专栏，还特地约请韩国著名足球教练车范根给本报提供专稿。

3. 技术准备

在硬件设备方面，报社为出征的外派记者准备了数码相机和手提电脑，给临时借用人员和新招聘人员配备工作电脑，从集团调用3部大屏幕彩色电视机专供世界杯采编人员收看比赛实况，开通了超大容量的世界杯专用电子邮箱。

在软件方面，为保证世界杯期间的图片供应，重金购买包括新华社、中新社、路透社、美联社和法新社以及国内外数家专业体育图片供应商的图片。

在采编流程管理方面，我们将除世界杯特刊的其他新闻版面提前到每天的22：00开机印刷，而将世界杯特刊推迟到凌晨3：00上机，很好地保证了赛事结束后的写稿、编稿和组版的时间。

4. 前期宣传

本报充分利用集团优势，从4月中旬开始，在本报和集团其他报刊上多次刊登世界杯特刊的形象宣传广告和特刊的栏目招商广告。

5. 公关活动

为配合本次世界杯特刊的推出，从4月开始，本报联合集团的网站“人间网”和兄弟媒体《香港商报》联合策划“世界杯五星MM”的评选活动。在世界杯开赛前一个月，《晶报》就连续登出大幅广告，征召足球MM。最后有超过500名MM报名。初选后，68名进入初赛，最后48名MM杀入决赛。经过激烈角逐，32位MM穿上了诸强的球衣，在世界杯期间逐一亮相。

6. 提前预热

在本次世界杯开赛以前，从5月26日起陆续推出“出征”、“战史”、“列强”3个世界杯特刊，进行提前预热。与此同时，逐日增强体育版面，使得世界杯报道逐渐升温。

5月31日，读者期待已久的“满足——世界杯特刊”随着世界杯的开幕正式亮相。

效果及反响

从发行情况来看，《晶报》在推出“满足——世界杯特刊”的第二天开始涨价，但正是因为有了“满足”特刊，使得涨价对零售量的影响微乎其微，基本保持了涨价前的零售量，而且呈上升趋势。

从广告情况来看，“满足——世界杯特刊”推出后，《晶报》单日广告量已经屡次创出新高，“满足”特刊的制定广告也越来越多。

从读者反映来看，可以说是好评如潮，一位多年研究媒体市场的专家认为，在整个华南地区的非体育类媒体中“满足——世界杯特刊”策划最佳，属扛鼎之作。既有专业的分析和评论，又不乏娱乐性和趣味性，读起来感觉轻松、愉悦。

《晶报》的电子版在“满足——世界杯特刊”推出后，点击率比以前增加了十倍。①

报纸编辑策划是一个复杂、庞大的系统工程，从意向的产生到方案的确立以至实施、调整、评价等，需要周密的设计和安排。整个策划过程大致可以分为五个阶段：

第一阶段，集思广益确定报道主题。报道主题是整个策划的中心与重点，策划方案、策划人员的调度以及策划的实施都要以报道主体为核心。确定报道主体，是报纸编辑策划的第一要务，只有确定一个适当的报道主题，后面的工作才能展开。

一般来说，策划组成员中的每一个人都有一个初步的、宏观的报道选题，在策划会上提出来，交由全体策划人员讨论分析。全体策划人员可以从不同的角度对这个初步的报道选题提出质疑、补充、调整。在讨论的过程中，策划人员互相激发灵感，也可能产生新的、更好的报道主题。经过商讨，报道主题可以基本确定下来，然后交由部门主任或者负责总编批准。由于各人想法不同，策划方案只可能选取其中可行的一些，最后确定的报道策划方案不可能让所有策划成员满意，这就需要相关负责人作出决定，以保证所有报道人员能够齐心协力完成策划。

第二阶段，设计报道方案撰写策划书。确定了报道主题，只是策划的第一步，只是从整体上确定策划的对象。接下来应该讨论策划的细则，即用何种方式来报道新闻主题，即设计报道方案撰写策划书。策划书一般应注明整个策划过程分为几个阶段，各个阶段的具体任务是什么，或者整个报道分为几个部分，每个部分主要反映什么方面的内容，等等。

第三阶段，安排人员实施报道方案。报道主题选得再好，策划书写得再详细完备，也需要记者编辑去具体完成。人员是保证计划实现的最终环节，对于一个重要的或大型的策划，对参与者必须慎重挑选。此阶段的重要任务是，将各项任务分配到人，实行责任制，让参与报道的同志分工明确，各负其责。就是根据总体工作的需要，把各个采写、编辑任务分配下去，使大家既明确各项工作的先后次序，也要明确各项工作的轻重缓急。这需要报纸编辑策划的负责人根据参与新闻报道的人员的素质、背景知识、兴趣爱好等来调配人员。

同时，在这一阶段中，还要做好采访工具的准备，也即技术上的准备。随着科学技术的发展，新闻工作者使用的工具也随时发生变化。汽车、录音笔、数码相机、笔记本电脑、针孔摄像机等，都是记者提高工作效率和提高工作质量的必备工具。在报纸编辑策划中，要想使报道的新闻在速度上快于别人，在内容上更加生动，必须做好技术上的准备。不只是为前线记者配备这些工具，还要对其进行培训，让他们能够熟练地运用。

第四阶段，根据实施情况调整报道方案。报纸编辑策划方案是全体策划人员的主观意志的统一，无论它多么详细和全面，在实际操作过程当中，总会有一些意外的情况发生。在这种情况下，就需要策划人员、记者编辑灵活变通，根据实际情况，对策划方案予以适

① 宋建武：《媒体遭遇战》，南方日报出版社 2002 年版，第 88、221 页。

当的调整。一般来说，方案的调整是局部的，主要是调整主题、调整时间、调整人员。调整主题或对主题作某些部分的修改，是新闻策划时常遇到的情况。经过采访，新闻素材会十分丰富，可能会从更加好的角度来报道，这时就需要对新闻主题进行调整。无论是调整主题、调整时间或者调整人员，其目的是使策划方案更为科学，能够更好地实现策划目的。

第五阶段，调查报道效果。在对新闻的报道告一段落之后，策划过程并没有结束，还需要在读者当中进行报道效果调查。一方面，这种调查可以使策划者知道在新闻报道中还存在哪些不足，以后如何改进；另一方面，在调查中，也可能发现新的新闻线索，或者受到读者的启发，有新的策划点子产生。这些都可以作为下一次策划的重要资源。

◎思考题：

1. 报道策划如何出新？
2. 找一份自己喜欢的报纸，分析一下该报纸的报道策划。
3. 如何激发编辑的策划意识？

第四章
新闻作品的选择

选择新闻作品是编辑根据编辑部的总体要求和个人的主观评价，从全部来稿中选择和确定进入传播过程的新闻信息。在编辑每天收到的来稿中，有本报记者采写的稿件，也有通讯员、读者的来稿等。由于版面的有限以及报纸自身的风格要求，不可能刊登所有的稿件，这样，就面临一个对稿件进行选择的问题，这个任务是由编辑完成的。这是全部微观编辑工作的第一道环节，它的好坏直接决定以后各环节的工作价值。

第一节　选稿的意义与稿件的来源

选稿是具体的编辑工作的起始阶段，是编辑部对稿件的第一次评价，是在分析稿件的基础上对稿件做的取舍，也是编辑工作中极具关键性的一个环节。所谓“极具关键性”，是指稿件选择的好坏与恰当与否，在很大程度上决定着报纸版面宣传报道的质量，所以它是一项不容忽视的重要工作。

一、选稿的意义

（一）把好政治关口

选稿是把好政治关口的第一道防线。编辑要有把关意识，要有政治家的鉴别力和敏锐性。把好政治关口就是要把符合社会主义精神文明建设、展现时代风貌的稿件“请进来”，把背离这一要求的稿件“请出去”。只有通过这种严防死守，才能确保媒体正确的政治立场和政治方向，而媒体政治立场和政治方向的正确又是媒体长期健康发展的前提。

（二）贯彻编辑方针

编辑方针是报纸在创办之初就确定的，是编辑、记者活动必须遵守的基本原则。在报纸的发展过程中，编辑方针具有相对的稳定性，除非特殊情况，编辑方针一般不会随意改变。所以，编辑在选稿的时候，必然要以编辑方针为指导，只有符合本报编辑方针的稿件，才有可能被保留下来。

（三）体现报纸特色

每家报纸都有自己的办报宗旨和风格特色。在报业竞争日益激烈的今天，保持报纸自身与众不同的风格和特色就越来越成为报纸立足的根本。而要表现出自己的风格，保持与其他媒体适当的差异性，就必须在稿件内容中体现出来。即使执行相同编辑方针的媒体，其具体任务、读者对象也不一定完全一样，那么它对稿件进行取舍的标准也就不一样。如果编辑人员看不到自身与其他媒体的差异，看不到自身的特色，在选稿时鱼目混珠，势必会模糊报纸的面目，难以在读者心中留下印象。

（四）适应版面要求

不同的版面要求使用不同内容的稿件，而编辑选稿的一个很重要的任务就是将适合本报各版面的稿件挑选出来，分送给不同的版面。像经济版、社会新闻版、娱乐版等不同版面，其对稿件的要求是不一样的。而且即使是符合某版面要求的稿件，也不一定就能刊登出来，因为版面空间总是有限的，这时除了要淘汰不合适的稿件外，还存在好中择优的问题，这就要求编辑必须对大量的稿件进行精心的筛选，从而保证每一版面的稿件都是最优化选择的结果。

二、稿件的来源

俗话说，“巧妇难为无米之炊”。如果说编辑是“巧妇”的话，那编辑每天收到的大量稿件就是那等着下锅的“米”了。充足的稿件是选择的基础。这些稿件的来源大致有以下几种渠道：

一是本报记者和编辑写的稿件；

二是通讯社每天播发的通稿；

三是通讯员来稿；

四是广大读者自发来稿；

五是有关部门或人员向报社发的专稿，或报社向有关部门或人员组织的专稿；

六是小报、简报和其他宣传品、总结材料。

这些稿件，来自各个渠道、各个层次、各个领域，作者的思想、经历、水平也各自不同，再加上版面容量有限，报社每时期又有其特定的报道任务，所以不可能“来稿必登”。即使是好稿件，也有个轻重缓急、酌情采用的问题，因此就少不了对稿件进行严格筛选。

第二节 选稿的程序和稿件的分类

一、选稿的程序

通常，在编辑报纸的过程中，对稿件有两次选择。

（一）初选

初选也叫“粗选”，它是分散在编辑部各组进行的。有关人员根据报纸宣传报道的总要求和各部组的任务，对为数众多的来稿进行大体的、较为粗糙的选择。初选是对所有稿件进行通读和分类，根据对新闻稿的一般选择标准挑选出适合采用的稿件。初选主要是解决可用不可用的问题。

（二）精选

精选也叫“定选”，它是在组织版面时进行的。组版人员根据当天、当期报纸报道的具体要求（如是否要组织专题）以及版面的情况，对为数不多的已做过加工的稿件再进行一次细致的调整。这次筛选主要是解决怎么用及用在什么地方的问题。大部分稿件在经过定选之后就可以见报了。

另外还有一种情况，就是针对一些涉及重大问题、重大批评，或是无法把握其报道后果的稿件，部门编辑、版面编辑难以定度时，通常交给总编辑或编委集体审定。

为了保证报纸质量，应把好选择关，要严格按照选稿的程序来筛选稿件，但新闻毕竟不同于其他产品，它是以时效性为前提的，再好的新闻一旦错过了报道时机，也便丧失了新闻价值，所以在选择稿件时一定要考虑时效性这个前提，在选择的同时不忘把握最佳的报道时机。对于一些时效性特别强的重大稿件，可越级送审，直接交由总编室乃至总编辑定度。

需要说明的是，选稿的过程是一个动态的过程，并非一旦选择就不能更改。因为：第一，稿件的第一次选择，是就单篇稿件是否可用而进行的。报纸是众多稿件的集合体，有些稿件可以单独使用，但如果把它同其他稿件放在一起就可能会有不协调的情况出现，影响版面效果。另外有一些稿件单看很符合报道要求，但从整版看，出于报道平衡的考虑，也不宜刊用。第二，从报纸的生产过程看，稿件在经过第一次选择后，还要有修改、配置、排版等多道工序，距离见报尚有一段时间，在这段时间内，外界形势随时可能会有变化，使某些原本准备使用的稿件成为废稿。比如在这段时间内，发生了一件颇具价值的突发事件，对突发事件的报道，历来是媒体报道的重心，此时原已安排好的稿件可能就要暂时不用了。

二、选择后稿件的类型

根据稿件的不同用途，选择后的稿件大致可以分为五种类型：

刊用稿：就是可以立即发表的稿件，这是稿件选择的首要目标。

备用稿：即时效性不那么强或发表时机不那么成熟的稿件，可将这类稿件暂存起来，以待时机成熟时发表。

内参稿：有些稿件也很有新闻价值，但其反映的问题十分尖锐、敏感，发表后可能会引起无法预料的后果，即不宜公开报道，这类稿件可作为内参稿，转送有关部门或领导审阅、核实。

线索稿：有些稿件具有新闻价值，但由于采访不够深入或时机不够成熟，可以暂时存留作为进一步采访的线索。

转交稿：有些反映情况和问题、带有批评揭露性内容的稿件，不宜公开登载，往往由编辑部转交给有关部门和领导处理。

第三节　选择稿件的标准

一、新闻价值标准

（一）新闻价值要素

新闻稿件选择的首要标准是其新闻价值。前文讲过，新闻价值是指新闻所具有的满足受众某种需要的属性，表现为新闻在受众接受过程中满足其认知需要的效用。编辑在选择稿件时，必须要考虑其新闻价值的大小，只有新闻价值含量较大的稿件才有可能被留下来。新闻价值主要包括真实性、新鲜性、重要性、接近性、显著性、人情味等，编辑在选稿时必须考虑这些因素。

西方报人和学者最早提出关于新闻价值的问题。在他们看来，新闻价值实质上是“什么是新闻”的问题。如《世界报》记者博加特说：狗咬人不是新闻，人咬狗才是新闻。新闻，就是那些稀少的和不寻常的事。

中国人自撰的第一部新闻理论专著《新闻学》（徐宝璜）特设专章，论述新闻价值问题。该书是中国研究新闻学的“破天荒之作”（蔡元培语），也是论述新闻价值问题的开山之作。

1. 不变要素

（1）真实性。真实性的实质是一切新闻报道必须如实地反映事实的真相，客观地反映事物的本来面目。内容上的真实是新闻存在的基本条件，也是新闻报道的基本要求。真实也是新闻特有的优势所在，真实是新闻的生命，也是新闻事业、新闻工作者的生命。

马克思在主编《莱茵报》时期提出对客观事件的真实描写，完全同报刊的伦理——纯洁的要求相一致。他认为，报刊应当“根据事实来描写事实”，而不应当“根据希望来描写事实”。列宁关于新闻真实性问题有句名言：“我们应当说真话，这是我们的力量所在。”

真实性原则的要求做到如下几点：

第一，具体事实真实准确。这是新闻最起码的要求，它包括四个层次的内容：一是构成新闻的基本要素准确无误。美国学者麦尔文·曼切尔在《新闻报道与写作》中指出：“新闻记者是正直诚实的人，他信奉真实，包括正确无误地拼写姓名，不承认未经证实的断言。”即“5个W”要绝对真实，这是新闻报道得以立足的前提。二是新闻所引用的材料必须准确可信。三是新闻中使用的背景材料必须完全真实，做到全面、客观、实事求是。四是细节真实。记者有时为了帮助读者清晰地了解事件的真相，还常常需要对新闻事实的具体细节进行详细描述。而新闻的特点决定了报道中决不能有任何虚假的成分，它必须从客观事物中选取典型，然后加以客观地描述，哪怕是细节部分也必须做到绝不虚假。

第二，概括性事实真实客观。在新闻报道中，总是会有一些对某一行业或某一现象的概括性的、用以描述综观性情况的内容。概括性内容同样要求做到真实、客观、准确、全面、符合实际，不能以点代面，以偏概全。

第三，整体要真实。整体真实又称总体真实，是指对复杂或具有漫长过程的事件在报道时要反映各个事实的联系与事物的全貌，它追求如实反映客观世界的整体。

要反映整体而非片面，是新闻学研究及新闻实践中一个永恒的命题。列宁曾说：“……必须毫无例外地掌握与所研究的问题有关的全部事实，而不是抽取个别的事实，否则就必然会发生怀疑，而且是完全合理的怀疑，即怀疑那些事实是随意挑选出来的，怀疑可能是为了替卑鄙的勾当作辩护则以‘主观’臆造的东西来代替全部历史现象的客观联系和相互依存关系。”①

整体报道的失实，往往表现为不能如实地反映事物的主流与支流，把事物总和中的少量、非主流的事实报道得过多，把大量占主流地位的事实报道得太少，这样的报道尽管每条新闻的个体事实都是真的，但整个报道整体却是不真实的。所以我们把新闻真实理解为

① 《列宁全集》第28卷，人民出版社1990年版，第365页。

“宏观真实”和“微观真实”之和更为准确。宏观真实的实现需要有一个渐进的过程，因为任何真实的新闻都发生在一定的具体时空中，全部外部世界的真实是通过事实的不断运动体现出来的，“只要报刊在有机地运动着，全部事实就会被完整地揭示出来”。

媒体在报道事实时，可以表达对事实的观点，但必须陈述真实的事实，某个事件在事实发展的整体进程中可能是一种假象，人们此时无法判断，只有先如实报道它，但随着时间的推移该事件可能最终暴露出它的问题，那么该事件的可信性会在连续报道中被推翻。如果我们先入为主地认为某件事实不代表本质，就不报道它，大量有价值的事实就可能被尘封，客观世界就可能被歪曲。

如何实现整体真实？可以通过两种方法，第一种方法是通过连续报道。连续报道所体现的整体真实都是由个体真实相互补充、多次再现的结果。新闻报道要特别重视过程真实，在新闻事实已经发生变化的情况下，媒体有义务进一步跟踪报道。马克思曾说过，用连续报道的形式揭示事件的真相，这种做法是尊重客观性的表现，同时也是报纸工作的惯例。他还认为，报刊始终是在形成过程中，报刊上永远不会有终结的东西，它今天所报道的事实和发表的见解，明天它就会推翻。客观世界的真实不是靠媒体的主观选择，而是依靠事实的连续运动和连续报道揭示出来的。

第二种方法是注意反映事实的量比。它是指记者从事实的联系中观察、分析不同类型的事实的量比，然后按照不同比例再现这些事实。媒体对各方面情况反映的量度比例要与实际相符合，即全面再现的关键在于为接受者提供健全的而非片面的，整体的而非零碎的信息，努力做到所有报道形成的总体报道，能够反映客观世界一定领域、一定时空范围的全面景象。所以整体真实并不等于个体真实的简单相加，在持续报道中，单一事件的总和符合它在现实中的比例，整体真实就得到了体现。当然，记者编辑对这种比例的把握取决于他们对生活的细心观察和用心体验。

第四，真实性的更高要求：本质真实。所谓本质真实，是指新闻报道要反映出事物的内在品质和规律。当然，对“本质真实”的提法，目前学术界还有争议。有人认为本质就是本质，没有什么本质真实和本质虚假的问题。而且新闻主要是反映正在变化的现象，而很多现象无所谓什么本质不本质的，如会议报道、体育报道等；其次，事物的本质有一个逐渐暴露的过程，人们对事物本质的认识也有一个由浅入深的过程，不可能一开始就抓住本质。如果急于或硬要抓住本质，其结果只能是出错。

对于这个问题，我们也许可以这样理解，第一，对本质真实的要求是有条件的，并非所有的新闻报道都要做到反映事物的本质；第二，本质自身也存在一个层次的问题，不同的报道它反映本质的层次是不一样的。对同一事件，不同记者可能会有不同的报道，有的只报道了现象，有的则抓住了本质，所以，每一篇都是真实的，没有真实不真实之分，只有真实的程度不同，即揭示事物层次和内涵的深浅不同。

1996年美国职业记者协会在修订其存在了70年的《伦理规范》（The Code of Ethics）时发生争论，最后达成这样的认识：我们相信通过各种方式都可以寻找到真相，我们给公众提供的不仅仅只有一种“真实”或是不仅是通过某种单一的途径。于是，条文中的真实被“启迪公众”和“服务公众”替代，新闻真实的表述改为“找寻真相并报道”（seek truth and report it）。这个观点引发了持续的学界讨论。就如世界不是黑白两极，新闻报道也不是真假两分的一样，“真实”的尺度包含着程度和梯级的差距。新闻报道中的真实不同于科学描述或科学研究的真实，其中永远会有“对谁来说的真实”或“提供谁需要的真实”的问题①。从这个意义上讲，“真实”其实是个变量，是人介入现实存在的结果。从哲学上讲，“真实”是人们对物质存在的内涵的判定，从美学意义上讲，“真实”不过是一个关乎现实的神话。

同样，新闻报道也存在着失实的问题。所谓新闻失实，是指新闻报道脱离和违背客观事实，未能反映事实真相的现象。新闻失实一般分为故意失实和非故意失实两类，通常表现形式有：

第一，编造故事，公开造假。即报道的事实完全不存在，纯属子虚乌有，这是最严重的失实。

第二，添加细节，合理想象。事实有一定的根据，但由于作者掌握的材料不够全面，为增加真实性就在原材料的基础上凭借自己的想象添加缺少的细节，以骗取读者的信任。

第三，变动要素，歪曲处理。为了增加真实性或出于其他目的，记者将其中部分要素进行夸大、缩小或歪曲处理。

第四，以少证多，无视本质。即从几个简单的事件中就总结出貌似普遍的结论来，这就是现象真实而本质不真实。

第五，片面报道，突出局部。作者出于某种考虑，故意只报道事件的局部，而对另一些事关全局的情况却故意回避，“片面即虚假”，已成为许多业内人士的共识。

案例一：

《断背山》在香港上映后就出来了《冯小刚不看好李安》的大标题新闻，内容充斥着冯小刚在观后说受不了《断背山》，不看好李安之类的话语，可事实是冯小刚观后说：“我非常欣赏李安，这种唯美细致的风格我很喜欢，而且我非常欣赏李安的为人，他很低调、沉着内敛。不过因为我接受不了两个男性的爱情，所以对《断背山》里有些男性间亲吻的镜头有点接受不了。”记者在选择话语时就省略去了“男性间亲吻的镜头”这样的敏感字眼，直接误导受众，造成冯小刚不看好李安的假象。

案例二：

2009年12月4日的《新快报》刊登了《富二代校园征婚在教育界引发争议》的文章。原文有这样的内容：“（女大学生）想嫁有钱人有错吗？女大学生竞争压力大，找好工作不容易，不排除部分女生想做阔少妻子的想法。暨南大学新闻与传播学院常务副院长、中国传播学会常务理事董天策认为，‘富二代’、有钱人征婚很普遍，如果征婚成功率高的话，可能会形成‘做得好不如嫁得好’的文化氛围。如果社会果真要发展到这一步，应该包容，教育工作者也应该面对现实。”文中引用他的评价：“这件事没什么可非议的，也没必要给予太多关注，不就一个征婚嘛，让大家乐一乐。”

对于这则报道，董天策教授给予了严正的声明和反驳：“这两段文字，大多加了引号（第一段引号颇为错乱），意味着都是在引述我的观点。事实上，这完全是记者

① 陈力丹：《2008年我国的新闻传播学研究（1）》，全球品牌网，2009年4月5日。

和编辑（署名新快报记者陈红艳、实习生宋焱）的强加与曲解。首先，断章取义，随意发挥。我说征婚可能是炒作的观点，只字未提。我本来是相当中立的立场被说成是‘力挺’。其次，胡乱搭接，扭曲原意。我说‘富二代’征婚如果成功，会对校园文化造成不良影响，形成‘做得好不如嫁得好’的氛围，不利于培养大学生尤其是女大学生积极向上的人生观、价值观，却被变成我肯定女大学生‘做得好不如嫁得好’；我说在当前经济形势严峻、就业困难的情况下，女大学生找工作不容易，不排除一些女生会产生做阔少妻子的心态，对此应面对现实，加以包容，如果我们去责备女大学生应征，她可能会反驳说‘想嫁有钱人咋了’，报道中竟然变成了我的原话！至于‘想嫁有钱人有错吗’、‘各种方式都会被容忍’等语句，则完全是作者的编造，我根本就没有讲过这样的话。再次，移花接木，貌似真实。报道配发本人的两张照片，封面上的一张来自今年10月15日《暨南大学》校报第二版《学者无疆》一文的照片，正文中的那一张大概是我2007年在一个研讨会上发言时的照片。也就是说，两张照片都是从网上下载而来，经编辑“妙手”与文字报道编排在一起，极易给人造成一种现场采访我的真实感，其实这完全是移花接木的手法，违背了新闻报道的真实性原则。”①

新闻失实的原因，大体来说主要有三个方面：第一，政治和体制的原因；第二，社会诱惑的原因；第三，记者个人思想和工作作风的原因。克服新闻失实现象要做到：第一，坚持马克思主义的思想路线，发扬深入实际调查研究的工作作风；第二，坚持唯物主义辩证法，保持冷静头脑，防止片面性；第三，健全法规，依法治本；第四，严守规章制度，堵塞失实漏洞；第五，提高队伍素养，弘扬职业道德；第六，自觉接受群众监督，及时纠正错误。

（2）新鲜性。新鲜性也是新闻存在的基本条件。新闻如果不新鲜，也就不成其为新闻了。新鲜性包括内容新和时间新两个方面：内容新是指新闻事实应是新近或正在发生的事实，是大多数人应知而未知的事；时间新是指新闻报道发出的时间距离事件发生的时间一般来说应越近越好。

在一般情况下，新闻稿件要讲究及时性，即记者编辑要将鲜活的事件以最快速度告知读者以满足他们的知情权。但从时间上来考虑，编辑在把握新鲜性时应一分为二地看待，对于一些十分重要的稿件，或是一些事关人民切身利益的事件，应尽可能快地报道出来，这也是我们媒体的责任所在。而对于另外一些从内容看虽然新鲜重要，但综合起来考虑报道时机不够成熟或预测发表后可能会产生不良影响的稿件，应当缓发或不发。从内容上看，新鲜性也是相对的。其一，一些事件确实是新近或正在发生的，如突发性事件，它对所有人而言都是极其新鲜的，对这种事件的报道，用李普曼的话就是对“一种突出的事实的报道”，它具有绝对的新鲜性，这类事件需要如实报道、周密策划。2001年9月11日，美国世贸大厦和五角大楼遭恐怖分子袭击，造成了人类有史以来恐怖活动史上的最大惨案。针对这一国际性的突发事件，媒体自然又免不了一番新闻抢拼。纵观9月12日的各大报纸，《羊城晚报》格外引人注目。一个晚上的时间他们竟策划了10个版的“美国

① 参见董天策《董天策教授：不得不说“我被PK了”》，人民网-传媒频道，2009年12月14日。

灾难特别报道”，内容从事件的经过、人们的目击到美国及相关国家的反应、联合国的声明，再到此事件可能会对世界政治、经济产生的影响，甚至对可能发动此次事件的世界恐怖组织也做了详细介绍，其报道之全、策划之快、立意之高，令人叹服。读者在阅读着这样详细的报道时不难想象，编辑们度过了怎样的一个不眠之夜。

其二，一些事件已过去很久，但却因种种原因从未被报道过。要报道这类事件，就需要找一个过去与现在的契合点，找出其“新”的一面，也即要找个新闻由头出来。如有一位乡村教师数十年如一日，安心山村，献身教育。对此我们应该报道，但如果就这么报道这种常态，不能叫做新闻作品，应该设法找个新闻由头出来。比如他最近刚被评为模范教师或先进人物，我们就可以此为由头，将他以前的种种感人事迹一一报道出来。虽然这些事情从时间上来看是“旧闻”，但它对广大读者一样具有新意，仍然可以说是“新闻”。

其三，一些事件的变化是渐进的，是一个缓慢发展的过程，这时就需要记者、编辑有足够的耐心和新闻敏感，静观其变，逐步将之报道出来。这类报道属于连续性报道，也叫进行式报道，新的信息不断发生，记者的工作基本上处于“打移动飞碟”的状态中。荣获《工人日报》2008年度好新闻“连续报道和系列报道”类一等奖的《“阳宗海砷污染事件”追踪报道》，共4篇，跨时半个月，每篇报道篇幅半个版。内容是玉溪市一个县的化肥厂排放的污水含砷，并排入阳宗海湖。毒砷被检测出来后，当地被迫实行“三禁”：禁饮、禁渔、禁泳。这4篇报道由于披露了大量触目惊心的细节，满足了当时受众对该事件幕后的了解需求。该组报道对事件进程产生了直接影响：企业被查封停产，董事长等3名高管被判刑；玉溪市副市长被勒令辞职，20多名干部遭到处理；当地百姓拍手称快。

其四，还要对一些预测性新闻和预告性新闻引起重视。预测性新闻，指在客观现实已有的信息基础上，通过用已然信息透视未然信息的方法，对可能发生或即将发生的事实或事物未来的发展趋势进行预先报道的新闻，又称“预见性新闻”、“透视性新闻”。包括政治预测、经济预测、科技预测、军事预测、教育预测等。预告性新闻，泛指对已经决定，必然发生的新闻事实的提前报道。如对重要的国际活动、重要会议，重大经济举措与政策、重要的天文观测、重要的体育赛事的提前报道等。因其是记者编辑将尚未发生而又颇为重要的事件提前告诉受众，因而也就有了新鲜性。

2. 可变要素

（1）重要性。重要性是指事实可能对社会、公众造成较大影响的那种性质。如果新近发生的某个事件在社会生活中产生了或有可能产生较大的影响，能引起人们的普遍关注，那么我们就说，这个事件是重要的。一般说来，与人民群众的利益关系越大，对群众的思想、工作和生活越具有指导性的事实信息，新闻价值也就越大。新闻媒介应当抓住群众普遍关心的热点、疑点和难点问题，给予及时、恰当的报道。这些内容一般都具有较大的新闻价值。

重要性事件大致有以下两类：

①涉及党和国家的重大方针、政策的会议，社会生活中的重大政治事件等。

一般来说，这类事件因关系到国家的前途和人民的命运，所以其重要性非常突出，是人民群众普遍关心和重视的。对于这类稿件，编辑一定要特别重视，精心加工，如每年的两会、国庆、国际领导人互访等。其中重要会议是记者编辑需要格外留心的，因为很多国家的大政方针都是以会议的形式来告知全国人民的，这类会议本身就是新闻，具有整体报道的价值。这类会议一般是决定国家前途、发展的大事，关系到群众的切身利益，是群众盼望召开的会议。如党代会、人代会和政协会议、某一时期事关全局的重要会议等。重大会议是我国新闻界每年都必须投入重兵完成的重要任务，搞好这些报道常常会对社会舆论产生重大而深远的影响。有远见的媒体，往往会在对重大会议报道中派出精兵强将，拿出最重要的版面，进行最精细的策划，集中突出地进行全面报道，以期引起读者对这一新闻的关注。

②突发性事件。突发性事件又称为紧急事件、危急事件，它是指人们难以预测或未能预测而突然发生的某种客观情况或事件。突发性事件按其性质可分为两类：一类是自然事件。即我们通常所说的“天灾”，如地震、洪水、火山爆发、山体滑坡等；二是社会事件。即我们通常所说的“人祸”。这类事件又可以分为政治性突发事件和灾难性突发事件。政治性突发事件指诸如战争、枪杀、宗教冲突以及伟人逝世之类；灾难性突发事件则包括翻车、沉船、坠机等交通事故，楼宇倒塌、桥梁断裂、水库垮塌等建筑事故以及失火、瓦斯爆炸等责任事故等。突发性事件往往因其发生的难以预料性、结果的不确定性而让人难以把握，因而也最能引起读者的兴趣，所以它也是编辑处理稿件时的重点。一般说来，像突发事件这类硬新闻都具有重要性。

需要指出的是，重要性是相对的。不同的报纸对“重要性”的评价是不一样的。中国人认为重要的新闻，外国人不一定认为重要。各种立足于本地的地方报纸，其各自重要性的标准也是不一样的。

（2）接近性。接近性是指“社会类型”相同的人们对同一事件的态度或关心程度会比较一致。它旨在测量事实信息与受众的接近程度。事实信息内容与受众心理、利益和地理上越是接近和相关，其新闻价值越大。相对于重要性而言，接近性往往居于衡量新闻价值大小的辅助地位。这种接近性主要是指地理位置上的接近，即人们都有想探究自身生活环境状况的好奇心，想知道他们究竟生活在一个怎样的社会中，周围发生了什么事，其他人是怎样生活的，等等，以此增加自己对周围环境的把握，增强确定性。这也是为什么在20世纪90年代中期，都市报红火发展的一个重要原因。对于编辑来说，本地发生的新闻相对于外地新闻来说无疑更具重要性。比如同一天在本市和外市同时发生两起车祸，也许外市车祸的性质还要严重一些，但地方报纸的编辑在选择时，一般会先选择本市车祸的新闻，因为它就发生在我们周围，更能引起我们的关注。

接近性还包括年龄的接近、职业的接近、性别的接近、文化的接近、民族的接近等。这些接近性，说明具有某些相同社会特征的人在共同利益和心理特点上有更为接近和一致性的地方。考虑接近性价值因素，就是要求编辑要根据其传播对象的不同，有区别地识别和选择那些与读者对象的心理特点相接近或相适应的稿件。

（3）显著性。显著性，是指人物、地点、事件等在人们的“固有观念”中已经形成的显赫与声望。越是著名、显要、杰出的人物、地点和事件，越能吸引受众，新闻价值也越大。从有新闻史可考以来，西方新闻界就一直认为，显赫与声望是新闻价值构成的重要因素。一个普通百姓的婚礼与一个皇室成员的婚礼所引起的关注是绝对不同的。人物的声望、地位越显赫，他可能带来的新闻价值就越大。如曾经被媒体炒得热闹一时的“松霞恋”，这一事件的两个主角，如果一个不是香港的前财政司司长梁锦松，一个不是世界跳水冠军伏明霞，而是一般的平民百姓，就决不可能会引起举国上下这么多媒体的关注，可以说，正是他们身份的“显著性”，才赋予这一事件以极大的新闻价值。直到后来伏明霞怀孕时，对于可能生男还是生女的问题，也让一些媒体费尽心思，某家报纸竟在电脑中设计了孩子可能的模样，并将这生男生女两张图片刊登在了报纸上，媒体对“名人”的关注可见一斑。

应该说，名人的一举一动确实很能引起人们的注意力，编辑出于吸引读者的目的，选择有关名人的稿件也是一种合理的考虑，但这里有一个“度”的问题，并非所有关于名人的事件都具有“显著性”，编辑如果把握不住这个度，就很容易陷入煽情与媚俗的行列，无形中降低了自身的水准。

另外，新闻事件发生的地点是否显要、特殊，也是影响新闻价值的一个重要因素。同样的事件发生在不同的地方其产生的影响也是不一样的。例如，一个贫困地区的领导干部在自家或在一个一般酒店给儿子办婚礼，应该说不是什么新鲜事，但如果说这个喜宴办在五星级酒店，那可就具有绝对的显著性了。黑龙江电台曾制作播出过《危困地区领导异地在五星级酒店为儿子办婚礼》的长消息。这则消息仅看标题就足以吸引读者了，首先就是因为其地点的显著性：五星级酒店。婚礼的主办人竟是危困地区的领导，这种地点的显著性与主办人身份的悬殊必定会牢牢地吸引读者的注意力。

（4）趣味性。趣味性是指新闻事实所具有的调动新闻受传者共同兴趣从而引起注意的一种特质。越是受众感兴趣的信息，新闻价值越大。

趣味性是随着人们生活水平的不断提高和精神生活的日益丰富而益加凸显的一个价值要素。它体现着人们对传媒休闲娱乐功能的重视。在日常生活中，在繁忙的工作之余，人们希望通过媒体了解更多有趣的信息以放松心情、缓解情绪。从这些年的新闻实践来看，具有趣味性、人情味的社会新闻在媒体报道中也确实占有越来越重要的地位，这无论是从娱乐休闲类报纸杂志的种类不断增多，还是从娱乐休闲的内容比例越来越大上来看，都已是不争的现实，这是新闻传播适应群众情趣需要的一种验证。

当然，这里也存在一个如何看待受众趣味的问题。一般来说，人们都具有好奇心和偷窥欲，很多受众对新奇、反常、变态、带人情味的东西比较感兴趣。而这种热衷对反常、变态事件的报道倾向也一向是西方传媒的重要原则。我们认为，传媒不但有休闲娱乐功能，也同时担负着引导社会风尚、维护社会健康发展的重要职责，对于一些受众低级趣味的要求，传媒不可一味地满足，从而丧失了自身的文化品位。

趣味性不但表现在内容上要可读、有趣味之外，也表现在形式上，即如何使新闻内容的表现生动活泼、富于情趣。一些严肃的政治、经济新闻，同样可以写得情趣盎然，具有可读性。这也是新闻写作与编辑中一个值得注意的问题。

上述六个要素是新闻价值的主要构成因素，但一件事实并非六个要素齐备才具有新闻价值。这里要特别强调的是，真实性和新鲜性是新闻作品的根基，也是新闻之所以是新闻的前提，它们是所有新闻作品必须要具备的要素。在一般情况下，一件事实只要具备了两个不变要素，便具有了成为新闻的可能性，当一件事实信息同时具有的可变要素越多，新闻价值自然就越大。如果不具备两个不变要素，其他的即使都具备，也不能将其选择作为刊登的稿件。

（二）新闻价值选择的要求

1. 符合媒体受众需要——有益、有用、有趣

新闻价值是推动新闻有效传播的内在因素。新闻价值着眼的不仅是作为新闻内容的事实成分，而且也指受众获益的客观效果。受众是新闻报道的接收对象，新闻价值必然以受众为评价主体。由此看来，新闻价值是一种关系范畴，而不是单一的实体范畴。也就是说，新闻价值不仅是某一事实的固有特性，而且是一种关系的产物，即新闻作用于接受者的产物。

所以，新闻价值选择的基本出发点是考虑受众的需要，因为只有能够适应和满足受众兴趣与需要的事实信息才具有新闻价值。新闻传播在新闻价值选择的过程中要掌握受众的心理，了解受众的兴趣与需要。其中，对受众有益、有趣的信息是编辑们首先要考虑的。

人们需要新闻传播的最基本的出发点，就在于希望所获得的新闻信息对自己的生存和发展能带来某些利益和好处。在受众所接受的新闻信息中，能够满足其生存与发展的各种利益需要的内容占有重要地位。从有用性的角度来说，人们希望媒体提供的新闻信息对自己的工作、学习和生活产生直接的效用。简言之，就是希望新闻信息能够对自己的日常生活产生某种帮助作用。同时，受众也希望从信息中得到乐趣，得到身心愉悦与消遣。

2. 符合新闻市场取向

新闻产品能否实现其价值，最终取决于它适应新闻市场需要的程度和结果，因此，新闻价值选择需要考虑一定时期新闻市场的需求和取向。

在通常情况下，新闻市场是受受众需要所制约的，说到底，适应市场需要就是适应受众需要。但二者又不完全是一回事。我们所说的“新闻市场取向”，从宏观上说，指的是一定时期内新闻产品适应社会与公众需要的一种方向和趋势，它与这一时期社会的政治、经济、文化和群众社会生活的总体趋势及特征相联系，也同这一时期人们的主流思想、价值观念和文化观念相联系。从微观上说，“新闻市场取向”，也可以理解为一定时期社会与公众对新闻传播一些具体内容的实际需求。如汶川地震期间媒体对震情的报道以及奥运会期间媒体对奥运赛事的报道等。

3. 符合记者经验积累

新闻传播的主体是新闻传播者，新闻价值的选择也是通过新闻传播者来实现的。虽然新闻价值具有客观性，一条新闻其价值大小的要素是客观存在于构成这条新闻的事实信息之中的。但掌握了新闻价值理论，具有新闻价值选择与判断实践经验的新闻传播者在新闻价值的选择与判断中具有重要作用。

新闻传播者在新闻价值选择与判断实践中所积累的经验，可以使他们能够迅速、有效地对事实信息中所含有的新闻价值，作出准确的衡量和判断。大量事实证明，那些有经验的记者和编辑，面对复杂的现实生活，能够迅速断定哪些事件是有新闻价值的，哪些事实新闻价值大，而且能够迅速决定采用何种形式才能使自己所采编的新闻以价值最大化的形式得以体现。

4. 符合社会控制要求

社会控制，是指社会对某一事物所形成的制约和限制。这种控制通常由一定社会通过其政治制度、法律制度、文化传统、社会理念、道德及价值观念等来实现。

在新闻传播过程中，社会控制体现在一定的社会组织和社会机构对传播内容和传播形式的制约和限制上。因此，新闻传播者在进行新闻价值选择和判断时要充分考虑自己的传播内容和传播行为是否符合自身所处环境的限制和要求。这种限制和要求会直接影响到新闻价值的选择和判断。任何新闻传媒要想使其传播内容及传播行为得以顺利实现和完成，都必须以不违反社会控制者的制约和限制为条件。如2001年美国遭受9·11恐怖袭击后，全国掀起反对恐怖主义浪潮，美国媒体在新闻价值的选择和判断上，严格按照这一标准，凡是相悖的报道和言论都受到限制。

二、社会评价标准

编辑在选择稿件时，不能仅仅局限于稿件本身。稿件具有新闻价值是稿件之所以成为新闻作品的基础，也是它有可能被选择的前提。但新闻毕竟不同于一般的产品，它面向的对象是社会人，它所报道的对象是社会生活，它所产生的影响也必然在社会中长期存在，所以在选择稿件时就不能不考虑另一个评价标准：社会评价原则。社会评价是指对新闻可能在政治、经济、法律、文化、道德等方面产生的影响的评价。

对于新闻的社会评价是一个很复杂的工作，因为新闻报道的对象是大千世界，从内容上讲纷繁复杂，而其在受众中产生的影响也是各种各样的。而且，即使是同一条新闻，对读者产生的影响也会因其自身的年龄、性格、学识、修养的不同而有所不同。所以这些易变因素就不能不成为我们对稿件进行社会效果评价的依据。我们不能说，一条使受众喜悦的稿件就是有积极影响的稿件，就具有“正面影响”，一条使受众情绪低落的稿件就是社会效果不好的新闻，就具有“负面影响”，这样简单武断的评价是不科学的。而且，编辑自身的理论政策修养、业务水平、工作经验对稿件选择的结果也是有很大关系的。同一条稿件，不同的编辑处理的方式也经常是不一样的。

那么，是不是说就没有办法对稿件进行社会评价呢？也不尽然，在长期的编辑实践中，有一些大致的原则可供参考，编辑只要掌握住了这几条原则，所选择出来的稿件就不会产生太大的负面影响。

（一）政治标准

政治标准在对稿件的社会评价中处于最重要的地位。我国报纸是社会主义报纸，其宗旨是为最大多数人的根本利益服务的。即要准确、全面、及时地宣传党和国家的路线、方针、政策，要团结人民、激励人民、组织人民，为实现党的目标、纲领，为实现社会主义现代化而奋斗，使全国人民紧紧地团结在党中央周围，这既是新闻媒介的党性要求，也是其应自觉贯彻到日常工作中去的一个基本原则。编辑在衡量稿件时要自觉以党和国家的相关政策和规定为尺度，坚持指导性、教育性，要以大量生动的正面报道，反映党、国家和社会发展的主流，激励民心，鼓舞士气，营造良好的社会风气。如对国家新政策的宣传，对国有企业改革经验的报道等。另外，还要十分注意抓好对先进典型的报道。

我国出版的各类新闻理论著作，在谈到新闻事业的作用时，都无一例外地把对党和国家的思想、政策、主张的宣传放在重要位置，“舆论导向正确，是党和人民之福；舆论导向错误，是党和人民之祸”。例如2001年除夕，几个“法轮功”痴迷者在天安门广场前自焚，新华社在对这起事件的报道中，就采取了内外有别的处理办法。对外中文、对外英文和新华网都及时播发了消息，从而在对外“新闻战”中争取了时间上的主动，占据了舆论引导的优势；对内，则选择了春节休假的最后一天，同时推出通讯、评论、资料、图片等内容翔实的报道，这恰似一组重磅炸弹，撼人心弦，发人深思。新华社此次报道坚持了有利大局、维护形象的原则，这也正是媒体能够不断健康发展的政治前提。

(二) 社会影响

这是一种社会层面的评价标准，也是比较广泛和普遍的评价标准。即编辑在考虑稿件的取舍时要想到稿件一旦刊发出去，对社会稳定可能带来的影响。这种社会影响又可以分为不同的层次：是正面影响还是负面影响？如果有负面影响，这种负面影响是大还是小？如果稿件本身确有新闻性，应该报道出来，但如果可能伴有一定的负面影响，就应该在不违背真实性的前提下对稿件进行修改，以便把负面影响降到最低。

对于那些能够有利于人们分清是非，坚持真、善、美，抵制假、恶、丑的稿件，在版面允许的条件下，应不遗余力地报道。对于一些有可能对读者、对社会造成不良影响的稿件，在选择时则要慎重。这时除了要对稿件进行适当修改外，还要考虑一个报道时机的问题。新闻事件的发生是不以人的意志为转移的，但新闻稿件的采用与否，编辑却是可以加以把握的。如是否发布这条新闻，何时发布，怎样发布等，要结合当时的情况而定，这包括当时的主要社会矛盾和受众的情况等，编辑要有全局意识，慎重选择报道的时机。

如前面提到过的"法轮功"自焚事件，新华社关于"法轮功"自焚事件的报道的成功之处，首先就在于没有简单地抢先抢快、不负责任地追求轰动效应，而是从大局稳定出发，选取了最佳的播发时间。正如新华社在通讯《邪教"法轮功"又一滔天罪行》的开头所说，这一事件发生在农历除夕，正当人们忙着挂灯笼、贴春联，欢欢喜喜过春节的时候。试想，如果在这样一个千家万户除夕团圆之时播发"法轮功"痴迷者的自焚事件，必然会给大家本来欢喜的心情蒙上阴影，虽然在时间上抢先了，效果却会大打折扣，甚至可能会影响国家的稳定大局。

为保证良好的社会效果，还要考虑稿件可能产生的道德影响。不能有闻必录，有闻必报。社会上确实存在凶杀、奸情、乱伦、盗窃、欺骗、赌博、腐败等丑恶现象，但记者、编辑们不能听风就是雨，原封不动地照搬给读者。报道什么，不报道什么，都需要严格把关。有的根本就不值得报；有的只需要少数人知道，不宜公开报道，可写内参上报。就是公开报道的内容也不能就是"自然主义"、"纯客观"地报道，犯罪过程、作案现场、作案手段和作案工具不宜写得过细，该略的地方就要略，该虚的地方就要虚，否则会给一些不法分子提供"学习"的机会，或是使一些未成年人盲目模仿，这样，新闻就不自觉地成了犯罪手段的"传授者"和犯罪行为的"教唆犯"。

(三) 法规标准和新闻政策

1. 新闻法规

新闻法规是国家颁布的有关新闻传播活动的法律规定，包括新闻法及其他法规。新闻法规是编辑在选稿时不可忽略的一个标准，要自觉运用法律法规来约束自己的选稿行为。要留心稿件的合法性问题，杜绝有明显危害性质的新闻。我国目前还没有新闻法，对哪些新闻应该被禁止还没有明确的条文规定，但根据我国目前的宪法、刑法、民法以及其他相关的法令，有下列内容的稿件应禁止刊登。

(1) 从国家层面来看，包括：

①煽动推翻现政权，煽动推翻社会主义制度，煽动群众抗拒、破坏国家法令，煽动群众集体闹事，扰乱社会秩序，破坏民族团结。

②违反国家保密法规，泄露国家机密。

(2) 从社会层面看，包括：

①宣扬淫秽色情内容，具有性行为描写内容。

②宣扬迷信、暴力、恐怖。

③制造谣言，欺骗群众。

(3) 从个人层面看，包括：

①侵犯他人名誉权，用侮辱性言辞诽谤他人、捏造虚假事实损害他人人格。

②侵犯他人隐私权，并造成伤害。如报道未成年人违法犯罪或其他不良行为时，任意披露未成年人的姓名、肖像和其他足以辨认的资料；擅自披露他人婚姻、恋爱、家庭情况（这一点在对明星的报道实践中有所放宽）；未经本人同意就披露他人信件电话等通信内容及其他各种个人资料等。

新闻界在处理新闻与国家、新闻与社会的关系上一般把握得比较好，不会出什么大问题。但在处理与被报道者个人的关系时，有时会因为分寸把握不够或在遣词造句上的疏忽而遭被报道者的起诉，给自己惹来麻烦。特别是当一些案件长期悬而未决时，往往使当事的记者、编辑几年甚至上十年时间不得脱身。如被称为“中国新闻第一案”——奚弘（新疆喀什市建筑管理局工会女干部）起诉《人民日报》及曾坤、史林杰（分别为《人民日报》、新疆人民广播电台记者）侵犯公民名誉权的案件，立案跨度长达八年之久，结果是《人民日报》败诉，人民日报社赔偿和补偿原告经济和精神损失 20 万元。在我们的新闻采编过程中，为了避免不必要的麻烦，不但报社要采取措施做好防范工作，记者、编辑同样要加强自我约束，提高职业敏感和责任感，特别是作为新闻产品最后一道把关人的编辑在选稿时责任更为重大。

这里要特别强调一下隐私权的问题，因为隐私权是媒体与受众产生新闻纠纷时经常碰到的问题。隐私权是自然人享有的对其个人的，与公共利益无关的个人信息、私人活动、私有领域进行支配的一种人格权。隐私权分为绝对个人隐私与相对个人隐私两种。分类的标准是隐私在面对公共利益时的可开放程度。绝对个人隐私是指与他人无关的不涉及公共利益的纯个人信息。如女性的三围、个人嗜好等。相对个人隐私是指在涉及公共利益时必须公开的内容。这时被报道者不能以个人信息属于个人为由拒不公开，如国家领导人的年龄、身体状况等。

就隐私范围来看，有这样的大小关系：政府官员 < 公众人物 < 普通人。一般来说，政府官员的隐私范围最小，人们常说“高官无隐私”，这点在西方尤其如此。虽然公众人物隐私权有时确实在一定程度上无法对抗知情权，但公众人物的绝对个人隐私是记者无权强行索取的，记者在这种情况下最易出现侵犯隐私权的情况。

那么，对于媒体来说，如何协调知情权与隐私权的关系？

第一，坚持公共利益原则。公共利益，或称公共福祉，是个人利益的集合，是调整人们相互间冲突的实质性的公平原则。而隐私权只是一种个人权利，它不是绝对的。当其与公共利益发生冲突时，法律就要偏向后者，因为它符合绝大多数人的需要。事关公共利益时，公职人员、公众人物隐私权应当适当减损。从长远看，这种考量从根本上也符合隐私权主体的利益。

个人隐私一般应受到保护，但当个人私事甚至隐私与最重要的公共利益——政治生活发生联系的时候，个人的私事就不再是一般意义上的私事，而属于政治的一部分，它不受隐私权的保护，应成为历史记载和新闻报道不可回避的内容。

第二，坚持利益衡量原则。即通过对法律所保障的多样性利益的综合对比以确立法律优先保护哪种权利，但此原则赋予法官的自由裁量权比较大。

总之，为避免不必要的麻烦，媒体在进行新闻报道时应努力做到：尊重他人隐私，进行自我约束；坚持真实、准确、客观、公正报道，将主、客观分开，避免媒体审判；第三，增强侵权后的事后补救意识，及时进行更正与答辩，即媒体进行更正，被批评者进行答辩。

另外，关于姓名权的问题也是编辑在选稿时要特别注意的。《中华人民共和国民法通则》明确规定："公民享有姓名权。有权决定、使用和依照规定改变自己的姓名，禁止他人干涉、盗用、假冒。"侵犯姓名权、名称权的行为主要有两类，即盗用和假冒。有些作者出于某种目的，常会将别人的作品拿来据为己有，署上自己的名字，一旦被原作者发现，编辑也难脱关系。所以编辑平时要广泛、大量地阅读其他媒体相关领域的报道，以掌握本领域的动态和前沿信息。

在新闻报道中，新闻侵权的构成要素有：一是侵害事实的存在，即刊登的稿件确实使受侵害人在人格方面受损；二是新闻工作者有较大过错，这种过错分为故意和过失；三是被侵害人所蒙受的损失与媒体的侵权行为之间有着因果关系，即被侵害人的损失结果确实是由侵权稿件所致。

2. 新闻政策

新闻政策是指国家、政党或地方行政机关对新闻事业所规定的活动准则。它是政党或政府管理新闻事业的重要手段和基本方法。广义的新闻政策包括新闻事业的管理政策、新闻报道政策、新闻队伍建设方针等；狭义的新闻政策主要是指新闻报道政策，包括新闻采写原则、编辑方针和宣传纪律。

我国的新闻政策包括：

(1) 新闻工作必须坚持以马克思主义、毛泽东思想、邓小平理论和"三个代表"重要思想为指导。

(2) 新闻工作必须坚持党性原则、坚持政治家办报。

(3) 新闻工作必须坚持用正确的舆论引导人。

(4) 新闻工作必须坚持、稳定、鼓劲、正面宣传为主。

(5) 新闻工作必须坚持群众性原则，坚持全党办报、群众办报。

(6) 新闻工作必须坚持真实性原则，力求新闻报道真实、客观、公正、全面、有立场。

(7) 新闻工作必须坚持民主集中制原则，严格遵守新闻宣传纪律。

(8) 新闻工作必须坚持改革，讲求艺术，不断提高新闻传播水平。

这些新闻政策从形式上看，是对新闻传播活动的一些约束和限定。但它们是在对我国新闻宣传工作长期实践经验进行科学总结的基础上制定的，是对我国新闻宣传活动规律的正确反映。

新闻法规与新闻政策既有联系又有区别。在没有新闻法的情况下，执政党和政府制定的新闻政策，在相当程度上起着新闻法的作用。在新闻法已经制定，但尚不完备的情况下，根据形势需要制定的新闻政策，对新闻法起补充作用。我国目前尚无专门的新闻法，因此，国家对新闻事业的管理除了借助于一些相关法律外，主要通过新闻政策及一些相关的行政法规来实现。各种新闻媒介，其宣传方针、报道内容、活动范围和传播方式，一般都通过新闻政策加以规范。

新闻政策和新闻法规对新闻工作的行政约束和法律制约在新闻稿件的选择中具有重要作用，它对新闻价值的实现会产生直接的影响。一件事从新闻角度很有新闻价值，但从政治角度考虑却可能产生不良传播效果，于是政党和政府便会通过新闻政策、新闻法规或其他行政手段，限制或改变新闻内容、传播时间或方式，有时甚至可能禁止发表。

在社会主义国家，党和国家从人民群众的根本利益出发制定的新闻政策和新闻法规与新闻价值的要求从总体上是一致的。它们有利于新闻工作者积极主动地按新闻价值规律要求，去采写和编发新闻，使报道的新闻价值能够最大限度地得以实现。但是当某一新闻事实具有新闻价值，但却与新闻政策和新闻法规相抵触时，新闻工作者应当坚持新闻政策和新闻法规的严肃性，对一些不宜公开报道的新闻事实可采用编写内参或口头反映的形式，向有关领导机关报告情况。那些严重损害国家和人民利益的新闻是不允许通过新闻媒介公开传播的。当然，执政党和其所制定的政策也应注意防止对新闻媒介施加不必要的行政干预，以保证群众能够及时知道他们欲知、应知又未知的事情。

三、报纸个性取向

新闻是对新近或正在发生的事实的报道。在每天发生的事件中，很多都是既新鲜又重要的，那么报纸是否都要报道呢？读者由于年龄、职业、经历、个人修养等的差异，其对新闻内容的重视程度也是不一样的。所以，编辑在选稿时还要考虑报纸自身的情况，即要根据报纸的个性取向和实际情况来选择稿件。

（一）编辑方针

报纸的编辑方针，是根据报纸的性质、立场、指导思想和实际情况对传媒内容、形式及风格所制定的指导编辑工作的相对稳定的总体设计，是每个编辑人员都必须遵循的基本准则。我国新闻事业是党领导下的社会主义事业的一部分，必须坚持为人民服务、为社会主义服务的根本方针，坚持正确的舆论导向，宣传马列主义、毛泽东思想，丰富人民的精神文化生活。这是每一家报纸都必须遵循的总原则。但每一家报纸又有自身的特点，必须根据自身的特点来制定适合自身发展的方针，以指导报纸的正常工作。编辑方针主要包括以下内容：

1. 办报宗旨

办报宗旨规定本报的主导思想、任务或努力方向。例如，中央党校主管的《中国市场经济报》以“推动和促进中国社会主义市场经济新体制的建立”为宗旨；最高人民检察院主办的《检察日报》的宗旨是“高扬反腐倡廉的旗帜，向读者全方位地展示法制社会，尤其是检察机关保护人民、惩罚犯罪的业绩，使读者知法、懂法、守法，知道如何依法保护国家、集体利益和个人的合法权益”；《南方都市报》的“主流就是力量”、《南方日报》的“高度决定影响力”、《经济观察报》的“理性、建设性”等，都是它们明确而鲜明的办报宗旨。

2. 报纸内容

报纸的内容定位规定了本报宣传报道的范围和重点，最为有名的就是《纽约时报》每天在报头上都会刊出：“刊登一切可以刊出的新闻。”《广州日报》“追求最出色的新闻”；《中国证券报》被誉为“可信赖的投资顾问”；《北京青年报》立足于“新闻+服务”，突出新闻的真实性；《华西都市报》则强调以服务性、真实性的内容为主，全面反映市民生活。《中国经营报》、《21世纪经济报道》、《经济观察报》目前是市场上最被看好的三家综合经济报，在内容安排上既十分接近又各有特色：《中国经营报》实用性比较强；《21世纪经济报道》擅长“抢新闻”，倾向于微观领域的经济信息；《经济观察报》的报道则更加高端、宏观等。明确了报纸的内容定位，才可以更好地进行采编和选稿工作。

3. 读者定位

读者定位可以分为：

第一，读者区域定位。即报纸主要是办给哪一个区域的读者看的。这种区域定位首先就决定了报纸内容的选择范围。一般说来，在一个城市中占据主要地位的还是当地的报纸，尤其是都市报，注重报纸的这种“地域影响力”，或称“新闻本土性”已成为广大媒体的共识。

《大众日报》的标准读者是一个居住在省内大中城市，年龄在37岁左右，在党报机关或企事业单位工作，具有大专以上文化程度，月收入在1500元以上的白领阶层人士，是意气风发的成功人士。

第二，读者职业身份定位。职业身份不同的读者对报纸的要求也是不一样的，一份报纸不可能期望自己被所有职业身份的读者所喜爱，所以明确自己读者的职业身份，也是编辑方针的重要内容之一。《经济观察报》把自己所追求的读者概括为“四有新人”：有财富、有权力、有理想、有未来。读者定位的明确，在都市报上表现得非常明显，它们牢牢地抓住了自己的读者对象——市民。《华西都市报》自称是“市民的公仆”；《燕赵都市报》致力于“为市井人家办报，让平民百姓爱读”；《楚天都市报》希望“帮市民之所需，解市民之所难”；《大河报》则“采缤纷天下事，入寻常百姓家”。

第三，读者年龄定位。不同年龄阶段的人对信息的需求也不尽相同。报纸应该首先明确自己是办给哪个年龄段读者看的，然后才能以此指导自己的选稿行为，才能确定稿件是否符合本报的要求。如大多数白领报刊都把读者目标锁定在消费能力旺盛的青年人身上，甚至一些晚报近年来也把中青年人作为阅读的生力军。

第四，读者文化程度定位。一般说来，报纸读者的受教育程度普遍高于电视观众；大型综合性日报的读者会比晚报、都市报的读者文化水平高；时政类节目的受众比游戏类节目受众的文化素养高。主流媒体通常把自己的受众定位在受过大专以上教育的人，这一类人正是社会的强势群体，拥有较强的“话语权”和投资决策能力，是广告商青睐的对象。具体到每一家媒体，都应该确定自己读者的文化程度，以此决定所选稿件应具备的水化含量。

4. 风格特色

就传媒而言，风格大致指在一个时期内形成的思想倾向、内容选择、编排方式、布局谋篇、遣词造句等相对稳定的特点。特色即人无我有、非同一般之处。传媒的风格和特色是精心经营的结果，它们相对于其他传媒而存在、发展。

不同的报纸有不同的风格，如严肃型、活泼型、思辨型、幽默型、实用型等。报纸的风格特色既表现在内容上，也表现在形式上。有的报纸以社会新闻见长，有的报纸以言论见长；有的报纸的商业气息较浓，有的报纸书卷味道比较重；有的报纸学术意蕴深，有的报纸生活琐事多；有的报纸版面浓眉大眼，有的报纸版面眉清目秀。在报业林立的市场竞争中，没有自己风格的报纸是很难立足的。

（二）版面平衡

编辑在选稿时，不管坚持了怎样的原则，不管选择了怎样的稿件，最终都要落实到版面上来。如果版面不允许，那前面的种种选择都是徒劳的，版面的平衡也是编辑要注意的一个问题。这种平衡性包括：

1. 稿件长短的搭配

一般除了单稿型版面（即一版上只有一篇稿件，一般是主题意旨深远、报道手法思辨、社会关注程度较大的稿件），大多数版面都存在稿件搭配的问题。首先就要考虑长、短搭配的问题。如果版面上都是等长的几篇稿件时，不免有些呆板；相反，如果全是小豆腐块，又显零碎。俗话说“鲜花还需绿叶衬”，只有长、短稿件错落有序，整个版面看起来才协调，才能给人重心稳固、重点突出之感。

2. 体裁形式的搭配

体裁搭配是指消息、通讯、评论、图片等不同体裁的稿件应搭配协调。试想，如果一个版面全是文字，整个版面看上去黑压压的一片，难免给人枯燥之感。有新闻价值和审美价值的图片是报纸版面上那明眸善睐的迷人眼睛。从今天的审美标准来看，没有图片的版面称不上是好的版面。再比如一个版面如果全是报社对新闻事件的评论，读者读到的全是思辨性特强的文章，就会感到很累。虽然目前很多报纸都设有评论专版，但那里的稿件都是“八面来风”，以读者的短评为主，给读者提供一个畅所欲言的机会，并不代表报纸的声音。在一些重大事件上，报纸应及时表明自己的态度，在新闻稿旁边配上适当言论，让读者既能从消息中知道事件的来龙去脉，又能从评论的分析中对事件进行理性梳理，从而认清事件的本质。

3. 报道对象的搭配

这是指稿件所反映的领域、行业应适当均衡。政治领域、经济领域、娱乐领域、体育领域、社会生活领域等要统筹兼顾。如果过分侧重某一领域，则会使其他领域的爱好者找不到喜爱的内容，在报纸中找不到认同感，势必会影响他们对该报纸的选择。要指出的是，这里所说的对象的搭配，是针对综合新闻版而言的，有些专版如国际新闻版、娱乐新闻版、体育新闻版、财经新闻版等，讲究的就是一个“专”字，不在本部分讨论之内。

4. 稿件来源的搭配

对于一些综合性的全国报纸、省级报而言，还存在稿件来源地相对均衡的问题。不可过分地将报道集中于某一地区，所以编辑在选稿时要注意适当兼顾不同地区的稿件，如不同省份的搭配、大小城市的搭配、东西城市的搭配、国内国际新闻的搭配等。

（三）当前报道主题

有时报纸在一段时间内会有一个相对比较重要的报道侧重点。这是新闻报道宣传活动的宏观策划工作，是对一个时期的报道所做的总体上的部署与安排。如怎样搞好国有企业，怎样树立城市形象，以及每年的两会、节假日等。一般说来，这类报道往往要经过长期的积累和酝酿，提前策划，其规模也往往比较大，历时比较长。凡是符合这一主题的稿件，在这一时期就比其他稿件具有相对的重要性。

但是，也有一些成为当时某一阶段报道重点的事件是不能提前策划的，如2008年是一个重要事件不断发生的年份：春节时南方的冰雪天气，给人们生活带来破坏和不便；胶济铁路撞车，所造成人员财产损失；西藏“3.14”事件（奥运会火炬传递过程中的一系列事件）带给整个社会慌乱和不安；汶川地震带给我们整个民族的巨大悲恸和震荡；奥运会又还给我们自豪与骄傲等，每一个事件都是重要的，都成当时媒体报道的主题，都是需要媒体及时策划，努力跟进的。

◎思考题：

1. 编辑选择后的稿件有哪些类型？
2. 新闻价值的不变要素与可变要素是什么？
3. 读者定位包括哪些内容？

第五章 新闻作品的修改

第一节 修改的基本任务

一、事实的修正

新闻报道主要是借助事实说话。对于一篇新闻报道而言，最重要的就是构成新闻的事实。如果在事实的真实性上出了问题，这篇新闻报道也便失去了存在的基础。新闻稿不同于其他体裁的文章，它必须忠实于事实原貌。

我们说一篇稿件失实，责任首先应该在于记者，但稿件毕竟是由编辑之手而见报的，所以对于失实稿件的刊出，编辑也负有不可推卸的责任。从编辑角度看，不真实的可能性有三：一是稿件本身有明显的事实出入，编辑却没有看出来；二是原稿存在不实情况，但从原稿中不宜看出来，编辑也未及时核查；三是原稿的事实是正确的，却被编辑改错了，这种情况编辑要负主要责任。

新闻编辑在修改稿件时，要运用自己的知识储备、常识和经验初步判断稿件内容的真实程度，如有必要再作细致调查。一般说来，编辑应从以下几个方面对报道的事实问题进行修正：

（一）事实真伪的修正

1. 局部事实的真实性

在有些稿件中，即使稿件中事件本身的真实性是无可置疑的，编辑也决不可掉以轻心，还要对作为整体事实一部分的局部事实作认真考量。通过对局部事实的考证或是运用事件内容相互间的逻辑关系来大致判断其真伪性。

有家报纸登过一篇新闻，报道国庆期间北京大街上摆了近一百万盆鲜花，“没有一盆丢失，甚至没有一盆受到损坏”。其实如果编辑细心一点，就完全可以发现这条新闻的漏洞：大街上摆的鲜花来自许多单位，无法精确统计，只能说个大致“近一百万盆”，那又怎么能肯定地说“没有一盆丢失，甚至没有一盆损坏”？这一说法显然不是对事物状态的准确描述。在新闻报道中，没有凭空想象的天地，没有任意虚构的市场，新闻只能按照事实的本来面目去写，事实是什么样子就写成什么样子，容不得一点虚假。

2. 内容前后的矛盾性

新闻稿件的事实中有时会出现前后矛盾的情况。这大多数是由于记者没有做深入的采访，在写稿时又不严格要求自己，应付了事。这时编辑要能敏锐地发现这些前后不一致的地方，其前后必有一处不实或两处都失实。某晚报曾报道某市电厂一先进工作者的事迹。说他数十年如一日，一心扑在工作上，不但在工作日辛勤工作，就连节假日也不休息，利用一切时间刻苦钻研业务，进行技术创新。后文中又描述他的家庭生活，说他不但是个好职工，而且是个好父亲，逢年过节，他总要陪着妻子、女儿，让女儿感受到实实在在的父爱，文中还引用女儿的话："我有一个好爸爸。"由于这篇报道篇幅较长，可能是因为前后有矛盾的两个地方相距较远，编辑没有注意到。而细心的读者不禁纳闷：难道此人会分身术？在节假日里既能"抓紧一切时间钻研技术"，又能陪伴妻子、女儿，以享天伦？

3. 事实报道的片面性

要真实地反映事件本质，就必须全面、客观，特别是当遇到冲突性事件时，要采取平衡的手法，将双方当事人的看法都要报道出来。梅尔文·门彻在《新闻报道与写作》里曾经给平衡下了一个定义，他认为：平衡就是尽可能给每一方，尤其是受到指证的一方说话的机会。① 如果稿件中只反映了某一方面的情况，而对那些事关全局的其他事实避而不谈的话，这种片面就意味着没有真实地反映事件的全貌，即是一种失实的表现。

2009 年，一篇刊发于武汉一家报纸的题为《乘车生口角 女大学生踹孕妇肚子》的热线消息报道，成为社会热烈讨论的话题。一时间这位被冠以"最牛女大学生"头衔的女学生，遭受了来自社会各方正义之士的广泛挞伐。不仅如此，许多有识之士，更是从大学生的思想道德教育、高等教育的失败的高度，对此事进行了更深层次的探讨。然而，这个报道通篇全是有利于孕妇的"事实报道"，不见女大学生的一句"言语"。而即便是有利于孕妇的"事实报道"，也并非出自孕妇本人之口，而是用了一个极其模糊的信息来源"据知情者介绍"。一起因纠纷而起的新闻事件，从报道上完全看不到对两位新闻当事人的采访，不见现场群众的"反映"。

后来，来自新闻当事人女大学生所在学校武汉工程大学校园贴吧的一个帖子说法是：是这个"孕妇"先扇了女生一巴掌，两人才有了冲突。查办此案的民警在网上说，该孕妇根本就不是孕妇，在他和同事一再要求其 B 超鉴定后，孕妇承认自己未怀孕，孩了早被拿掉了。

事实的真相到底如何，该报没有给出合理的解释。但无论如何，媒体的这种报道方式确实令人质疑。记者没有采访当事双方，只是一味将"女大学生脚踹孕妇"作为卖点，这种严重倾斜、报道明显有利于一方的报道方式是片面性报道的典型类型。遗憾的是，记者为了追求轰动效应将其制作出来，而编辑也没有认真把关，致使这样一则不实报道流入社会，造成了不良的社会影响。

（二）具体细节的修正

新闻稿件是由事实搭建起来的，而生动的事实则需要有若干具体的细节为支撑。许多记者为增加稿件的可读性，往往会在细节上下工夫。这时编辑要注意这些细节的可信度，因为往往越是精彩的细节，越是有可能隐藏着虚假的情节。

比如，一家晚报报道了这样一则消息，日本北海道的许多海鲜馆因其海鲜特色每年都能吸引来自世界各地的游客，这些游客对这里的海味赞不绝口，仅此一项每年就可以有相当可观的收入。文中举例说："其中一条鲸鱼已供十万人吃了十年。"笔者一看当时就十

---

① 转引自于泳、禹跃昆：《新闻报道平衡的多维视角》，《新闻战线》2008 年第 8 期。

分纳闷：十万人吃了十年？难道有固定的十万人每天都来吃鲸肉，还是每天都有不同的十万人来吃鲸肉？文中后文解释道："10年前打捞的一条鲸鱼，经过处理，至今已有10万人次品尝过这只鲸鱼的美味。"由此可以推知，前面所说"一条鲸鱼供十万人吃了十年"，显然不是事实。不是十万人吃了十年，而是十年间先后有十万人次吃，这两种说法的含义是不一样的，前者的范围和分量显然超过后者。

细节往往因其"细"而易被人忽视，作为最后把关人的编辑一定要擦亮眼睛，可以说对细节的纠正程度最能看出编辑的责任心和业务水平。

（三）事实要素的修正

事实要素，是指构成新闻事实的一些最基本元素，它属于稿件的基本事实部分，具体包括：

(1) 人名、地点、时间。人名、地点、时间，是事实的基础部分。

(2) 人物性别、年龄、职务、具体数字、机构名称等。稿件中人物的职务一定要搞清楚，不但不能写错，还要注意写全。有些人身兼数职，其职务名称在范围上有从大到小的逻辑关系，在排列时不应出错。如某人是某局下面的一个分公司的经理，这时在写职务名称时就有必要把这个局的名称也署上，即"某局第几分公司经理××"。

数字是新闻事实中的敏感部分。记者或是疏忽，或是出于某种目的，可能会虚构、夸大或缩小数据。有些是记者本身对一些数字概念不清，如降低了70%，即原来是100，现在是30；降低到70%，即原来是100，现在是70。增加到过去的3倍，即是说过去为1，现在为3；增加3倍，是指过去为1，现在为4。数字虽然很琐碎，便却不容出错。编辑要么根据自身阅历去衡量，要么亲自再确认，要么查阅相关资料来判断数字的真实性和准确性。

(3) 知识性差错。知识性差错又有多种表现，如错用计量单位。如把功率的单位"千瓦"和电能的单位"度"用错等。国家计量局规定长度用米、重量用克、电视规格用厘米，而在有些稿件中还存在使用已经废除的公尺、英寸等长度单位。

有些稿件会乱用专业术语，如一家新闻单位报道某著名数学家"因患肝脾综合征医治无效，在京逝世"。可医学专家们说，从来没听说过什么"肝脾综合征"。

编辑发现和修正差错的途径有三种：

第一，分析。即编辑调动起自已以往的经验积累和相关的知识储备，去分析、推理稿件的真实性，发现稿件存在的疑点和破绽。分析是修改稿件的前提，只有通过分析，编辑才能有针对性地采取相关对策。一个有经验的编辑在认真审阅稿件后就已做到心中有数，知道哪里必须改、怎么改；哪里不能改；哪里可改可不改。这种方法适用于前后矛盾、不合情理、笼统和歪曲了事实的稿件。

第二，查阅。通过查阅相关资料来核实稿件叙述的真实性和准确性。在条件允许的情况下，编辑应尽可能地对稿件中的有关数据、专业术语、地名等进行一一核查，以确保万无一失。在核对时要注意使用权威性的工具书、最新资料和第一手材料。这种方法适用于涉及历史和自然科学领域的稿件。

第三，调查。有些问题编辑仅仅根据经验无法作出判断，而手头又无现成的相关资料参考，在这种情况下，如果时间允许，编辑可以进行适当的调查活动。调查有多种方式，可以亲自出马，可以由编辑部派人进行，也可以通过电话、函询的方式进行。调查应全面，不能偏听偏信。这种方法适宜于可能有事实方面错误的稿件。

二、纠正观点

经过选择后的稿件，一般在大方向、大原则上不会有什么差错，但在一些具体的观点、提法上可能会不太准确、恰当。观点的修正是指看稿件中具体观点和提法是否符合国家的方针政策，是否符合社会良俗制序，要注意发现和校正其中不正确不恰当的地方。对观点差错的修正，主要表现在：

（一）思想政治差错的修正

把好政治关、思想关，是编辑修改稿件中很重要的工作。作为编辑，要注意分清稿件中对马列主义、毛泽东思想、邓小平理论的阐述是否全面、完整。这里的政治包括政治方向、政治立场、政治态度、政治纪律、政治鉴别力等。我国的新闻传播事业是社会主义建设事业的一部分，是社会主义精神文明建设的一部分，因此，编辑要特别留意稿件在政治思想上的倾向性。编辑工作者讲政治，就是要讲阵地意识，做到守土有则。坚决抵制各种错误思潮对我国新闻事业的影响，勇于批判各种错误的思想倾向。对稿件思想政治差错的纠正，首先需要编辑自身要有扎实的理论功底。

应该说，故意犯政治差错的报纸几乎是没有的，经常出现的是由于对一些政治术语运用得不够准确，或者对重要理论阐述得不够全面等而导致的一些差错。如有一家媒体曾刊登出这样的话语：“先是西德和日本，后是‘亚洲四小龙’，都乘机振兴了本国的经济。”这就是把我国的一个省错当成了国家，这就是不该犯的政治差错。又如 1994 年 1 月，我国南方某报登载消息《商瑞华公派赴台》。文章说：“这一次，台湾方面提出的合同为一年，而国内方面只批了两个月，但视情况可以续约。所以商瑞华这次赴台属公派性质。”台湾是我国的一个省，而该文把“台湾方面”与“国内”并列起来是错误的。另外，“合同”是双方当事人依法订立的有关权利义务的协议，不是下级对上级的请示报告，不存在批不批的问题。因此，上述那句话可以改为“这一次，台湾方面提出的合同为一年，而我们只同意订两个月的合同，但视情况可以续约”。①

（二）方针政策差错的修正

就是要看稿件中的某些提法与党的方针政策是否相悖，是否正确地贯彻了党在当前时期所制定的路线、方针、政策及对相关政策的阐述和运用是否恰当。

我国报纸有宣传党的方针政策的职责，但是由于政策性差错的出现，使报纸的政策阐释与党现行的政策不一致，违背了办报宗旨。所以，对方针政策差错的纠正也是编辑修改稿件时十分重要的一项工作。例如，一篇赞扬某县县长的报道，说该县长不仅支持农民创办第三产业，而且亲自“搭台”办企业。作者肯定该县干部支持农民兴办第三产业，这是对的，但把国家干部亲自经商也一并予以赞扬，就违背了党和国家的相关规定②。

（三）道德倾向差错的修正

有些稿件的某些内容虽然构不上侵权，但从社会道德和职业道德的角度来考虑，则是欠妥当的，也应该在被修改之列。

---

① 熊肇勒：《属概念不能并列使用》，《编辑之友》1996 年第 3 期。

② 郑兴东等：《报纸编辑学》，中国人民大学出版社 1995 年版，第 67 页。

第一，刊登揭露性稿件时，要注意保护新闻源，即提供新闻线索的人或单位。对于为报社提供新闻线索的人或单位，特别是当他们提供的是揭露性、批评性的事件时，报纸不能只想着追求轰动效应就将新闻报道出去了事，更不能为了增加报道的可信度而将“线人”泄露出去，即不能显露“线人”的姓名及可能使人辨认出细节的相关情况，报纸要做到不能刊登清晰的“线人”头像，电视应注意使用马赛克模糊形象。值得注意的是，有些电视节目在这方面做得不太理想，马赛克没能很好地遮盖住“线人”的脸部，更不要说声音处理了，完全可以使认识他的人一眼认出。媒体对“线人”保护的疏忽，会给“线人”带来很多麻烦，甚至是危险。他们给媒体提供了有价值的新闻线索，维护了社会风气，捍卫了社会正义，媒体有义务为他们的身份保密，这也是媒体最起码的职业道德。

第二，避免使新闻事件中的受害者或与事件相关的无辜者受到困扰和伤害。曾经惊动一时的湖南“嘉禾一中高考舞弊事件”就很好地说明了这个问题。当时湖南经视两名记者乔装打扮，在距离嘉禾一中考场 20 多米处的一幢居民楼上架设了一架摄像机。隐蔽后开始对考场内进行拍摄。记者拍到了足足 180 分钟的现场录像。此录像一经播出，很多没有舞弊的考生也因此受到牵连。有的将重考，有的在录取时受到了不公正的待遇，更有甚者，这个县的高考考点也被取消，以后的考生只能到外县参加高考。在这次事件中，记者编辑应该想一想，我们是否可以通过技术手段或其他方式尽可能地减少对无辜者的伤害，而这不一定就损害了报道的力度。对于此次事件，媒体一炒再炒，几乎所有的矛头都倒向一边，我们是不是可以在事后对那些无辜的考生做一下跟踪报道，给少数声音一个表达的机会？或者以媒体自身的优势给有关部门提个醒，给义愤的人们另一个思考的角度，那些无辜考生的结局也许会好一些。

再比如，四川姑娘唐某因不愿做三陪小姐而跳楼逃亡，结果摔伤致残。各媒体争先报道了这件事，但有些文章不是强调维护人格与尊严的可贵，而是集中选择她“宁死不做三陪女的刚烈行为”和“宁为玉碎，不为瓦全”的高贵品质，说她“用鲜血维护了自己的清白”。由于事件反响强烈，一时间，山东、黑龙江、湖北、安徽等地不断有类似的“唐某”出现，一个个妙龄少女落下终身残疾，这个结果是媒体始料不及的。至于那些关于未成年人犯罪的报道动辄披露犯罪嫌疑人的姓名、住址、家庭背景等，更是构成了对当事人的伤害。

编辑在审稿时一定要认真阅读稿件，在修改稿件时就要适当进行后果预测，多问几个“是否会”，应多从当事人的立场来思考问题。

第三，对社会环境要保护。随着人们生活节奏的加快及媒体自身的不断发展完善，人们越来越依靠媒体来了解自己身边发生的事情，来确定自己周围的社会环境，媒体其实已为受众营造了一个“虚拟环境”。日本学者藤竹晓认为，大众传播虽然提示的是“拟态环境”，与现实环境之间有很大的距离，但由于人们经常是根据媒介提供的信息来认识环境和采取行动的，这些行动作用于现实环境，便使得现实环境越来越带有了“拟态环境”的特点，以至于人们已经很难在两者之间作出明确的区分。媒体在受众感受外界环境中的重要作用可见一斑。所以，媒体应认识到自身责任的重大，切不可有闻必录，要从大局出发，选择适当的报道内容，采用适当的报道方法。

在稿件中，不应过分宣扬灾难，以免引起读者不必要的恐慌；对暴力事件的报道应减少细节的描写。对于不幸事件的报道，是为了满足受众的知情权，让他们及时了解周围环境的变化，而不是为了让受众寻找感官刺激。所以编辑一定要把握好一个“度”的问题，对稿件中存在的问题作及时、适当的修改。

第四，分清新闻与广告的界限。新闻的任务是如实向读者报道新近或正在发生的事件，但它也同时具有服务功能，如报道某一项新产品、新发明的问世，可以满足受众在日常生活中某一方面的需要。如果读者确实有相关需求，愿意购买这类产品，那是读者自己的事，但从媒体角度来说，报道的目的是告知读者这一事件，决不可通过一些报道手段诱导读者产生购买行为。但是在市场经济条件下，对利润的无限渴望，使越来越多的“新闻广告”大行其道。美国传播学家本巴格迪坎说，“新闻广告”是一种介乎新闻和广告之间，是广告客户用来创造购买情绪的东西。在《传播媒介的垄断》中认为，“新闻广告”没有明显的广告标志，而且具有一定的新闻形式，从而具备了一定的权威性和可信度。或者说，新闻与广告混为一体就可以使广告在一个特定的环境中传播，对于读者或观众来说，他们由于信任“新闻”，而相信其传播内容，“新闻广告”正是基于这些优势成为广告主偏爱的方式。[①]“新闻广告”主要有两种形式，“新闻性广告”和“广告性新闻”。如2006年11月16日《楚天都市报》在第9版的“热线新闻”刊出名为《神秘女子开宝马闯药店》新闻报道，乍 看的确像一则都市新闻，但是读完方知它是一则有关女性保健品的广告。在ICC（国际商会）国际广告行为准则中，严格规定要对广告进行识别，“无论采用何种形式，使用何种媒介，广告均须显示识别；当广告出现在包含信息或其他新闻题材的媒体上时，它应能够被轻易地识别为广告”。但这则医疗资讯广告却没有明显的识别标志，成为混淆视听的“新闻广告”。[②]

1997年中共中央宣传部、广电部、新闻出版署和全国记协发布《关于禁止有偿新闻的若干规定》，把广告性新闻列为“有偿新闻”，“不得以新闻报道的形式为产品做广告”。所以，大众传播媒介发布的广告应当有广告标记，以与其他非广告信息相区别，不得使消费者产生误解。但在现实中，仍有不少新闻式广告或者说广告式新闻活跃在新闻版，难怪受众疑问：这究竟是新闻，还是广告？

（四）法律观念差错的修正

在对一些牵涉法律知识的稿件进行审阅时，编辑就要特别留意，这类稿件要求编辑应该熟悉相关法律专业的理论。特别是在市场经济社会中，就更要求编辑有过硬的法律知识。其实，市场经济就是法制经济，市场经济本身就对记者、编辑提出了必须具备法律知识的要求，只有具备相关法律知识的编辑，才能在修改稿件时游刃有余，不让法律差错有可乘之机。近年来新闻界的官司不断增多，排除某些单位和个人的自我炒作外，记者、编辑自身因法律知识的欠缺而给自己惹来麻烦的事件也不乏其例。因此，具备基本的法律知识，不仅有利于编辑改稿，从最低限度来说，也可少给或不给自己惹来麻烦。

2001年，由于日本航空公司对中国旅客的恶劣态度而引发的“日航事件”，被当时的媒体炒得沸沸扬扬。第一个报道此事件的媒体作了一个十分煽情的标题《种族歧视粗暴傲慢　日航激怒中国消费者》。敏感而又易受伤害的中国人从这篇报道中读出了屈辱和不满。整个事件中，国内多家媒体在报道中都提出国内乘客要以“受歧视为由，要求日航

---

① 孙宝姝：《新闻广告》，《甘肃社会科学》2000年第3期。

② 王羽：《广告的异化》，人民网—传媒频道，2007年11月21日。

赔偿”。而这条堂而皇之的理由后来经法律专家一剖析，竟然根本不成立：如果是依据中国法律的话，那么乘客以所谓‘民族歧视’提出赔偿是根本不可能进行法律程序的。① 一个不可能成立的诉讼理由居然在各家媒体上恶炒了一阵子，如果编辑能具备一些法律知识的话，就不会让这种使专业人士贻笑大方的稿件刊发出去。在日航事件的报道过程中，就有法律人士指责新闻界的炒作，称日航事件“决不应该是针对歧视提出赔偿，这种提法本身是对法律无知的表现”。这位人士的话可谓一针见血地指出了记者、编辑缺乏法律知识的现状。

三、辞章的修饰

新闻报道有自己的写作方式和文体要求，有一定的写作规定和范式，不能任意为之。一个基本要求是，事实与文体要符合，作品结构要清晰，前后要呼应，过渡、转折要清晰明确，所有事件的结果要有一个交待。按时间线索结构文章的消息，时间发展的脉络必须清晰可见；按空间线索结构的新闻，空间转换必须层次分明；按心理结构方式组织的报道，心理发展轨迹必须交待明白，这样读者才能按照事件的本来面目去了解事件。

新闻稿件不同于一般的文章，不宜过长，它要求主题鲜明、措辞准确、行文简洁、层次清晰，它不需要过多的修饰，不需要辞采的华美，但也要求生动形象。在稿件事实真实的情况下，对稿件辞章的修饰就显得比较重要了，对辞章的修饰是一项严谨细致的工作。

依据修改的对象不同，可以分为：

（一）对文章布局谋篇的修饰

有些稿件，从内容看，确实很有新闻价值，事实要素也很齐全且无差错，但文章主题却不够鲜明，层次也不太清晰，读后给人的感觉是模糊一片，对事件的逻辑理不出个头绪来。这时就需要编辑对稿件动“大手术”，即对稿件的结构进行调整。其目的是突出新闻价值，厘清条理层次，使读者读后能抓住文章主旨，明确事件的经过及各要素间的因果关系。布局就是安排文章的结构，其中，对主题的提炼非常重要。主题是作者在稿件中要说明和表达的主要问题，是决定稿件质量的重要因素。修改稿件，从根本上说，就是围绕主题进行的。一切修改活动都要服务于主题的需要，编辑人员在修改稿件的过程中，首先要在这方面下工夫，要充分推敲、反复研究，使稿件的主题鲜明突出，符合报道的要求。

（二）对段落句子的修改

对段落句子的修改是指对文章中某一段落或段落中某一处句子的修改。文章是由不同的段落组成的，而这些不同的段落都是为突出主题而服务的。编辑首先要统观全局，看看这些段落之间的逻辑关系是否严密，是否围绕主题而进行的，有没有游离于主题之外的冗余成分。新闻文体的重要特点就是要简洁明快、中心突出。编辑不应当指望一篇文稿能阐释所有的问题，那样只会给人一种眉毛胡子一把抓的感觉，越是想说清楚所有问题就越是什么问题也说不清楚。如果某一问题涉及的方面比较多，可采用稿件配置的方式（后面我们会有具体论述），仅就单篇稿件来说，应当做到主旨清晰、简洁明快。与主题关系不大的段落该删就删，该简就简，不要舍不得。

---

① 申音、崔丽：《法律学者认为不应以民族歧视为由要求日航赔偿》，搜狐网，2001 年 2 月 23 日。

（三）对词语的润色

对词语的润色是稿件修改过程中最细致的工作。就是说要对稿件中具体的字、词进行斟酌。如是否有错别字，某些词语的使用是否准确、恰当等。有人说，写新闻稿也需要"如画的语言"，这话很有道理。所谓"如画的语言"，就是要加强语言的形象性。新闻文体虽然不同于文学体裁，不需要辞藻的过分华丽，但对形象性的追求却是相同的。除了一些严肃性极强的文稿外，一般的社会新闻报道都是要追求形象性的。当读者打开报纸时，清新的文风总是让人心情舒畅。现在报纸所追求的可读性，一方面是指新闻内容上的可读性，另一方面就是指生活化的文风，这既体现在标题上，也体现在报道的行文中。很多稿件之所以看上去呆板、生硬，让人望而却步，其中很重要的一个原因就是内容空洞、语言干瘪，缺乏让读者具体可感的形象。编辑对语言的润色是使稿件丰满起来的重要方法，它需要编辑相当扎实的语言功底。

四、制作标题

标题被称为是新闻的眼睛，标题制作的好坏直接影响读者阅读的兴趣。一般说来，记者传送给编辑的稿件是带标题的，但一来由于编辑也许更富有经验，更能抓住新闻的主旨和新意；二来编辑要统观整个版面空间的安排，所以有时不得不对单篇稿件的标题进行长、短以及形式上的修改。制作标题是编辑工作的一项重要职责，对于这一点我们后面有专章论述。

第二节　常用的修改方法

一、订正

订正是一种比较简单的方法，主要是订正稿件中文理、语法不通的地方或稿件中的错字、别字。这种方法经常用于比较成熟的稿件，即稿件的主题、体裁、思路直至内容都基本符合要求，没有什么太大的问题，此时编辑的主要工作就是对文字进行必要的加工、修饰。需要订正的内容包括：

（一）时间、地点

时间表述的错误，在新闻报道中屡见不鲜。我们单举在使用公元纪年法时出现的一些概念，诸如"世纪"、"叶"、"月"、"年代"、"星期"等的错误。

1999年下半年，许多媒体都曾狂热地欢呼"新世纪的到来"，它们统统将2000年说成是21世纪的开始，着实热闹了好一阵子。但是，那是一个明显的错误，因为从概念上讲，21世纪的起始应该是2001年；从事实上讲，也是有根据的，1999年11月18日，《人民日报》在头版头条位置发布的中共中央、国务院召开的中央经济工作会议的消息时说："2000年是世纪之交的一年，也是完成'九五'计划和本世纪末重要奋斗目标的最后一年。"这里所说的"本世纪"，讲的是"20世纪"，这里所说的"最后一年"，是指2000年。各媒体那阵子人云亦云地将"新世纪的到来"提前了整整一年！

地点是新闻的要素之一，地点的错误直接影响着人们对新闻事件的理解。2000年1月13日，《解放军报》四版的《245个市（区）县被命名为全国双拥模范城（县）》一文中，“据新华社北京1月12日电，全国双拥模范城（县）名单如下：湖北省、襄阳县、黄石市、钟祥县……”其实，钟祥县早在数年前就已更名为钟祥市，此稿《湖北日报》刊发时作了改正。

（二）表述

“……据供水部门介绍，到上个月，济南的地下水位已降至23.8米以下，接近警戒水位23.5米。而地下水位一旦下降到23.5米以下，现有的水泵就无法工作，将不得不更换深井泵减量取水。”

“降至23.8米以下”，照字面理解，不是降至23.8米，而是降至23.8米以下，那到底是降到什么位置？“23.5米以下”到底是个什么概念？

“……去年，该市集体商业、饮食、服务业供应人员达6180多人，比上年1968人翻了两番多。”

仔细算算，是不是达到两番？

（三）错字别字

这里说的错字别字，大多数是由于记者的疏忽而致。这种看上去不经意的疏忽，有时却会犯下很严重的错误。如本来应该是“5000万元”，结果记者误把它写作“5000元”，一字之差，数值却相差万倍。再如将“神采”写成“神彩”，将“含情脉脉”写成“含情默默”等。千万不要小看这些差错，有时这些小的疏忽却常常犯下大的错误。特别是在涉及政治、纪律、政策、外事或领导人的时候，这种差错往往会导致政治性错误。这种差错，轻者可使报社领导人受批评、受处理，重者会使报纸停刊。国内国外、历史现在都不乏其例。如日本《产经新闻》报，在一幅照片说明中，把一名皇族的姓名弄错了，结果总编辑被调离。有些差错，如把“大总统”错为“犬总统”，“伟大红旗”错为“伟大红薯”，把“人大”错为“大人”，把“市长”错为“市场”等，虽然是一点、一字之差，但却会使读者对报纸的工作态度及其内容的可信性产生怀疑。大量事实说明，报纸决不能小看这类“字”上的错误，这些差错就如同是报纸的事故。小差错是小事故，大错误是大事故。所谓“编辑无小事，细节需用心”说的就是这个道理。这类差错的“普遍性”决定了对待差错人人都要抓，从总编辑到校对，各道工序，各个环节都要把好关，而这种差错的“顽固性”，又决定了抓差错决不能“三天打鱼，两天晒网”，必须是打“持久战”，要常抓不懈。

（四）语言润色

润色语言是指在叙述事实的过程中，要考虑怎样遣词造句，考虑使用哪个词语能使内容的表达更形象、更生动，更让读者易读、爱读。它不但包括词语使用的准确性，还包括词语的形象性问题。准确性是新闻语言的最基本要求，形象性是对新闻语言的进一步提升，在新闻报道中适当地使用汉语修辞的手法，可以使新闻的语言既朴实简练，又精当形象。例如下面这个句子：

在摆满鲜花和花圈的灵台上，挂着一位中年人的大幅遗像：一头黑发，瘦长脸儿，长得很英俊，一双闪烁着智慧光芒的眼睛，好似深情地瞧着俱乐部大厅里正在垂泪的人们。不少人举目仰望那张熟识的面容，禁不住失声恸哭。这哭声和那低回的哀乐声在大厅里萦回，穿过窗户，飘向蓝天……

(五) 特定称谓

编辑在改稿时，如果涉及一些专业性知识或专有名词时要特别注意其用词的准确性，这些专有名词往往是重要的新闻事实，这些词语的错用，会牵涉到事件要素的真实性。如有的报纸对公、检、法三家的分工搞不清楚，把“劳动教养”与“依法逮捕”混淆，把“行政拘留”与“刑事拘留”混淆，把“判刑”与“伏法”混淆等。在案件报道中，还要注意使用规范性的法律用语，一些带有明显感情倾向的词应禁止，如在很多新闻官司案件中，就是因为稿件用了一些诸如“败类”、“歹徒”、“罪犯”、“变态狂”、“劳改释放犯”、“犯罪分子”、“盗窃犯”、“小偷”等未被法院认定的、不规范的法律用语的称谓或定性语言，而造成新闻侵权。在案件报道时要注意，只有经过法院认定的才是事实，法院的判决生效后，法院认定的“罪犯”才能称其为罪犯，在此之前公安机关、检察机关、纪检监察机关等部门得到的事实，如需引用，只能冠以“涉嫌”来处理，并交待出新闻来源的政法机关，其事件当事人也只能是犯罪嫌疑人，而不能称为“罪犯”。

另外，对一些日常生活中的称谓不可乱用，以免引起误解，如这么一句话：

“记得两年前，我曾与丽丽同室居住数日，那时她也谈笑风生，但其实正处在困境之中，家父的不幸逝世，男友的不辞而别，对她的打击够大了。”

从上下文关系看，“不幸逝世”的应该是丽丽的父亲，而作者使用“家父”一词，就使“不幸逝世”的变为作者的父亲了，这显然不是作者的原意，这个误解的产生，是由于作者对“家父”这个特定称谓的使用不当造成的。

(六) 词语搭配

订正词语搭配，就是修改那些词语相互结合时对具体意思的表述不符合语法的地方。语法修辞的任务就是要使词与词的关系正常，使其处于意思表述的最佳状态。报纸上使用的多是一般的常规性词语，浅显易懂，问题常出现在词语的搭配上。如有一家报纸曾经有这么一个标题：《伪造假劣奶粉坑害消费者》，这个标题是个病句，伪造假劣奶粉，令人费解，应将“伪造”改为“制造”才对。再如，某家报纸为头条消息配发的评论题目是《根治“三乱”还需法制》，看后实在让人费解，“还需法制”，那就是说以前根治“三乱”的过程中没有使用法制了？改为《根治“三乱”更需法制》就较为合适一些。

(七) 概念逻辑

在新闻报道中有时会犯词语概念不清、范围模糊、逻辑混乱的错误，让读者难以明白作者的真正意思。如：

“计划生育是我国人口工作的重中之重，面广量大，必须全国和地方并举”。

这里，“全国和地方并举”是不符合逻辑的。“全国”就是各“地方”的集合。一件事情，如果说“全国”都办了，就是指全国各地都办了，根据本文上下文的关系，作者的意思其实是“中央和地方并举”。再如：

“在整个犯罪当中，男性受害人所占的比例是百分之五十一，女性受害人占百分之三十六。”

百分之五十一加上百分之三十六，共是百分之八十七，那剩下的百分之十三又是什么？

（八）成语典故

新闻报道中巧用一些成语典故，可以使文章富有文采、形象生动。但对于一些自己没有把握的成语最好还是不用或等查清楚之后再用，以防出现错用的现象，以致贻笑大方。编辑在审阅稿件时要特别留心，注意稿件中成语的使用是否恰当，是否准确。如把“旁征博引”错为“旁证博引”；把“破釜沉舟”错为“破斧沉舟”；把“谈笑风生”错为“谈笑风声”。成语有它意思的整体性、结构的固定性，使用时要讲究准确性。

另外，在使用成语典故时还要注意使用的恰当与否，切不可为增加语句的形象性而错用成语，不但不能准确地表达意思，而且让人啼笑皆非。如：

“徐××，今年39岁……长相并不漂亮，也不年轻，几年中，就有……拜倒在她的‘石榴裙’下。”

《辞海》中“石榴裙”条指明语源是《玉台新咏》所载南阳何思徽的诗《南苑逢美人》：“风卷葡萄带，日照石榴裙。”所以后人引用“石榴裙”时，多指男人拜倒在美女的跟前。上文中，徐××既然“不漂亮”、“不年轻”，又何谈“石榴裙”呢？

（九）防止歧义

有些时候，由于记者的习惯性思维，在词语的使用上没有仔细斟酌，使人产生错误理解或不知其所云。

“认为比赛前十分钟的两个点球‘子无虚有’，完全没有理由判罚。”

这句话错误有三：其一‘比赛前十分钟’有歧义，是“比赛/前十分钟”，还是“比赛前/十分钟”，语句的本身没有说清楚，让人困惑；其二，把“子虚乌有”说成“子无虚有”，是低级的错误；其三，不可以说“两个点球是子虚乌有”，因为典球已罚，是客观存在的，“子虚乌有”不应当是罚球的理由。

（十）引文错误

引文的差错也是稿件中常出现的一种错误。如有的引文错漏，随便在原文的基础上增删，不按标准版本；有的张冠李戴，把孔子的话引为孟子说的等。这些都是编辑工作中经常遇到的问题。编辑一定要仔细对待引文，必要时要查阅相关书籍。

二、压缩

压缩，即“删繁就简”，它是对原稿进行删减，以缩短和精简内容，压缩的目的是使稿件言简意赅，更加凝练。

这种方法经常用在那些在主题、体裁方面上没有多大问题的稿件，对其只是需要从内容上进行必要的压缩。这是因为报纸篇幅有限，又应刊登尽可能多的新闻，而来稿中文字过长的稿件所占比例不少，报纸很难全部容纳，多数稿件都需要从内容上进行压缩。此外，许多稿件内容庞杂，冗长累赘，主题不够突出，文字不够简练，也必须进行压缩。

压缩稿件有两种方法：一是删文，即删去稿件中那些重复、拖沓的文字；二是删意，即删去稿件中那些不必要的或多余的内容，以突出主题，呈现精华。压缩稿件时，应注意不能删去核心部分的内容，并要适当添加一些字句，以使上下文连贯。

例如：请从突出主题的目的出发，压缩下面一则材料：

我省今年将对1100个贫困村进行扶贫①

我省今年将以整村推进为切入点，着力抓好1100个一类扶贫重点村的扶贫开发工作。省委副书记××在19日召开的全省农村工作会议上说，贵州贫困面大，贫困程度深，广大贫困群众“行路难”、“吃水难”、“住房难”、“上学难”、“通讯难”、“看电视难”等问题十分突出，这些问题总的来讲，可概括为三个基本问题，即基本生活条件、基本素质、基本增收门路。因此，今年全省上下将始终围绕和抓住改善基本生活条件、提高基本素质、拓宽基本增收门路等问题，以整村推进的扶贫方式加大扶贫开发力度。

我省是全国贫困人口最多、贫困程度最深的省份之一，也是全国扶贫开发工作的主战场之一。自20世纪80年代实施大规模扶贫开发战略以来，全省农村贫困人口已由1500多万下降到300万。2004年，全省又有40万农村贫困人口越过温饱线，4万贫困人口实现易地扶贫搬迁，新阶段扶贫开发取得重大进展。

到2004年末，全省尚有贫困人口277万，占全国贫困人口的10%，是全国贫困面最大、扶贫任务最重的省份之一。从2004年到2007年，省委、省政府每年将实施1100个左右的一类重点整村推进计划，每个村每年投入原则上不低于100万元。

稿件可作如下压缩：

我省今年内将以整村推进为切入点，着力抓好1100个一类扶贫重点村的扶贫开发工作。

记者从19日召开的全省农村工作会议上获悉，贵州省广大贫困群众“行路难”、“吃水难”、“住房难”、“上学难”、“通讯难”、“看电视难”等问题十分突出，这些

① 参见新华网贵阳2005年2月20日电讯。

问题总的来讲，可概括为三个基本问题，即基本生活条件、基本素质、基本增收门路。因此，今年全省上下将始终围绕和抓住改善基本生活条件、提高基本素质、拓宽基本增收门路等问题，以整村推进的扶贫方式加大扶贫开发力度。

我省是全国贫困人口最多、贫困程度最深的省份之一，也是全国扶贫开发工作的主战场之一。

到2004年末，全省尚有贫困人口277万，占全国贫困人口的10%。从2004年到2007年，省委、省政府每年将实施1100个左右的一类重点整村推进计划，每个村每年投入原则上不低于100万元。

一般说来，删削多余背景材料，是压缩的一种好方法，也是编辑经常采用的一种方法。在压缩稿件时，要注意不要把重要的内容压缩掉，也不要把生动有趣的精选片断压缩掉，还要注意不要把稿件压缩得支离破碎、上下不连贯，要符合因果逻辑。

三、摘写

摘写的方法，是指选择稿件中重要的、有价值的材料进行编辑，也即摘出原稿中有新闻价值的内容。要注意，摘出的是某一方面的信息或某一信息，而不是摘出原稿中的全部要点。这种方法常常适用于由于原稿所包含的信息较多，而将一些重要信息埋没其中的稿件。可根据报纸自身的需要摘取其中一部分重新编写，这时通常要变动原稿的结构，选取原稿中某一部分、某一问题重做文章，它是取其局部而舍其余，实际上是对原稿的重新写作。

1978年11月14日夜晚，穆青在总编室值班。国内部送来一条消息，是北京分社记者发来的会议新闻，报道北京市市委举行常委扩大会议的情况，2400多字。穆青看到了文中有这样一段内容：北京市委认为1976年天安门广场群众悼念周恩来总理，愤怒声讨“四人帮”的行动是正当的、革命的。穆青眼睛一亮，心中一阵惊喜和颤动，这不是为天安门事件平反吗？他以政治家的敏锐，犀利地捕捉住这一重大新闻。新华社的记者们把其他内容统统舍弃，单将这条信息抽出来，字斟句酌，连标点在内仅用了239个字。11月15日夜，新华社以《天安门事件完全是革命行动》的醒目标题，向全国和全世界播发了这一消息。这则消息的影响如同一石激起巨浪，在国内外产生了强烈的反响，得到了群众广泛的拥护。它标志着中国开始了拨乱反正的历史进程。

摘写的方法要求编辑要具备敏锐的洞察力，及时发现原稿中具有新闻价值的重要信息。

再如某报2005年2月1日一篇报道《让贫困者能看得起病》报道了这座城市出台《××市区社会医疗救助实施暂行办法》，报道全文长达1400多字。可将文中“办法”的具体内容要点摘录出来，作如下报道：

《××市区社会医疗救助实施暂行办法》昨出台，其核心是——让贫困者能看得起病

本报讯 “有啥也别有病！”一句话道出了多少人心中的痛。市政府昨日出台的《某某市区社会医疗救助实施暂行办法》规定，凡户籍在我市区范围内的城乡居民

(含户籍不在市区的市直单位职工)，因各种疾病住院及灾害性事故造成的重大伤害，经各类医疗保障报销和社会团体帮困后，医疗费用负担仍有困难且影响家庭基本生活的，可以享受医疗救助办法”具体有以下规定：

(1) 社会医疗救助的对象是以下四类人员：

城乡最低生活保障对象；农村五保对象和城乡“三无人员”；重点优抚对象；持有效《困难职工特困证》、《残疾人特困证》家庭中的常驻住人员和市、区政府确定的其他应当救助的人员。

(2) 全年每户家庭累计救助额最高可达3万元。

(3) 救助对象自各种医疗报销和补偿之后3个月内，应当提出救助申请。

(4) 违法犯罪、自杀、变性等人员，不在救助范围。

(5) 中请人虚假谎报情节严重的，将依法追究其法律责任。

四、增补

这种方法是指为原稿增加、补充必要的内容。常用的增补方法，一是增加新闻背景材料，说明事情发生的具体条件、独特环境，用以对比、衬托、深化主题；二是对重要事实补充必要的说明和注释，如对事件的性质、特征以及某些专用名词、技术知识所作的必要分析和解释。增补的目的，是帮助读者清楚、全面地了解新闻内容。

编辑为原稿增补内容要十分慎重。增补的前提条件是编辑必须对稿件内容的背景材料及其他相关情况非常熟悉，掌握得很准确，而且增补材料的来源要具有权威性。随着电脑在编辑工作中的普及应用，背景材料很容易从资料库中调出，使稿件的增补工作不再像以前那么困难。有没有增补的必要，应是经过编辑深思熟虑的，是根据稿件自身的完善程度而定的。编辑适时、适当地为稿件补充内容，常常能起到“锦上添花”的作用。

常用的增补方法有：

(1) 增补资料：介绍新闻中的人物、事件、地点的历史、背景和知识。

(2) 回叙：连续报道中对已发表的报道内容的简要复述。

(3) 增补新闻事实：请记者或作者对稿件中遗漏的新闻要素进行增补，或对过于简单的内容加以补充和解释。

如下面一篇稿件，作者原稿为：

天津益商集团大张旗鼓奖励销售标兵

本报讯 虎年伊始，天津益商集团开门第一件事就是大张旗鼓地表彰和奖励能手。这是他们力争今年实现销售80亿元而采取的又一重大举措。2月5日上午，20多名销售标兵和90名销售能手领取了表彰证书和15万元的奖金。

天津益商集团自组建以来，一直把开拓市场、扩大销售规模作为工作重点，确定了在20世纪末建成百亿集团的奋斗目标。从去年3月份开始，该集团开展了争当销售标兵和销售能手的活动，各所属企业把销售指标落实到每个营销员，组织大规模的销售竞赛，月月评比企业销售能手，从而涌现出一大批单人销售过百万元、千万元的营销员，集团内多项销售纪录接连被打破。此项活动调动了销售人员的积极性，也推动了集团销售任务的完成。去年该集团实现销售72亿元，比上年增长11.7%。

编辑后的见报稿：

天津益商集团十八营销员工年销超千万

本报讯 虎年伊始，天津益商集团开门第一件事就是大张旗鼓地表彰和奖励能手。这是他们力争今年实现销售80亿元而采取的又一重大举措。日前，20多名销售标兵和90名销售能手领取了表彰证书和15万元的奖金。

天津益商集团一直把开拓市场，扩大销售规模作为工作重点，确定了在20世纪末建成百亿集团的奋斗目标。从去年3月份开始，该集团开展了争当销售标兵和销售能手的活动，各所属企业把销售指标落实到每个营销员，组织大规模的销售竞赛，月月评比企业销售能手，从而涌现出一大批单人销售过百万元、千万元的营销员，集团内多项销售纪录接连被打破。此次被表彰、奖励的销售标兵和销售能手全年销售额达6.2亿元，占益商集团销售总额的8.6%。这批销售标兵和销售能手单人全年销售均超过百万元，其中18人销售超过千万元，批发销售额6069万元。零售企业销售标兵赵文军，去年卖出电视机3 968台，零售额达千万元。

天津益商集团开展争当销售标兵和销售能手活动，调动了销售人员的积极性，推动了全集团销售任务的完成。去年，该集团实现销售72亿元，比上年增长11.7%。①

五、改写

改写的方法是指在原稿的基础上重新写作。有些稿件材料比较丰富，内容和主题也比较好，但因思路不清，或体裁运用不当等问题，不能很好地表现主题，必须重新写，改写包括改变体裁、改变角度等，这些改写往往会改变原稿的结构。

改写是对原稿伤筋动骨的大手术，是一种比较复杂、不太好掌握的方法。作为编辑，可以提出改写意见，让作者本人去修改，也可以自己动手改写。可以改变稿件的采写角度，也可以改变其体裁，还可以改变其结构。如下稿②：

原稿：（新华社发）

中华人民共和国邮电部7日召开座谈会，畅谈人大常委会《告台湾同胞书》的感想，积极建议与台湾邮电部门尽快进行通邮通电的商谈。

邮电部部长王子纲在座谈会上首先讲话，他说："大陆与台湾之间的通信联系已经人为地中断30年了，这种状况应当改变，使大陆人民与台湾人民之间互通信息，互相往来，增强了解，消除隔阂。为此我们邮电部门积极建议与台湾洽谈通邮通电的

① 转引自邝云妙：《当代新闻编辑学》，暨南大学出版社2000年版，第82页。
② 刘行芳：《实用新闻编辑学教程》，西南师范大学出版社2006年版，第76页。

具体办法，并将为通邮通电提供一切方便。我们衷心希望台湾当局也能出于诚意，早日实现通邮通电，为完成祖国统一大业贡献力量。”

（以下还写了几位与会者的发言，约400字）

改写稿：（路透社）

据新华社今天报道，北京已建议与台湾就恢复台湾与大陆之间的邮电业务问题进行商谈。

这项建议是邮电部部长王子纲先生提出来的。他说大陆与台湾之间的通讯联系已经中断30年了。

王先生说：“这种情况应当改变，使大陆人民与台湾人民之间互通信息，互相往来，消除隔阂。”

他补充说：“我们随时准备与台湾邮电部门洽谈大陆、台湾通邮通电的具体办法，并且为通邮通电提供一切方便。”

王先生的建议是在中国民航总局提出与台湾通航之后提出来的。在北京赢得了华盛顿的承认之后，中国还采取了旨在与台湾联系的其他行动。

（新华社播发的其他与会者的发言路透社未取一字）

六、综合

综合是指将那些主题、内容相同或相似，但反映范围或角度有所不同的两篇稿件或几篇稿件，重新组合成一篇稿件，这种方法既节省了版面，又有助于读者了解事物的全貌。

综合新闻稿件，是在原来稿件的基础上进行综合，而不是对各篇稿件材料进行简单堆砌。因此，在引用材料时必须准确，综合后的稿件必须包括原稿中的主要内容，同时还要注意把原来提供的信息编写成新的信息形式；另外，编辑还要有独特的新闻敏感，能够从原稿中提炼出概括性的内容，从而形成一个新的、更加深刻的主题。

有时同一事件的连续报道或同一性质的几篇报道，因篇幅关系不能都报道，就可以采用综合的方法。正反对照的稿件也可以进行综合，写成对比性的综合报道，从而使矛盾暴露得更加鲜明。要综合，就必须先有分析，对于要综合的稿件，编辑首先要熟悉它们的内容，包括主题、具体观点、材料等各个方面，然后将每篇稿件的内容分解成几个部分，弄清各个部分说明的问题及其新闻价值所在。经过这一步，编辑就可以从中发掘出共同的、本质的东西，从而形成一个统一的主题。这个主题可以和所进行综合的原稿的主题一致，也可以是编辑基于原稿的内容所总结提炼出的新的观点，这是一种更高层次的综合。

对稿件的综合也有它的局限性。由于要概括几篇稿件的内容，外延需要展开，内涵就不能太深，这就是“外延越广、内涵必浅”的综合新闻的特征。

综合的方法中常用的有两种：一是对同一主题、同一事物、同一问题作全面的概括，这里综合后的主题如上面所说，可以是重复原稿的主题，也可以是提炼出新的主题；二是在一段时间内把同一主题的连续报道综合成一篇，作一次类似总结的综述，这种综述多带有述评的色彩。

七、分篇

分篇与综合相对，即把一大篇稿件分成若干篇单篇。有些稿件本身很重要，很有新闻价值，只是内容过多，篇幅过长，如果照登，一则是版面容量不允许，二则若大一篇稿件，会使其中的若干个有价值的新闻点埋没其中，同时黑压压的一片文字也会使读者望而却步，达不到理想的传播效果。这时编辑就可以采用分篇的方法，化整为零，根据文中不同的新闻点将原先的长稿件分割成几个短篇，每一篇只讲一件事，只抓一个新闻点，从而使单篇稿件的主题鲜明、突出。分成的单篇或有自己独立的标题，或在总标题下有自己的插题。分篇的方法既可以活跃版面，也可以使读者阅读时对不同的新闻点一目了然，从而有所选择、有所侧重地进行阅读。

有些记者写新闻，喜欢把本来应该是几个新闻的内容，写进一条新闻里，这样就违反了新闻“一事一报”的原则，因此，解决的办法就是把它们分拆开来。例如：

北大将送神秘礼物给李敖　学生摆设擂台迎大师

http：//www. sina. com. cn 2005年9月21日07：40

中新网9月21日电　对于李敖，北京大学校方将给予重要学者级的接待，北大学子则设了擂台与李敖较量，要看看以骂人著称的李敖，“要是让您也骂一下自己，打算怎么骂?”

据香港大公报报道，对于李敖将在今日（21日）上午的演讲，北大学生已摩拳擦掌准备了尖锐的问题考较李敖。北大对外交流中心主任陈振亚表示，李敖在大礼堂演讲结束后，李敖将从北大图书馆的东门或北门进入，花半个小时查阅古籍善本，并接受北大图书馆赠送的“神秘礼物”，随后，绕未名湖参观一圈，离开北大。

据了解，李敖北大演讲将于办公楼礼堂进行，而克林顿、连战之前在北大的演讲皆在此地。

另据北大图书馆馆长戴龙基介绍，李敖在北大图书馆将会看到300多件精心挑选的古籍善本、珍贵拓片和有关胡适的部分藏书、手稿和未刊印书信，北大图书馆还特意作出安排，满足李敖先生提出要亲眼看看魏晋南北朝的一幅珍贵拓片的要求。(周丽娜)

这条消息实际上是由两条消息合成，结果是互相抵消，应有的价值被淹没。凸显其新闻价值的办法是，把一条新闻拆开来写成两条。

第一条：

（北大）学生摆设擂台迎接大师

对于李敖，北京大学校方将给予重要学者级的接待，北大学子则设了擂台与李敖较量，要看看以骂人著称的李敖，“要是让您也骂一下自己，打算怎么骂?”

据香港大公报报道，对于李敖将在今日（21日）上午的演讲，北大学生已摩拳擦掌准备了尖锐的问题考较李敖。北大对外交流中心主任陈振亚表示，李敖在大礼堂演讲结束后，李敖将从北大图书馆的东门或北门进入，花半个小时查阅古籍善本，并接受北大图书馆赠送的“神秘礼物”，随后，绕未名湖参观一圈，离开北大。

据了解，李敖北大演讲将于办公楼礼堂进行，而克林顿、连战之前在北大的演讲皆在此地。

第二条：

北大将送神秘礼物给李敖

据北大图书馆馆长戴龙基介绍，李敖在北大图书馆将会看到300多件精心挑选的古籍善本、珍贵拓片和有关胡适的部分藏书、手稿和未刊印书信，北大图书馆还特意作出安排，满足李敖先生提出要亲眼看看魏晋南北朝的一幅珍贵拓片的要求。(周丽娜)

实际上，编辑在修改稿件时，常常是几种方法同时使用，或者以一种为主，兼而运用其他几种方法。熟练运用各种修改方法，是每个编辑应具备的基本功。

关于修改稿件，陆炳麟在他的《怎样当新闻编辑》中提出了两种方法，也很值得参考。一种方法是“两R、五W检查法”，两R即real（真实）、reasonable（合理）。五W即“五要素”。另一种方法是“六C工作法”，所谓“六C”，是指correct（正确）、clear（清楚）、concise（简洁）、complete（完备）、courteous（周到）、consistent（一致）。具体解释为：

正确：改正错别字和标点符号，文章要合乎语法，提法要正确，数字、度量要合乎规范。

清楚：字迹、勾画要清楚，图片、画面上的文字要清楚。

简洁：少用长句子，分段要清楚。

完备：不要漏掉必要的细节。

周到：要处处为读者着想，冷僻的字最好注音，难懂的名词最好加注释，必要的背景要交待。

一致：稿件中前文后文、逻辑概念不要自相矛盾。

第三节　根据报纸的特点修改稿件

在编辑修改稿件时，除了要坚持前面所说的原则外，还要兼顾报纸自身的特点，因为每家报纸都有各自的特点，稿件只有符合报纸的特点，才能真正具有传播价值，报纸的特点由多方面构成，而编辑在修改稿件时最要考虑的是报纸的读者对象和报纸的风格。

一、根据报纸的读者对象修改稿件

新闻的选择与修改都要受到报纸既定的编辑方针的制约，编辑方针是报社编辑部门根据报纸的性质、立场、读者对象及办报目的而制定的指导编辑工作的总体方针，是编辑报纸所要遵循的基本准则，不同的报纸会因其类型、对象和地域而制定不同的编辑方针，而编辑在修改稿件时都必须首先要考虑其编辑方针。

从类型看，报纸主要有日报和晚报。日报侧重于政策性内容，强调宏观上的指导性。晚报则侧重于生活上、微观上的服务性。因此，在新闻的要求上，日报多侧重新闻的重要性、显著性，政治色彩较浓，其语言表达要稳重、严肃；晚报则注重新闻事实的新鲜性和趣味性，生活气息较浓。

读者对象是编辑在修改稿件时一个重要的参照系，不同的读者对象要求编辑在修改稿件时把握不同的标准。从地域上讲，不同地域的读者有着不同的文化背景，编辑在改稿时要注意从各方面保留这种特色。如《广州日报》，从版面到内容都体现出岭南文化特色。北京与上海媒体分别显示出"京派"和"海派"文化特征。有这样一句话："电视是天上飞的，越是全国性的越好；报纸是地上跑的，越是地方性的越好。"

受众的职业身份不同，其对稿件的要求也不同。报纸不可能期望自己能吸引所有的读者，而是只要吸引住自己的目标受众，即核心受众即可。如中国的《计算机世界》，其发行量和都市报相比不算大，对一张全国性的报纸来说不算什么，但由于它面对的是IT行业的领袖人物，在IT行业中影响力大，所以受到IT广告业的大力吹捧，每年广告额相当可观。

另外，受众的年龄也是编辑改稿时必须考虑的一个因素，不同年龄段的读者对信息的内容要求及表述方式也不尽相同。青年报在报道新闻时，不但在选题上要以青年人关注的问题为主，在表达方式上也应活泼，明快。老年报在内容上除了一些时政要闻以外，还要刊登一些关于老年健康、养生等方面的稿件，叙述时语气应尽量平和，总体上给人以平静祥和之感。

受众的文化教育程度也必定会影响到编辑对稿件的修改。一般主流媒体通常把自己的受众定位为受过大专以上教育的人，对于这类报纸，编辑应尽量增加稿件的文化内涵，对事件的分析要站在一个比较高的视点上，重视对现象背后的规律或本质的报道，注意挖掘稿件的深度，遣词造句也要多加润色。而一般的晚报、都市报读者多为普通市民，他们更关心的是周围发生了什么事，关注的多是比较表象的东西，不太在意其深度，因为它是市民茶余饭后的消遣。此时，编辑对稿件从内容到形式都应追求通俗化和可读性。

二、根据报纸风格修改稿件

风格指的是报纸的整体结构，传播方式、传播内容和版面形象等所综合表现出的格调和特点，是由报纸的性质、办报宗旨和读者对象决定的，它是一张报纸在总体感觉上区别于其他报纸的特点。编辑在修改稿件时，要注意维护报纸一贯的风格。风格特色可以表现在内容上，也可以表现在形式上。有的报纸以社会新闻见长，编辑就要注意稿件的精练、结构的明快，以满足读者想快速了解新闻的需要；有的报纸以言论见长，这就要求稿件观点要鲜明，遣词造句要谨慎，文章要结构严密，思辨性强；有的稿件商业气息较浓，如《中国经营报》、《经济观察报》等，稿件的专业性强，编辑要对相关经济知识比较了解。另外，风格也可以体现在版面设计上，有的报纸版面一眼看上去给人的感觉很大气，如大家闺秀；有的却很隽秀、灵气，如小家碧玉。

从总体上看，报纸有严肃型的、活泼型的、实用型的等，不同风格的报纸对稿件会有不同的要求。编辑在修改稿件时要根据报纸自身的特点进行修改，否则就丧失了应有的个性。比如同一条社会新闻，在日报可能上头条的，在晚报也许仅占一角，而且其稿件的主题和侧重点也可能不同，日报可能会从一个比较高的高度强调某一事件的整体意义，而晚报更为看重的可能是这件事与百姓的日常生活有什么关系，会给一般读者带来什么样的影响等，这些都是由于报纸风格的不同而造成的。

第四节　改稿的程序和方式

一、改稿的程序

修改稿件是一项复杂的劳动，为了保证稿件修改后的质量，编辑不但要掌握一些改稿的方法，还要注意按一定程序去修改，以保证改稿过程的科学性。

编辑改稿一般要经过三个步骤：

（一）通读全文

编辑只有认真通读全文，才能对稿件的主题、结构以及语言的使用有一个全面的了解，在此基础上才能确定需要修改的地方，所以说，通读全文是改稿的第一步。稿件阅读得越仔细，编辑就越明白修改的方向和重点，对稿件的把握也就越准确。通读是修改的基础，如果事先没有通读文章，而是边看边改，其结果就只能是只见树木、不见森林，难以保证修改的质量。

（二）着手修改

编辑在通读一遍后，再倒回头对需要修改的地方仔细揣摩、细细衡量。这一次的边读边修改，可能是按照第一次通读时形成的印象和意见进行的，但也可能不相同，这是因为第一遍是通读，只是一种初步的感觉，当编辑第二次认真阅读时，可能会产生一些新的想法，这时进行的是一种更为细致的思考，不但要综合考虑文章的结构，还要做到字斟句酌。编辑在改稿时要注意使用与原稿件字体颜色相异的笔和规定的符号进行修改，对一些暂时拿不准的地方可用记号标出，以备以后再思考。

（三）检查性阅读

当编辑按自己的修改意图对稿件进行修改后，还有必要再对整个修改后的稿件从头到尾阅读一遍，这样做的目的是为了检查修改得是否全面准确，是否符合原意；再看看文稿行文是否流畅，表述是否清晰，词句是否生动等。在这次阅读过程中，如果发现还有不尽如人意的地方，就得再次斟酌，所以重读的过程，常常也就是再修改的过程。有时这种阅读会进行多次，而每一次修改都是对稿件的进一步完善，在时间允许的情况下，最大限度地弥补稿件的不足是应该而且有必要的。

二、修改方式

关于修改的方式，可视具体情况而定。

（一）编辑自己修改

如果稿件时效性特强，急于刊发，而稿件自身比较完善，不需要太大的变动，此时编辑就可以自己直接修改。这样做的好处是比较快捷，节省修改时间，是用得最多的一种改稿方式。这种直接修改的前提是稿件在主题、结构、层次上没有太大的问题，编辑要做的只是一些局部上的润色。

（二）作者修改

对于那些时效性不强，又需要做大幅度修改的稿件，最好是由编辑把稿件交还记者，同时提出修改意见，让记者自己修改。因为编辑毕竟没有亲历新闻事件，对于事件没有切身的感受，对新闻现场和资料不太熟悉，贸然进行大规模的修改，难免会影响稿件的真实性和客观性。这时让记者自己去修改是最合适的，因为记者是事件的亲历者，可以根据编辑的意见，查缺补漏，既不影响事件的真实性，又完善了稿件，避免了由于记者和编辑的脱节而可能产生的错误。

（三）合作修改

这种方法适用于涉及重大、复杂、牵涉面广而又需要做大面积改动的稿件。对于这类稿件，为慎重起见，编辑可直接深入稿件所反映的实际环境中去，进行实地调查研究，和记者一起采访，掌握第一手材料；或者分工合作，一起修改。这种方式最能保证新闻的真实性和客观性，但它需要花费记者、编辑的大量时间，所以如果不是重大事件，就没有必要采用这种方式。

以上三种修改方式都是在改稿过程中经常会使用到的，编辑具体采用哪一种，要视稿件本身的质量和实际情况而定，没有孰轻孰重之分。

第五节　修改稿件应注意的问题

编辑在改稿时，除了要采用适当方法，按照一定的程序外，还有几个问题应当注意：

一、尊重事实，坚持唯物论的反映论

坚持稿件真实，是编辑改稿的一个前提，一切的改稿活动都不能违背这个前提。大千世界，无奇不有，新闻事件的发生往往出人意料，其发展的方向也不以人的意志为转移，稿件中新闻事实的发生、发展有时会让人很难理解，或与人之常情相违背，编辑决不能一厢情愿地按自己的期待修改稿件，以使稿件与编辑头脑中的“预存立场”相辅，这种态度是绝对应该摒弃的，应自觉防止先验论，克制主观情感，在自己没有做调查之前，决不应随意修改稿件中所涉及的事实部分，应以一种局外人的、客观的眼光去审视新闻事件，维护新闻的真实性。

二、尊重原稿风格，不要把自己的意见和爱好强加于人

记者和编辑在报纸的生产过程中有着各自不同的分工，所以二者要各司其职地完成各自的任务。记者提交给编辑的稿件是记者的劳动成果，是他对事件认识、判断的结晶，有着记者独特的视角，展示着记者的风格和特色；编辑要尽量尊重原稿的风格，除非稿件问题严重，非得动“大手术”外，不要随意调整稿件的结构，或是更换稿件的主题，更不

要仅凭个人好恶随意在稿件中穿插自己的议论，破坏了作者的原有立场，影响了稿件的整体风格。编辑如果随意地修改记者的稿件，往往会影响到记者写稿的积极性，抑制他们主动性的发挥。版面上的稿件就应该依据各自主题和体裁的不同而各具风格，如果所有的稿件都是一个面孔、一个论调、一种表述方式、一种立场，其结果只能是让读者厌烦，望而却步。

三、修改稿件要慎重，避免出现新的错误

编辑改稿的目的是修改稿件中的错误，使稿件无论在内容上还是在形式上都更加完善，所以编辑在修改稿件时一定要慎重，既要改正已有的错误，又要避免在改稿的过程中出现新的错误，无论是校正一个错误，还是增补一段材料，都必须有可靠的根据，对于自己一时不能确定的地方，或不太了解的知识，要向行家请教，确保新增材料的准确性，改正原稿的错误已属不易，再犯新的错误就太不应该。

四、稿件的修改是一个反复的过程

稿件的修改是一个反复的过程，是一个将“百炼钢”化为“绕指柔”的过程，如果时间允许，编辑应多次审阅，发现上次修改后残存的漏洞，这种漏洞或者是由于上一次修改时的粗心未被发现，或者是编辑在不断熟悉稿件的基础上有了新的、更为恰当的想法，有时却是由于知识的局限而产生了不确定性，此时编辑应使用“四个一”的方法：

“想一想”：仔细思考有疑点的地方，想想问题可能会出在什么地方，看看调动自己以往的知识储备能否加以辨别。

“查一查”：如果仅凭自己的大脑无法对疑点作出判断，那就要注意查阅相关资料，以证真伪。

“放一放”：如果编辑一时找不到确切的资料确证疑点，而稿件又不急于一时刊出的话，不妨先放一放，留下一个缓冲期以便进一步调查确认。

“读一读”：稿件修改后，编辑最好能读一读，看看是否朗朗上口，如果读起来别嘴，多半是晦涩的词语还没有改正过来，或是存在没有发现的语病。优秀的编辑只有具备这股韧劲，才能“笔下生花”。

五、精改原稿，字迹清楚，勾画分明

编辑要尊重排字、校对人员的劳动，在修改稿件时要尽量仔细、全面，字迹要清楚，勾画要分明，使排字、校对人员一目了然，以减少他们不必要的劳动。

◎思考题：

1. 稿件的修改大致可以从哪几个方面入手？

2. 编辑应具备怎样的素质才能保证稿件修改的质量？

3. 错别字是报纸中经常存在的问题。对于一家报社而言，应该采取什么样的措施才能有效地减少或杜绝这种“硬伤”？

第六章 新闻标题

第一节 新闻标题的历史及作用

新闻标题是用以揭示、评价新闻内容，并以醒目的形式刊出的放在正文之前的简短文字，它通常被用来指代整篇新闻。新闻标题至少有以下几个特点：首先，从内容看，它能概括新闻最主要的事实或观点，或者能够对新闻内容进行评价；其次，从形式上看，它要求简短、凝练，往往只有一句话或两三句话，其字体、字号与正文不同；最后，从位置上讲，它通常在新闻正文之前。

从程序上看，新闻标题是记者在撰写新闻的过程中就拟就的，是连同新闻内容一并交给编辑的，从这点来说，它是记者新闻写作的一部分；但从整个报纸的生产过程来看，修改和制作标题又是编辑职责之一。因为：第一，报纸总是以版面的整体形式展示给读者的，每个记者拟就的标题只是从自己的一篇稿件出发的，而实际上每一篇稿件都是作为整个版面有机整体的一个组成部分而存在的，这时编辑就有必要根据整个报纸的需要来对原稿的标题进行修改、加工或重写；第二，从工作性质来看，编辑由于长期从事各类稿件的编辑工作，其接触信息的范围要比记者广一些，有时编辑能比记者站在更高的高度去审视稿件，更能把握新闻的要义，更能发现新闻的价值所在；第三，从工作流程来看，作者写作在先，编辑加工在后，从作者交稿到公开见报仍有一段时间，若此段时间内形势有所变化，编辑就有必要对原题所强调的重点加以调整。

所以，报纸版面上各种标题的最后制定，是由编辑完成的，编辑先对原稿的标题进行认真审阅，既要考虑到文字表达的准确性，又要发掘它所表达内容的新颖性和生动性，然后根据当天报纸版面的编辑思想和各类稿件标题协调配合的要求，最终确定每一篇稿件标题的内容和形式。

回顾新闻标题产生、发展的历史，可以大致分为以下几个阶段：

一、无标题时代

我国早期的报纸是没有新闻标题的，标题的出现不过一百多年的历史。报纸新闻标题作为一个有着相对稳定形式与内涵的概念，经历了漫长的孕育发展的演变过程，在报纸产生的源头，是一个无标题时代。我国报纸源于何时，大多数研究者认为唐朝的“邸报”是我国最早的报纸。现在有几份珍贵的资料：一是1982年在英国伦敦大不列颠图书馆收藏的唐僖宗光启三年（公元887年）的“敦煌邸报”；二是唐代著名学者孙樵所著文章

《读开元报》（收录于《经纬集》）。邸报作为宫廷报，是进奏院报状的简称，这种报纸没有固定的报头和名称，人们对它的称呼只求明白，久而久之也无人为其正名了。这时无论是朝廷报纸还是民办的小报，在版面形式、编排手段上都大致相同，从内容到形式也无太大变化，不设报头，没有报名，没有标题，内容范围狭小单一，这种情况一直持续到清代中期。

二、分类标题时代

我国报纸在出现新闻标题之前，曾有过一种类题——为若干篇同类新闻所加的总题目，这种题目只在编排上起一种分类的作用。如《京报》在所刊登的文章前就冠以“宫门抄”、“上谕”、“奏播”等简单标明文章来源或类别的文字，堪称中国报纸标题的滥觞。这一时期的近代报纸在标题制作上采取了分类标题的形式，即按照新闻消息的外部特征来分类，如消息的来源、消息的门类、消息的紧急程度等。读者虽然还不能从这种分类标题上直接了解消息的具体内容，但与无标题的古代报纸相比，阅读起来已经方便了许多，而且，分类标题因为具有能区别消息的外部特征这一便于读者阅读的功能，一直被沿用到现代报纸的编排中。

三、一文一题时代

一文一题时代与分类标题时代的出现在时间上并没有相差多久。从现有的资料看，国内最早出现的一文一题这种标题形式的报纸是外国人办的中文报纸《上海新报》，它率先打破了只在新闻栏笼统标出“中外新闻”字样的做法，开始用一文一题的编辑手法，根据每条新闻的主要内容拟定标题。1870 年 3 月 24 日，《上海新报》上的“刘提督阵亡”、“种树得雨”等是目前见到的最早的比较完备的标题，它打破了新闻只刊分类题的做法，并用一号字排总题，显得醒目突出，可视为现代新闻标题的发轫。

随着新闻事业的发展和报人对标题认识的进一步加深，我国标题在进入 20 世纪后有了较快的发展，相继出现了大字标题、辅助标题（含小标题）、多行或通栏标题、虚题等。到了 20 世纪 20 年代时，可以说我国的标题已日趋完善了。主要表现在：

（1）大字号标题出现在报端。1905 年 2 月 7 日，《申报》在制定报纸方针时，决定“别刊大字，择要标题”。从那以后，改变了标题字号与正文相同的老路子，将标题从茫茫的文字中突出来了。

（2）引题和副题日趋成熟。20 世纪最初的十几年，标题字号得到了突出，但辅题仍不多见，直到五四运动以后，主题和副题才逐渐为众多的编辑所看重。很多地方采用了综合编辑法，即对新闻进行充分比较，然后将重要新闻放在版面的重要位置，并调动相应的编辑手段，如采用通栏标题，给标题加花边，给文章加框或配发评论、照片等，一些重要的新闻除了有主标题外，还有引题和副题，有的则在文中辅以小标题。

四、标题新闻时代

标题新闻是报纸新闻标题的现状和未来发展的趋势。现代人生活节奏的加快以及大量信息的快速传播，迫使编辑以突出新闻标题来强化新闻信息，将新闻内容的核心用标题形式表现出来，让标题独立完整地传递信息，给人突出感和显著感，以吸引读者的目光；同时，读者也可以通过阅读标题来寻找自己感兴趣的内容。

标题新闻时代的到来是与媒体之间的竞争分不开的，这种竞争既包括同质媒体，也包括异质媒体，但主要还是来自异质媒体的挑战。广播的出现，其时效性使报纸的“号外”销声匿迹。卫星与电视的结合，使所有新闻事件都有可能尽收眼底，这直接带给报纸的影响就是迫使其加速自身的时效性，一个外部表现就是“读题时代”的到来。现在，无论是记者还是编辑，让新闻标题成为一种独立的新闻发言手段，这一点上已达成共识。

第二节　新闻标题的功能

标题是新闻的题目，它能高度概括新闻的基本内容（事实和思想），用以吸引读者、影响读者，帮助读者阅读、理解新闻，被称为“报纸的眼睛”。

新闻标题从新闻中产生，以新闻事实为依托，又对新闻本身产生能动作用，好的标题可以起到画龙点睛的作用，达到对新闻事实的提升。现代新闻标题对于具体的新闻，对于新闻媒体，对于广大读者，具有以下几种功能：

一、提示新闻内容，突出新闻价值

标题提示新闻内容的功能又可具体分为：

（一）概括新闻事实

打开一张纸，最引人注目的除了图片就是标题，按阅读习惯，读者总是先看标题，然后再看内容。

有人曾统计，读者看报，70%以上的内容都是只浏览标题，在全文阅读的稿件中，又有30%是因为标题好，读者才被吸引去读的。所以，标题概括新闻内容的作用无论是从报纸自身的竞争来讲，还是从读者立场考虑，都是非常重要的。

用标题概括新闻内容要注意标题语言的简洁、凝练。如：

小学生当上校长助理

——感受江苏开展的少先队员“体验教育”

标题用简洁的语言标出了新闻事实。标题概括新闻事实的功能在对重大事件和政务报道中体现得最为突出。如《人民日报》，1999年5月9日关于我国驻南斯拉夫大使馆被炸的报道：

最强烈抗议北约轰炸我驻南斯拉夫使馆

我国政府发表严正声明

以美国为首的北约必须对此承担全部责任

中国政府保留采取进一步措施的权利

在这则标题里，既交代了事实，又表明了我国政府的立场。

（二）突出新闻事实

这里的突出新闻事实，是指有必要在标题中突出新闻的精华部分。一件新闻事实的要素包括时间、地点、人物、原因、经过、结果、背景、意义等。在一篇稿件中，这些要素不可能个个都重要，而标题要求简洁、精练，因而只能将最突出的要素入题，所以应将最有新闻价值的一项或两项要素显现在主题中，而将其他相对重要的新闻要素放在引题或副题中。

新闻中最有价值的部分即是标题制作中所应关注的焦点，也是受众最关心和最想知道的内容。为了吸引读者的目光，有必要将稿件中最具有新闻价值的部分经过提炼体现在标题中，所以在制作标题时选择什么入题，将什么内容放在标题的什么位置，都要以新闻价值为首要标准来衡量。

这里的新闻价值包括体现新闻的时效性、重要性、接近性、显著性、新奇性等，将这些具有新闻价值的内容体现在标题中，势必会激起读者的阅读兴趣。例如：

七起特大事故要了131条命

- 广东省纪委等部门通知有关处理情况，26位相关责任人受到处分
- 重申各地各部门要吸取教训，确保群众过上欢乐祥和的元旦春节

在以上标题中，主题标出了131条人命，这无疑强调了新闻的重要性，这131条人命会一下子吸引住读者的眼球。

二、评价新闻内容，表明报纸态度

评价新闻内容是指标题在概括事实的基础上，点明新闻的意义。这种评价的目的在于帮助读者正确理解新闻内容，认识新闻的价值和意义，同时也借此表明报纸的态度和立场，从而达到引导舆论的作用。

标题的评价功能是标题的重要功能之一，江泽民在视察《人民日报》时曾说过："舆论导向正确，是党和人民之福；舆论导向错误，是党和人民之祸。"所以，社会主义报纸的性质决定了新闻标题应以鲜明的立场来表明报社、记者、编辑提倡什么、反对什么。

（一）标题评价新闻的作用

1. 揭示事件本质

新闻是对客观世界的反映，而客观事件总是纷繁复杂的。我们在客观世界看到的、听到的种种现象，往往只是事件的表象，这种表象不一定就是事件本质的反映，而读者或许由于没有相关的经验，或许阅读时过于匆忙，不一定就能从报道中认清事件的本质。前文说过，很多读者往往都是只读标题或通过标题再决定要不要看内容的，所以如果能在标题中体现出事物的本质，既符合新闻真实性的要求，又能帮助读者梳理新闻现象，从而获得最充分的信息。例如：

太原"景瓷展"挂羊头卖狗肉

在太原举办的一次景德镇瓷器展销会上，参展的瓷器虽多却根本不是景瓷，而且还是

“三无”的假冒伪劣产品。标题中的“挂羊头卖狗肉”形象地说明了这次展览以次充好、以假乱真的实际情况。

2. 引导正确理解

新闻事件被记者采写、编辑修改，刊登出来之后，只是实现了传播流程的一部分，至于是否能收到良好的传播效果，还要看读者对新闻的理解，而读者的情况是千差万别的，其对新闻事件的理解也难免会有不同，有时还会因为读者水平的差异而对新闻产生误解，达不到预期的传播目的。所以记者、编辑可以通过标题来对事实进行评价，帮助读者理解新闻内容。例如：

保暖内衣广告言过其实　消费者购买应慎重选择

标题用“言过其实”对新闻进行评价，同时还进一步对消费者提出建议。

3. 表明立场、态度明确

新闻报道是现实生活的反映，而现实生活是复杂多样的，有的令人欢喜，有的令人伤感，有的令人鼓舞，有的令人愤怒。在一些事件本身性质比较明确的情况下，标题应态度鲜明，表明自己的立场和态度，旗帜鲜明地弘扬正气，鞭挞罪恶。态度漠然的标题只会令读者产生距离感，而且也容易模糊政策界限，引起导向的错误。例如：

倒行逆施必将覆亡

从近期“法轮功”邪教组织滋事看其妄图颠覆社会主义制度的反动本质

态度鲜明的标题使读者一看就知道报纸在提倡什么，反对什么，从而以自身的态度影响读者对事件的认知，帮助读者认清事件的本质。

（二）标题评价新闻的方法

标题评论新闻的方法可以大体上分为内容评价和形式评价两种。

1. 内容评价法

内容评价法指从标题的内容来显示对新闻事件的评价。

（1）直接使用有倾向性的词语来进行评价。例如：

策动“驱反事件”　唆使武装叛乱　勾结“流亡政府”

美国惟恐西藏不乱

上述标题使用“策动”、“唆使”、“勾结”等感情色彩很鲜明的词语来表明报纸对这一事件的态度。

我们还可以举一个很经典的例子。1815 年 2 月 26 日，被逐放在厄尔巴马的拿破仑登陆北上，一个报纸的标题是：

叛逆拿破仑阴谋进攻巴黎

当拿破仑攻势顺利的时候，标题立即改为：

拿破仑大军势如破竹

当拿破仑逼近巴黎时，标题是：

拿破仑元帅督师前线

当拿破仑决定称帝时，标题是：

吾皇陛下定日内登基

（2）通过对事实直接发表议论进行评价。对事件直接发表议论，是报纸最直接的一种评价方式，标题在发表评论时，要言简意赅，直接鲜明。例如：

补偿价评估不公　拆迁户钱房两空

这起纠纷昭示，建立公平公正的拆迁补偿标准评估机制，实乃当务之急

（3）通过把新闻事实安排在标题的不同位置进行评价。标题的结构是多样的，有单行标题和多行标题之分。多行标题又由主题和辅题构成，其中主题字号最大，位置最为显著，也最能吸引读者的注意，所以编辑总是要把他认为最重要的新闻点放在主题上，其他相对次要的内容放在辅题中，读者可以从这种安排中体会出编辑对新闻内容重要性程度的评价。例如：

不堪顾客骚扰　竟被店家扣薪

谁来维护女服务员人格尊严

引题是陈述事实，而事实所反映的深层次的问题是用主题来显示的，这说明编辑此时关注的不是事件本身，而是事件的意义所在。

2. 形式评价法

（1）以特定的叙事方式进行评价。这种评价方法不是在标题中直接发表议论，而是在叙事过程中使用特定的叙事方式和叙事口吻来表现报纸的态度和立场。例如：

A. 疑问：

15个月的孩子无辜丧生

到底是谁的错？

B. 反问：

送病人岂能要回扣？

C. 使用引语：

老板，请给我们多一点时间

国庆长假，不少黑心老板仍要打工者每天工作12小时

此外，在标题中使用排比、对比、比喻等手法也可以起到评价新闻的作用。

(2) 使用特殊编排手段进行评价。最常用的是改变字体字号的方法，是指改变字体或字号，或使用加花边、用衬底照片、改变颜色等方法来突出某一局部。用这种方法来进行新闻评价，是经常配合内容评价来进行的，需要改变的部分标题是编辑认为比较重要的部分，需要特别提醒读者注意。例如：

《十面埋伏》剧组回应媒体"道歉"和"赔偿"要求

双方只存在"沟通"问题

这里的"沟通"二字不但加引号，以示强调，而且从字体颜色看，只有"沟通"二字为绿色，其他均为黑色。用与众不同的鲜明的绿色郑重突出"沟通"二字，实则是媒体发出的质疑，是媒体的一种表态和发言的方式。再如这样一个标题：《纯粹摇滚　激情燃烧的夜晚》，其中"燃烧"二字为红色，其他字均为黑色，这一提示使读者仿佛感受到了现场热烈的气氛。

标题评价新闻事件是标题的一个重要功能，从某种意义上说，标题比报道具有更鲜明的倾向性，但在使用此功能时要注意：一要做到客观公正。新闻的首要原则就是真实，在用标题评价事件时，要本着公正的态度，实事求是地看问题。二是对于事态尚不明朗或不便于发表评论的新闻事件不要妄加评论，以免给自己带来不必要的麻烦。三是对于与国家、民族关系重大的新闻事实，要旗帜鲜明地表明态度，不能含糊其辞，丧失了媒体应有的作用。

三、吸引读者阅读新闻

徐宝璜认为："一新闻之题目，因其形式与地位，易惹为注目，实不啻该新闻之广告，使编辑得法，既可借以引起阅者好奇心，复可同时用以稍满足其欲望，使其对于该新闻，不能不看。"① 陈铭德先生在1936年发表的《新闻标题之研究》中也指出："新闻好似一种商品，标题是新闻商品的商标和广告，它以此引导读者购买这项商品的动机和行动，以完成新闻报道的作用。"② 人们常说："看书看皮，看报看题。"读者打开一份报纸，总是先看新闻标题。可以说，新闻标题制作得如何直接影响着他们下一步的阅读行为。虽然说，读者在"扫描"标题时只是"霎时间"的事，但是这"一瞥之下"常常就决定了一篇新闻的"命运"——读者要么被这条标题吸引，紧接着去读新闻内容；要么产生不了进一步阅读的兴趣，丧失阅读新闻内容的欲望，然后继续寻找另外他有兴趣的内容。一篇新闻，尤其是好新闻，如果仅仅由于标题的不吸引人，而落到读者不想问津的地

① 徐宝璜：《新闻学》，中国人民大学出版社1994年版，第72~73页。

② 转引自吴飞：《新闻编辑学》，浙江大学出版社2001年版，第197~198页。

步，那是可悲的，也是令人惋惜的。因此，编辑人员应该十分重视标题的这种具有战略意义的“第一印象”的地位和作用。已故的邓拓就曾有感于标题的重要作用而发出“谁要是给我想出一个好标题，我给他磕三个响头”的感慨。

根据郑州和杭州等东西中8个省会的报刊市场调查，在街头购报者中，约有30%的人是在上下班途中匆匆忙忙地翻阅版面，浏览标题和图片的；约有90%的人面对几十、上百甚至数百条新闻信息是先读题后读文的，其中又有57%左右的人，由于工作繁忙，时间紧张，往往是只读题不读文。这些统计数据直接道出了“读题现象”已逐渐成为大多数人的阅读习惯。①

读题现象的出现并不是偶然的，概括起来有三个方面的原因：

一是媒体之间竞争日趋激烈，报纸和电子媒体为了应对竞争，抢夺受众，不断地以扩大自身的信息容量来吸引受众，这必然会导致受众信息消费的分流，而受众为了取得最大值的信息消费，读报读题是分流阅读的必然选择。

二是人们生活节奏加快，工作繁忙，时间紧张，新闻消费时间也就跟着大打折扣，为了在有限的时间内摄取尽可能多的信息，读报读题就成为了一个趋势。

三是报摊上先读后购的自选购报方式，让受众有了宽泛的择报权利，标题自然成了最有效、最醒目的推销手段，在同类事件的新闻中，往往最有吸引力的标题最能引起读者的购买欲望。

所以，为了更好地发挥标题的广告向导作用，编辑在制作标题时，一定要从实际出发，选好角度，或把最新鲜的事实标出来，或把读者最关心的问题提出来，或将最有价值的内容标出来，或把最能吸引读者的内容纳入标题，要尽量做到一条标题就是一则广告，就是一个高明的向导。

四、体现风格、美化版面

报纸的版面是指报纸编排的方式或样式，是报纸第一眼给读者留下的总体印象。一份为读者所喜爱的报纸，往往在版面安排上有自己鲜明独特、在较长时间内保持比较固定的风格。在形成独特的版面风格的过程中，标题起着不可替代的作用，这主要是通过标题本身形式的多样化、标题内容与形式的统一及与图片的合理搭配，以及在版面上各标题之间的相互映衬来实现的。

另一方面，标题特有的形式特征也成为版面不可缺少的点缀。标题的形式、结构和排列层次都是版面形式的重要因素，而内容与形式都恰如其分的标题就成为新闻稿件的明显标志，如果进行合理的排版，就会给人以赏心悦目之感，从而给读者留下鲜明的印象。反之，如果一份报纸版面杂乱无章，稿件之间界限不清，标题字体字号或颜色使用不当，都会给读者的阅读造成混乱和厌烦之感，有时甚至会引起误会。如2002年11月1日，北京某一著名媒体在第6版上有一套红通题为二号宋体“公交车上”，其下通压着两竖栏横题分别是《孕妇晕倒众人帮》和《半句话招来一顿打》。这两题均为4号黑体，双题下一贯横线与其上套红压题相对应，这样，人们在“公交车上”的误导下，很容易把下面两题看成一文，结果就是莫名其妙的“孕妇晕倒众人帮，半句话招来一顿打”。

---

① 付家柏：《成败于题》，《新闻爱好者》2003年第9期。

那么，标题是怎样体现版面的风格的呢？

首先，标题使版面富有层次感，条理清晰。标题是报纸版面编排的一个重要组成部分。标题的存在可以人为地将版面按稿件的界限分为几个板块，从而使版面显得有层次感、条理感，给人以清新有序的感觉。如果标题再能够配合新闻内容有起有伏，就不但方便读者在其中寻找自己想要的信息，而且能得到一定程度的审美享受，这样标题在版面中就达到了内容与形式的统一，从而取得良好的传播效果。

其次，标题使版面富于变化，丰富多彩。如果一份报纸的版面上所有的标题都是同样的字体字号，进行格式大致相同的排列，那这份报纸无疑只能给人刻板、灰头土脸的感觉，版面也就好比一潭死水，没有生气。标题对版面的活跃作用，主要体现在不同字体和字号的搭配及由于组合而显现出的变化中。一般说来，新闻事实的重要性和字号的大小成正比，也就是说，新闻越重要，所使用标题的字号也应越大，当然，标题字号的大小也和稿件的长短有关系，篇幅较长的可以使用字号大一些的标题，但有一些报纸为了抓住读者的"眼球"，经常给只有短短几百字的消息配以大号字作标题，使标题所占的版面空间甚至超过了新闻内容。

在版面中，标题的字体、字号、颜色可以不一，其排列有多种方式，标题与新闻内容的位置搭配也是多种多样的，加之标题与标题之间在版面上的各种关系，共同组成了丰富多彩的版面，可以说，正是有了标题的丰富与变化，才有了版面的美感与多彩。

第三节　新闻标题的结构

新闻标题的结构是指一条新闻标题的组成部分及其相互关联的方式。

新闻标题的结构是随着新闻事业的发展而逐渐发展完善的。从最初的无标题时代到类题时代，直到 19 世纪以后，我国才正式出现了严格意义上的一文一题或新闻标题。在一文一题或新闻标题出现之初，均为一行题，且非常简短，以后才相继出现了两行及两行以上的多行标题。综观目前报纸上的各类新闻标题，其结构大致有两种：单一型和复合型。单一型标题只有主题，没有辅题；复合型标题既有主题，又有辅题，辅题又包括引题和副题两种。

一、单一型标题

单一型标题只有主题，多数是一行题，也有两行题甚至是三行题。对于一些内容简单、不太重要的新闻，如果用主题就能承担标题的功能，则宜采用单一型标题。

单一型标题有时也可以排成两行，但要用一样的字体字号。主要形态有：

（1）一个完整的句子，因太长而不得不分为两行。例如：

一个"乙肝村"的
现 实 和 期 盼

（2）两个相对独立的句子，但不分主次，一般为并列关系，不是主题与辅题的关系。例如：

李春江满意防守
邱大宗无奈溃败

（3）单一型标题也有排成三行的，但很少见。例如：

谴责代弹劾　洛特建议遭同党反对
一杆抛烦恼　克氏携上妻女去度假
班子另筹组　戈尔宣布竞逐总统位

（4）有时，排成三行不是因为内容过多，而且为了某种对称的需要。例如：

“穷爸爸”
对决
“富爸爸”

二、复合型标题

（一）复合型标题各部分的名称及作用

1. 主题

主题是标题中最重要、最受人关注的部分，又称为主标，是多行题的主体。主题的作用是提示新闻中最重要的事实，说明新闻的主要思想。它应该是一个完整的句子或偏正、动宾词组，能够表达一个完整的概念和意思。在复合标题中，它的字号最大，位置最显著。

主题一般为一行，这样的主题称为单行主题，在一些时候，如果主题太长，排成一排会影响版面的美观，则可以排成两行，但字号必须一样。例如：

在千年古道上当了一回“假日巡警”

一 路 指 点 迷 津
市 民 声 声 多 谢

主题可实可虚，既可以是叙事性的实题，也可以是议论性的虚题，但当消息是单一型标题时，主题应该是实题或虚实结合。

在复合型标题中，主题一般不要超过两行，行数太多则显得臃肿。

2. 引题

引题是辅题之一，置于主题之前，是主题的前导，因其功能是引出主题而得名。横排标题中的引题，又称眉题，竖排标题中的引题又称肩题，引题一般是一行，有时也可为两行，但字号字体必须一样，字号要小于主题。

紧急！两架客机突遇大雾
安全！幸有海军热情导航
香港同胞着陆后都说多亏了解放军

引题在复合标题中常有以下几种作用：

（1）交代和说明相关新闻背景。这里所说的新闻背景，包括新闻事实的发生地、新闻来源、所涉及的人物、新闻事实所处的状况及有关的历史知识等。引题交代相关的新闻背景，可使主题更加具体突出。例如：

新疆玛纳斯——
清欠工作进展顺利
刘涛有望拿到欠款

600台机器三年仅存几十
神州：自动售货机成街头废铁

（2）说明新闻事件的原因。有时，引题是用来说明主题事件发生的原因的。例如：

《哈佛女孩》之后
书市竞生“男孩”、“女孩”

“以为警察过年去了”
劫匪回家即被擒拿

（3）交代点出新闻事实的意义。例如：

从中获取巨大利益　对政治影响微乎其微
日本经济界推不动中日关系

欧盟向解除禁令迈出重要一步
转基因产品可贴签上市

（4）说明新闻事件的目的。例如：

将城市基础建设和公共设施正式推向市场
韶关端出百多个项目启动城市经营

还满湖美景于市民
无锡“私家湖岸”拆栏造景

引题说明了主题中行动的目的。如果在引题前加一个“为”字，这种目的关系就显而易见了。

（5）交代新闻事件的起始部分。例如：

中共中央提出14处修宪建议，其中包括——
公民合法私有财产不受侵犯

曾庆红在全国组织部长会议上部署了明年党建
重点：加强执政能力建设

（6）对主题性状的描述。例如：

骂人　狂聊　爬墙　失忆
吃安眠药带来新困扰

边吃边欣赏　边聊边回味
晚宴式剧场亮相京城

这两个标题都是对主题性状的描述，回答的是新闻要素中的“如何”，即“怎么样”、“什么样”。标题一的引题描述的是服用这种安眠药带给人们的影响；标题二针对晚宴式剧场是怎样的情况进行了描述。

（7）烘托气氛，加强力量。例如：

和咆哮大浪搏斗　与穿空乱石周旋
北京青年征服黄河第一险峡

党的赞歌像太阳　诗情如火伴一生
清晨，艾青悄悄地走了

（8）发表议论。例如：

这事荒诞——
同是缴税　彩票中奖远低于勤劳收入

莫斯科依然不相信眼泪

俄商界女杰难过情关

（9）提出疑问。例如：

如何建立有效的调停机制与规范，防止矛盾激化，降低社会运行成本？

一 起 中 学 生 上 访 事 件 的 透 视

欧美已先行一步 亚洲应该如何行动

向亚洲经济一体化前进

（10）交代主题行为的结果。这种引题指代的是主题行为发生后引起的结果，例如：

黄金周前5天，我省本地游客明显减少

天公不作美 黄金渗了水

3. 副题

副题又称子题，或下辅题，位于主题之后，是主题的后续，常用来补充交代新闻的次要内容，说明主题的根据、结果或其他比较重要的新闻要素。较之引题，副题一般是实题。

副题主要有以下作用：

（1）补充揭示主题以外的新闻事实。主题常常只能标明最重要的事实，而对于其他不及主题事实重要，但也需要告知读者的事实，则可以在副题中标出，补充交代主题中没有交代的次要事实。例如：

商标品牌意识淡薄

申七成出口品牌凋零

仅9个高标产品获全国重点支持

（2）阐释主题含义，提供新闻事实。如果主题不是一个实题，而是一个具有抽象意义的虚题，读者仅从主题中无法明白所发生的事实，此时副题就可以承担提供新闻事实的任务，用事实来给主题做一合理的解释。例如：

扫 帚 不 到 灰 尘 不 会 跑 掉

9月份开始的打击盗版软件专项治理行动收缴盗版软件369万张

沈仁干孙安民出席销毁仪式并讲话

敢 “打” 才 会 赢

——浙江“橘子罐头”成功应对欧盟“特保”调查

(3) 交代事件结果。主题交代一种现象，而副题则说明这一现象的后果。例如：

山西读者痛斥药品“回扣”弊端

富了医院　肥了医生　苦了药厂　坑了患者

各地连发交通事故

41人死亡　　53人受伤

(4) 解释主题。如果主题是一个问句，副题此时则是对主题行为做出的解释。有时主题不是疑问而是某一现象，副题则负责解释此现象。例如：

天　河　北　路　交　通　灯

为　何　深　夜　转　黄　灯

交警仍通过摄像头监控灯号，车辆不用长时间等待红灯，便于通行

(5) 印证主题的观点。如果主题提出一个观点或一种评价时，此时则需要用标明事实的副题对其进行印证。例如：

日媒体对华报道不公平

个别媒体戴着有色眼镜看中国，惟恐中国不乱

刘涌案判决体现法制进步

二审改判死缓理由与事实不符予以纠正，黑老大刘涌已伏法

(6) 强调主题某一局部。例如：

国务院办公厅转发国务院纠风办2001年纠风工作实施意见指出

加　大　治　理　学　校　乱　收　费　工　作　力　度

重点解决农村中小学乱收费问题

(7) 对主题事实提出疑问。若主题表述的是某一事实，副题需针对这一事实提出疑问，以引起读者的思考。例如：

保护女友　遇害身亡

算不算见义勇为？

(二) 复合型标题的结构形式

复合型标题一般有三种结构形式：

1. 引题—主题式

即由引题和主题构成，没有副题。

黄河漫滩近两万人洪水包围半月　民政部调动500顶救灾帐篷

兰考紧急救援被困灾民

2. 主题—副题式

今晨，一高架桥施工中坍塌

省和南京市领导高度重视　善后工作有序进行

3. 引题—主题—副题式

上海城市老龄化加速

老龄化出现高龄化特征

又有71位老寿星满百岁，申城百岁老人总数达306位

第四节　新闻标题的类型

新闻标题可以按不同的标准分为不同的类型。这里所说的新闻标题是一个宽泛的概念，它包括新闻文体中的各种形式、各种体裁稿件的标题。

一、按新闻文体分

（一）消息标题和通讯标题

消息和通讯是新闻文体中最常见的两种文体。它们之间有一些共性，但也存在一些比较明显的差异。

1. 从内容看

消息标题要求标出新闻事实，交代必要的新闻要素，使读者一看标题就能对这一新闻事件有一个大致的了解；通讯标题则比较灵活，既可以呈现新闻事实，也可以是抒情、说理。这种差异主要是由消息标题和通讯标题的不同功能决定的。新闻标题要求读者在未读正文内容之前就把新闻事实告诉读者，这个“新闻事实”可以是事件的概貌，也可以是整个事件中最精彩的“一点”，或最能说明问题的一个细节。这样，即使读者没有时间或不愿意读正文，也能从中知道一些简要信息。从这个意义上说，新闻标题本身就是信息的载体，所以消息标题标出事实是必然的要求。而通讯标题一般来说没有这个功能，它只要求通过某些提示或暗示吸引读者来阅读全文，通讯往往以细致的描述、生动的形象和曲折的情节来感染读者，所以它的标题不能太实，应当虚一些、含蓄一些才好，不宜在标题中就把引人入胜的情节和盘托出，而要用别具一格的标题吸引读者阅读全文，从而给读者留下回味的余地。下面列举两例：

新闻标题：

（甲） 意大利大选尘埃落定
贝氏再度入主总理府

（乙） 成都首届世界名犬展
外来的小狗会念经

标题甲是对新闻事实的简洁概括；标题乙则是抓取了名犬展中最新奇的“一点”，从而激起读者阅读的兴趣。

通讯标题：

中华魂赞——记成昆铁路利子依达桥的一场奋战泥石流的战斗

此标题虽然对新闻事件做了个概括性的陈述，但却是很粗略的，而重在讴歌和抒情。

2. 从结构看

消息标题可以采用复合式结构，可以有引题、主题和副题，也可以采用引题加主题或主题加副题的形式。通讯标题多是单一形式，即使有辅题，也是副题，一般不使用引题。而在副题使用上，也是为了对抽象的主题进行一些必要的事件解释。如通讯标题：

放眼向洋看世界

——蛇口启示录

3. 从时态看

消息的时效性明显高于通讯，消息要求将“新近的变动”呈现给读者；通讯则是对某一人、某一事件的详细报道。所以消息标题要能够体现出事件发生、发展的动态，要求有较强的动感；通讯多是静态的，没有太强的时间性。例如：

消息标题：

快！有人要自杀

通讯标题：

姑娘心中的军人形象

工农商部分女青年谈军人仪表

需要指出的是，这里所说的消息的时态和动态，是就事件性新闻而言的，而对于一些静态的新闻，如会议报道和政策报道，此项要求则相对较弱。例如：

人民日报就大力弘扬求真务实的精神发表评论员文章指出

领导干部中存在十大问题

对变动的事件感兴趣是人的天性。记者、编辑在制作标题时，即使是对一些政治性、政策性很强的新闻，也应尽量挖掘其变动的部分，或能另辟蹊径，用动词标示出新闻的意义。

九个国家局撤销改成中介性组织三个月了，个别行业协会还是找不准角色定位

脱了"官服"，咋还放不下"官架"

行业协会要尽快实现由官到民的转变，必须痛下决心割舍"官本位"和"垄断式"的思想和行为

这是一个动态新闻，但主题中却用了"脱了"、"放不下"的动词，给人一种变动感，呈现一种动态美。

4. 从语法看

消息标题应该是一个意思表达完整的句子，句子的主要成分不能缺少；而通讯标题则比较灵活，可以是一个完整的句子，如《神话，这样变成现实》、《春色在这里常驻》；也可以是一个词组，如《一个能打开局面的党委书记》、《不凋谢的鲜花》；也可以是一个或几个词，如《他、她、她》、《光明磊落　忠心耿耿》。

消息标题和通讯标题的这些差异，主要是由消息和通讯这两类不同的新闻文体所决定的，随着新闻实践的发展向前，以上差异也是相对的，具体在制作标题时要根据实际情况而定，不可过于拘泥于这些区别而束缚了自己的手脚。

（二）新闻评论标题

新闻评论作为一个独立的新闻文体种类，除具备与其他新闻标题的共性之外，还有其自身的特征：

首先，新闻评论标题必须有主题，副题可有可无，一般没有引题。例如：

不是手机惹的祸

——《手机》观后

目前，随着新闻事业发展，媒体间竞争的加剧及公民自我意识的提高，个人署名评论的形式越来越多，作为群众来稿，内容涉及各类社会现象，形式也越发灵活，而报纸为了最大限度地调动读者的参与意识，争取受众，也日渐打破行业传统的清规戒律，即尽可能地以灵活多样的形式反映读者的心声。这种趋势不但反映在评论内容的宽泛上，也反映在评论形式的多样性上，于是，评论的标题中有时也会有引题的出现：

北京一些中小学不再提倡学生"见义勇为"，纷纷摘掉赖宁的照片……

能把少年英雄"请"出校园吗

这类加引题的个人署名评论多是对社会热点现象的评说，引题主要是对所要评论的事件作一简要概述。

其次，新闻评论标题要求言简意赅、片言居要。新闻评论标题强调简洁，用较少的文字表达作者的观点和立场，片言以居要。例如：

应尽快给住房保障立法

"民告官"路在何方?

最后，评论标题要旗帜鲜明、态度明确。例如：

抓住历史机遇　加快西部开发

政府部门应摒弃"乙肝歧视"

（三）图片新闻标题

图片新闻目前被各家报纸采用已是普遍化趋势。对于一些从性质上讲不太重要，又颇具视觉效应的事件来说，图片新闻无疑是一种很好的报道方式，既告知了新闻，又方便读者阅读，还可以美化版面。

图片新闻的文字说明较少，大多是对事件作简要说明，对于图片新闻的三大部分：图片、标题、内容，很多读者都是只看图片和标题。一幅或一组精彩的照片若能再配上一个新异的标题，无疑是给读者送上的一道精神美味。

制作图片新闻的标题要注意以下几个方面：

1. 题图相符

图片新闻的标题是对图片内容事实的概括，是用来帮助读者理解图片的，所以其标题必是以图片内容为依托，不能游离于事实之外，要使图片是标题的形象展现，标题是图片内容的具体说明。

2. 文字简洁

图片新闻一个很重要的功能就是能减轻读者的阅读疲劳。阅读同样篇幅的图片会比阅读同样篇幅的文字要轻松得多，而且有些场景用文字描述常常是不准确而又繁琐的，此时，用图片则是一目了然。与之相配的图片标题也要言简意赅，用最少的文字标出新闻事实，帮助读者理解图片内容。如一幅图片，说的是一辆公汽为避让一辆紧急调头的轿车，不慎撞上花坛，将坛边一棵樟树连根拔起。怎样交代这一事实呢？图片的标题是"公汽失控，拔起大树"，八个字就完整地交代了新闻事件。

3. 挖掘新意

对于一些新闻图片，记者编辑不能仅满足于简单的新闻告知，还应考虑在主题挖掘上是不是可以另辟蹊径，让人过目不忘。要能够在司空见惯的形象中独具慧眼，显现与众不同的立意，从而使图片标题的立意"源于图片，高于图片"。

如某晚报在动物园拍摄到的一幅图片，内容是一公一母两头狮子，不知是什么原因，母狮子伸长脖子瞪着眼睛冲着公狮子怒吼，面对生气的母狮子，公狮子一动不动，蜷缩在铁笼的一角，目光远望，不敢看母狮子一眼。这本是一张很一般的图片，表现的无非就是动物园中动物的日常生活，然而这幅图片配的标题却是“小夫妻”。仅三个字大大丰富了这幅图片的表现内容，提升了它的意义内涵，让人双目为之一亮，堪称图片新闻标题的佳作。

（四）特写、专访标题

新闻特写是一种“再现”新闻事件、人物或现场的形象化报道。它主要采用描绘的方法去抓取现实生活中具有典型意义的片断。

特写的标题侧重媒体描述新闻事实最精彩、生动的场面与镜头，多描绘现场、烘托气氛，富有动感，反映人们的精神美、生活美、人格美，用语生动、形象、含蓄，可读性强，以激动人心，题式有单行标题、双行标题两种。如：

克雷蒂安：告别访问？

作为即将卸位的加拿大强硬总理克雷蒂安的第 6 次访华，此次访问的意义非同寻常，以上是对他做的特写（图片略）。

专访也称访问记，是对新闻人物或单位、部门进行新闻访问的报道题材。专访的主题往往是回答社会普遍关心的某一问题，专访的标题以突出被访人物、事件、地点的特点为主。如：

电信立法收官　利益依然难调

——专访信息产业部电信法立法专家咨询委员会委员余晖

二、按新闻标题的结构特点分

按这一标准来分，可以将标题分为单一型标题和复合型标题。复合型标题又可进一步引题、主题、副题，这一部分在第三节已有具体的阐释，这里不再赘述。

三、按新闻标题的表述内容分

（一）实题

实题是指表意实在、具体的标题。其特点是具体标明了新闻事实，它以叙事为主，着重表现具体的人物、动作和事件，使读者一看就大概了解所报道的新闻内容。

五十年风雨辉煌　十万株桃李芬芳

哈尔滨师范大学迎来建校 50 年

（二）虚题

虚题是与实题相对的一种标题，以议论、说理为主。它比较抽象，着重揭示新闻的本质，阐明其意义，说明道理、愿望等。消息标题中，虚题的特点是对实题具有依赖性，它要依附于反映新闻事实的实题而存在。一条消息标题可以没有虚题，但一定要有实题，实题可以独立而存在。如果一则消息只有一个标题，那一定是实题。

评论标题和通讯标题在实题的限制上不如消息标题，它们可以有实题，也可以没有实题，虚题以抒情、议论为主。例如：

利箭还须靠强弓

——依靠科技优势逐鹿市场

引题、主题、副题的虚实关系也是多种多样的，下面仅举几例：

“绿魔” 有了新克星

每小时吃掉20万吨水葫芦及漂浮垃圾 （虚主题、实副题）

昔日贬义词 今日香饽饽

贵州湖南爆发“夜郎”争夺战 （虚引题、实主题）

十岁男孩自杀三次

媒体须自律 家长要当心 （实主题、虚副题）

胡锦涛会见各地台资企业协会会长

家 和 万 事 兴

向广大台湾同胞致新年问候良好祝愿，贾庆林参加会见

（实引题、虚主题、实副题）

四、按新闻标题在版面上的布局与位置分

（一）提要题

提要题也称提示题，有时也直接叫内容提要。它是在重要的长新闻的标题之下所加的“内容提要”式的长副题，一般位于新闻标题之后、新闻内容之前。在目前的报纸上其形式比较灵活，也可插于内容中间，加框或线以示区别。提要题通常用于比较重要、篇幅比较长的新闻，通过对新闻主要事实、主要观点的概括和提示，帮助读者了解新闻的大致内容，其作用类似于副题或说明性的编者按（见图6-1）。

近些年来，提要题又有了一些新的特征，如传统的提要题一般要概括文章的内容和观点，写作手法平实，现代的提要题既可以概括事实，也可以只提示某些吸引人的事实，还可以渲染气氛，手法也感性一些；传统的提要题一般是从编者角度入手，而现代的提要题有时会以写作者的角度来说明写作的意图和感受；传统的提要题的位置相对固定，现代的提要题则多根据版面情况来定，位置不固定，可以放在标题与正文之间，也可以放在标题

只看一两集就上了电视剧顾问名单

《贞观长歌》"绑架"专家

电视剧《贞观长歌》自播出起，就被指硬伤不断。而在硬伤不断涌现后，几名在片头字幕上被打上"历史顾问"称号的历史学家也成为了被指责的对象。"他们当时就让我去提意见，没说当顾问的事，前后也就看了一两集。"昨天，几名历史学家向记者爆料，他们开始并不知道自己成了顾问，"是别人看了电视后告诉我，我才知道的。"

唐朝故事怎么会有很浓"辫子味"

"他们当时就让我去提意见，没说当顾问的事，前后也就看了一两集。"在参加《孟宪实讲唐史》的新书发布会上，中国唐史学会会长张国刚说，自己当时是被剧组"绑架"为历史顾问。张国刚说，他和另几位专家并不十分了解这个剧本，"真正的顾问，是剧组在拍摄之前应该把剧本让我们过目，把不符合史实的部分加以订正。"

昨天，记者在电视剧《贞观长歌》的网站上看到，每集的序幕不久就出现了"历史顾问"的字幕，里面包括多名著名史学专家的名字，其中包括吴宗国、冯尔康、张国刚和黄正建等。"我开始都不知道自己是顾问，后来是别人看了电视后告诉我，我才知道。"昨天，字幕中另一位"历史顾问"，南开大学著名教授冯尔康也对此事感到蹊跷。记者获知，待《贞观长歌》播出后，观众觉得这部电视剧"辫子味"很浓，而历史顾问的名单中，只有冯教授是清史专家，加上吴子牛导演此前说过，顾问中的一位教授参与了全程剧组拍摄，观众于是猜想这个教授就是冯尔康。"有人在讽刺我的同时，还罗列出了我的作品名单，可我并没参加过剧组拍摄。"冯尔康随后说，在剧组聘请历史顾问一事上，双方都应该更严肃一些，不能够"看一两集，提提意见，只走个过场"，"这里面是什么情形，行内人都知道，可老百姓不明白，容易信以为真。"

"硬伤"多与学者介入不够有关

在百家讲坛讲《贞观之治》的孟宪实，被认为是历史界的权威专家之一，由于也曾担任过电视剧历史顾问，他对历史顾问所担当的作用有着深刻的了解。昨天，他在《百家讲坛》编辑室录节目的间歇，接受了记者采访。在他印象中，电视剧《大明王朝》在这方面是做得较好的。"它不仅增设了历史编辑这一职务，而且每集的脚本都给历史顾问过目，进行做出修改，当然史实的错漏就比较可信。"他认为，历史剧真实可信的基础和学者在前期介入的程度有密切的关系。

在接受采访中，孟宪实也认为《贞观长歌》中有些错误的发生是致命的。首先，贞观年间是历史上难得的光明时期，在电视剧中却被表现得很阴暗。"李世民是个宽柔并济的人物，武功也了得，在电视剧的一个情节中，他还没见到敌人腿就软了，不符合史实。"而且，根据史书，李世民和长孙皇后的关系也是十分好的，可在电视剧里，皇后变成了"受气包"，竟然还和房玄龄有十分暧昧的关系。另外一个硬伤就是，安康公主在新唐书里只有一句话提及，"安康公主下嫁到……"而在电视剧中被浓墨重彩，而且还经历了几段爱情，在皇宫里进出自由，并且能干预朝政。"这都不符合当时的历史背景。"

另外，李世民登基的时候才29岁，可他的扮演者唐国强已经55岁了，已经是个"老皇帝"。李世民其子李恪，在剧中的年龄也受到了普遍的质疑。唐太宗登基时，李恪年仅8岁，可扮演他的聂远却已经29岁了。李世民其他的皇子皇女在剧中的年龄也通通"长"了大约20岁。

导演电话无人接听未作回应

昨天下午，另两名被署名的历史顾问吴宗国和黄正建也接受了记者采访，他们均称"暂时不谈这件事"。北大历史系教授吴宗国说，他认为《贞观长歌》这部电视剧"就是文艺作品"，不需要把它当做"纪录片"，所以他对出现这样的问题"表示宽容"。他建议，观众要对历史感兴趣，不如抽时间看看《百家讲坛》的讲史节目。对此，中国社会科学院历史研究所研究员黄正建也采取了包容态度。

截至昨晚，记者多次拨打吴子牛的手机，首先是无人接听，然后又转到秘书台，记者发短信询问，吴导演也未回应此事。

白朝阳

图 6-1

之前，还可以放在文中，被正文所包围。另外，一些插题也常常采用提要题的形式，作为某一部分内容的大略概括。此外，在表现手法上，传统的提要题多采用陈述的语气，而现在的提要题在表现手法上则多种多样（见图 6-2）。

（二）插题

插题又称分题、小题，它是分别穿插在新闻内容中的小标题，是文中某一段落的概括。插题适用于较长的报道、通讯或特写，是总标题的一个部分、一个侧面或一个层次。插题既可以总结或提示段落内容，又可以打破长文章带来的版面沉闷感，使编排更加醒目有条理，既起到美化版面的作用，又方便读者阅读。

一般说来，并列的插题至少要两个；插题可以是提要式的，也可以是画龙点睛式的。如果几个插题能够采取统一的格式，则不仅使整个报道看起来整齐、醒目、有节奏感，而且层次分明、吸引读者，给人以审美享受。

《羊城晚报》2003 年 12 月 27 日在《民办教育呼唤精品意识》的报道中，三个插题分别是：

现状　生源充足品牌渐成

问题　良莠不齐值得重视

对策　评选呼唤精品意识

大提速铁路串起长三角

钢铁长龙助推长三角

铁路货运打造"一主两翼"

长三角显现"同城效应"

长三角铁路勾画美好蓝图

一个网络

五大通道

四个中心

图 6-2

这三个标题从形式上看，字体字号一样，字数相等；从内容上看，对问题的剖析层层递进，很好地彰显了总标题的内涵。

插题通常用于比较长的新闻稿件里。在一篇文章当中，一般有几个分题（通常是3个或3个以上），这些小标题在内容上必须有内在的逻辑关系，如递进关系、并列关系、对比关系等，不能是包容关系，也不能相互矛盾；在形式上，必须结构大体一致，句式大体相当，字数差异不宜大。

插题文字要简洁，最忌拖泥带水。但是，有时作者却故意反其道而行之，把插题做成一段文字。如：

主题：

领导干部的楷模——孔繁森

插题：

两次进藏，历时十载。在党的召唤面前，在人生的选择中，他的精神境界一次次得到升华

为了寻找阿里的发展优势，全地区106个乡，他跑了98个，雪域高原上留下了他的深深足迹。风雪中，他把自己的毛衣脱给一位藏族老妈妈……

三个藏族孤儿，900毫升鲜血。他向人民奉献的是比雪还浓的炙热情感，是博大、深沉和无私的爱

有时，为了增加新闻作品的美感，可以直接引用成语、俗语、谚语、古典诗词做小标题，但一定要注意切题，并且如果第一段小标题使用古典诗词，那么，其他各段小标题也要使用古典诗词。如：

主题：

醒来，铜陵！

——谨以此文参加“理思路、抓落实、奔小康”大讨论

分题：

十年磨“剑”锋自出

同处一江景不同

剔肤见骨找病根

（三）栏目题

栏目题亦称专栏题，即把两篇以上内容相关而又各自独立的稿件集纳在一起，组成一个专栏，并冠以一个总题——栏目题。

栏目题如同红线穿珠一般将一组稿件凝聚起来，以更好地帮助读者正确理解这组稿件的中心思想或主要内容。

栏目题一般可以起到以下几个方面的作用：第一，用以概括本组稿件的中心思想；第二，提示本组稿件的中心内容；第三，提要求、发号召，或提倡某种精神、做法。

《新民晚报》曾报道一组关于上海、天津、广州、武汉等地人们如何欢度“五一”的报道。各个独立的文章共有一个栏目题：《乐乐乐“五一”节假期　热热热黄金周消费》，简明地说明了这组稿件的中心议题。

（四）通栏标题

通栏标题是与版面横度等长的特大标题，又称通栏题。因其横贯全版各栏，故得名。它通常在版面的顶端，用于突出特别重大的新闻，强调某个时期的工作中心和指导思想，也可以用于对某个非常重大的事件表明态度、感情或愿望。

由于通栏标题指导性、鼓动性和显著性都十分强，在使用时，一定要慎重。

五、按新闻标题的排列形式来分

（一）单标题形式

单标题形式即仅有主标题的一种标题形式。如果事件内容相对简单，只用一行题就足以说清楚的时候，可用此形式。一般说来，这种标题的表现力相对较弱，也显得单调一些。

有时主题因为字数太多而分两行排列，但字体字号应相同。

（二）双标题形式

这里指仅有主题、副题或引题、主题的标题样式，其表意较一行题稍为丰富。双标题可以相互补充，以次辅主、轻重分明。例如：

刘云山在“五个一工程”第九届表彰会上强调

热情讴歌英雄时代　深刻反映火热现实

为人群众奉献更多更好的精神文化产品

（三）三标题形式

三标题形式指同时具备引题、主题、副题的标题样式。它能更完整地表现新闻内容，使读者从标题上获得更多的信息，这种标题层次比较丰富，表现手法自由、风格各异。例如：

城管昨上街查处“乱吐乱扔”

“收获不大”

令人欣慰

（四）多标题形式

多标题形式指除了引题、主题、副题外，还有提要题或插题等，其表现形式也就更为灵活。目前我国报纸上也经常会见到这种标题，具体到一篇稿件中，是否使用这些标题要根据稿件的情况而定。如果稿件比较重要，内容又颇为复杂，层次较多时，则可以采用此形式，否则使用不当就会使报道显得啰嗦、笨重，不够精练。

第五节　新闻标题的制作

徐铸成在他的《新闻艺术》中曾说：“标题就是报纸的眼睛，特别是主要标题，更有目光四射、传神达意的作用。”确实，要想把一篇几十字、几百字甚至几千字的稿件用短短的几句话甚至几个字提炼出来，确实是一件非常困难的事。我们至今讲起《马歇尔歇马　华莱十来华》和《榜上无名　脚下有路》等这些著名的标题时仍不能不为之五体投地。记者、编辑每天都要制作标题，而一个让读者叫好、广泛流传的好标题的出炉是需要记者、编辑花费大量心血和汗水去辛勤孕育的。正如清人郑板桥所言，这是“以少少许胜多多许”的艺术，精辟到位的标题正如他寥寥数笔所画的竹子一样，着墨不多却形神活现。

一、标题制作的过程

（一）确定标题内容

编辑拿到一篇稿件后，如果对标题不满意，决定重新制作的话，第一步要解决的就是写什么的问题，即确立标题的内容。那么，没有参加事件采写的编辑，应该从哪里入手确立标题内容呢？

1. 通过阅读全稿确定标题内容

阅读稿件是编辑拟制标题的前提。编辑在阅读稿件的同时，要结合自己以往的经验，向两个方向努力：

（1）提炼新闻主题。标题具有概括新闻事实的功能。如何概括新闻事实？编辑应在阅读全文的基础上提炼新闻的主题，而后用简练的语言将之呈现出来。如果编辑没有能够很好地提炼出主题，以致出现题不对文的现象，那么所拟的标题就是失败的标题。

新闻主题是一篇新闻报道所体现出的中心思想或基本倾向。新闻主题来自新闻材料，是对题材所蕴含的新闻价值和现实意义的发掘、凝练和概括，是报道的灵魂。在新闻的标题中表达出报道的主题，是一则新闻标题制作成功的最基本要求。编辑在提炼新闻主题时，可以通过纵向比较，分析和发掘新闻内容在发展过程中所体现出的中心思想；也可以通过横向比较，把握信息的历史定位和个性特征，体会其中所蕴含的最新鲜、最深刻、最有针对性和现实意义的思想或倾向。可以说，制作新闻标题提炼主题的过程，就是把握事件本质的过程。

（2）发掘题材的新异性，即找出新闻中具有特色和个性的内容来。有特征的标题一定能吸引读者；相反，一个内容平平，给人以似曾相识感的标题是引不起读者兴趣的。

要想使标题新异、与众不同，就必须先发掘出事件的个性出来，能够于平淡处见神奇，个性化的标题才为读者所喜爱，也才会具有长久的生命力。例如：

（甲）

女排奏捷　场面感人

荣高棠高叫：郎平不哭，要笑

（乙）

用小虫杀大虫

防治茶树大尺蠖的新杀虫剂研制成功

女排获胜是件令人高兴的事，所以用主题概括新闻事实。然而仅看主题未免有点平淡，此时副题却使人眼前一亮：郎平怎么哭了？应该笑呀。于是读者会急不可待地想知道郎平究竟怎么了。在这则标题中，副题抓住了一个有个性的情节，大大提亮了主标题。

标题乙是一则科技新闻，一种杀虫剂的诞生没什么新鲜的，吸引不了多少读者的注意，然而主标题却用了“用大虫杀小虫”的形象描述，概括了这种杀虫剂的特点及其反常性，从而引起读者的好奇心。

2. 从导语中寻找标题内容

一般而言，从导语中寻找制作标题的内容是一种快速简捷的方法，因为许多新闻稿都是将最有价值的新闻事实或事件概貌总结在导语中。

路透社埃及沙姆沙伊赫 1982 年 4 月 25 日电的导语的内容是这样写的：

> “今天，最后一名以色列士兵眼含热泪离开这里，这表明埃及已正式恢复了对西奈半岛东部这一战略要地的控制。”

这则消息的标题就是《以色列撤出沙姆沙伊赫　埃及收回西奈半岛》。不难看出，这则标题仅看导语就可以制作出来。

不过，通过阅读导语就确定标题内容的做法不是绝对的，它提供的只是一种可能性，很多时候往往是不可行的。如对于一些采取金字塔形结构的新闻，或是导语所表述的新闻主题和思想比较平淡，或者导语只是大致交代概要，没有抓住新闻的亮点，此时只看导语是不够的，所以在时间允许的情况下，编辑还是要通读全文，才能更好地领会稿件的主题。所以，编辑在制作标题的时候，可以先认真地阅读导语，把它作为阅读下文的基础，然后在看完稿件全文后，再将整个内容与原来的导语综合起来考虑，得出最适当的结论。

(二) 确定是否表态及表态的方式

标题有评价新闻的功能，但这并不是说每一则新闻的标题都要评价内容。标题可以评价新闻内容，也可以只摆事实。在编辑提炼出了新闻的主题之后，接下来要考虑的就是要不要表态的问题。如果准备表态的话，要采取何种方式。对于那些信息性较强、感情色彩不明显的新闻就没有必要进行主观评价，只需使用一些中性的语言客观准确陈述出主要新闻内容即可，而对于倾向性比较强的新闻，标题如果既告诉读者发生了什么，又告诉读者应该怎样去看待这一事件，则无疑是从现象到本质都达到了新闻的真实、客观。此时就需要标题有一个明确的态度，这里标题表态的方式即是我们前面讲到的标题的评价功能，前文已作了详细介绍，此处不再复述。

二、标题制作的要领

确定了将什么写入标题之后，就要按照标题制作的基本要求将其用文字呈现出来。在制作新闻标题的时候，要掌握其要领：准确、鲜明、简洁、生动。

(一) 准确

标题要忠实于新闻内容，并能准确地表达新闻内容，做到“题文一致”，这是制作标题的最基本要求。“准确”性还包括：

1. 概括事实要准确

标题往往是对事实的概括，读者经常是通过看标题来了解新闻事件，所以标题在概括事实时一定要准确，不能误导读者。

如南方某报曾刊出一幅新闻照片：一群放学后等待家长来接的孩子们，有的在门卫室争抢着给爸爸妈妈打电话，更多的孩子则是直面大街面有难色地发呆。照片的标题是《不接不回家》。是孩子们真的个个都娇惯到了没有父母接就不肯回家的地步吗？不是的，或者说主要不是。这是由于一个时期以来交通秩序比较乱，社会治安不好，父母不放心，孩子们虽有双脚也难迈步呀，这也是这张新闻照片的价值所在。现在以“不接不回家”为题，便把原因归结到孩子们身上了，背离了真实性原则。若把后一个“不”，改为“难”，即“不接难回家”，就既符合事实本身，又设置了悬念，调动起了读者的阅读欲望。

2. 观点表达要准确

标题要用准确的语言表达新闻中的观点，观点的不准确直接影响到新闻的真实性。比如某报的一则消息：

求职二万　招工三万　成功不足五千

上海职业介绍为何成功率低

既然在标题中说“上海职业介绍成功率低”，就该有个“成功率”的标准。按照标题所提供的数字，上海职业介绍按求职人数计算，成功率为25%。文中也没有交代国际上或全国职业介绍的成功率通常是多少，在没有标准和没有比较的情况下，在标题中堂而皇之地说“上海职业介绍成功率低”是否太武断，太不准确呢？

请看下面三个标题：

（甲） **公务员包养情人严重者将开除**

（乙） **“搂错人”的纪委书记被免职**

（丙） **某某向离退休老干部**
发放一次
性补助

甲题中，“公务员包养情人严重者将开除”，那言下之意是不是说如果不严重就没事了呢？公务员是国家形象的代表，包养情人不但会损害其在百姓心中的形象，更会导致贪污腐败等问题，应该是被严禁的，而不是仅仅是严重者被开除的问题。

乙题中的意思是，纪委书记被开除，是因为他“搂错人”了，那换言之，如果他“搂对人”了，搂的恰是三陪小姐，那是不是就没事了呢？

丙题的问题出在其排版上，这本是一名完整的话，不知是否是由于版面空间过于宽裕的原因，被排成了三行，但这种排版会让人十分迷惑，“性补贴”三个字实在让人忍俊不禁。

（二）鲜明

标题的鲜明具体说来就是：

1. 标题要突出精华

制作标题要选择那些最新鲜、最重要、最有特点，最能说明主题、反映新闻本质的内容。这些内容是稿件的价值所在，也是最能吸引读者的“兴奋点”。

1994年1月8日，创办仅8天的《深圳晚报》在一版头条刊出《她的名字冷又硬她的心肠热而软——老朋友，别怪我！新朋友，别谢我！》一文，报道深圳火车站女售票员赵铁石手握热门票不走后门的先进事迹。这则标题通过对比，标出了新闻的价值所在，使广大读者为这则标题所吸引，更为赵铁石的“铁石”心肠所感动。所以这则标题在获得全国晚报标题大赛奖后，又获“深圳新闻”一等奖、“广东新闻”二等奖。

试比较下面关于同一内容的四个标题：

A. 全国铁路明年4月18日起第六次提速

- 时速达200公里以上
- 继续坚持“提速不提价”原则
- 客运能力预计增加18%

——《人民日报》

B. 明年4月18日铁路第六次大提速
京沪行：不足10小时
坚持“提速不提价”原则，维持现在票价水平
——《解放日报》

C. 铁路明年4月提至200公里，不提价

D. 铁路明年4月第六次大提速

很明显，A标题制作得最好，好就好在它鲜明地告诉了读者这次提速将会给我们带来什么，对提速作了最鲜明的解释，让人一看便知。

2. 标题要态度明确

标题在发挥评价功能时，一定要态度分明，该表扬的表扬，该批评的批评，充分发挥传媒的舆论引导作用。例如：

（甲） **城市房屋拆迁立法还需改进**
（乙） **“清水衙门”有“赃官”**

标题甲通过陈述口气表明态度，标题乙通过对比手法使立场更加鲜明。

（三）简洁

简洁是指在标题内容的表述上要简练精辟，不拖泥带水，简单明快，一目了然。

1. 精于概括

我们在制作标题时要用尽可能简练的话语或词组来说明新闻的主要内容和实质。某报曾刊登过这样一则标题：

圣水桥坍塌引起韩国政治地震——
总统向国民公开道歉　总理欲辞职以谢国民

此标题的主题就显得不够精练，如果改为“总统公开道歉，总理提出辞职”岂不更好？

用简练的语言表述标题是以真实的事实、正确的立场为前提的，切不可为求简练而简练。杭州某报有篇报道写某女工因工伤事故罹难，用的标题是：

女工二十七　死于纺织机

这则标题确实很精练，只用了十个字，就把女工的年龄、大致事件及原因、结果都交代出来了，但他这种“打油诗”式的轻浮表达不免给人不舒服之感。

世界首例“换脸”手术中的捐脸女子是上吊身亡的，法国某报对报道的标题是：

换脸女子新面孔来自“吊死鬼”

这似乎对死者不尊重，另一篇写某民工在高空施工时不慎摔下来身亡的报道，其标题是：

一民工“自由落体”

标题只用了四个字就“概括”了这一事实，确实异常简练，只是这样的标题不但不尊重死者，而且也有哗众取宠之嫌，缺乏起码的职业道德。

2. 精于省略简化

在制作标题时，可以省略一些不必要的议论和众所周知的人物头衔，对一些必须标出的地名、单位名、国名、事件、总称等可以进行合理压缩。对标题的适当简化是精编标题的需要，但简化要以不被人误解为前提，使用时一定要慎重。

2002 年 6 月 25 日，北京某报上一则消息的标题是《遗憾伤感　日军解散》。前四个字还弄成粗重黑体，以强调对“日军解散”之感情色彩，人们不禁要问：究竟是谁对“日军解散”如此伤怀？细读文章才恍然大悟，原来此处的“日军”是“世界杯”上的“日本足球队”之谓。这实在是个不可原谅的“败笔”。制作者难道不知道每个中国人看到“日军”都会联想到什么吗？而且竟然还“遗憾伤感”？

再如一标题：

最高法

加大重大公共安全事故案件审判力度

这其中的“最高法”很容易让人误以为是宪法，其实它是“最高人民法院”的简化形式。

（四）生动

生动形象的标题往往最能吸引读者，标题应该从形式上给读者以良好的“第一印象”。如果第一印象不好，势必会影响读者对这条新闻乃至这份报纸的态度。如这样一个标题：《伊科边境局势紧张》，介绍伊拉克向该地区集结军队的情况和国际社会的反映，“局势紧张”是一种抽象的气氛，看不见摸不着，如果改为：

萨达姆军刀挥向科威特

虚晃一枪还是杀气腾腾

这样一改，标题就生动得多了，给人以栩栩如生之感。再如，可以将“克林顿欢迎曼德拉访美”改为“克林顿笑迎曼德拉”等。

标题要制作生动，要引人入胜，但都要以新闻事实为依托，如果新闻事实本身不怎么样，却非要做个很好很醒目的标题来，反而会给人一种虚张声势的不好印象。

三、标题制作的艺术

艺术手法，本来是文学用语，指文学艺术创造中塑造形象、反映生活所用的各种具体的表现方法，又称表现手法。在新闻传播中，借用这一文学手法，目的是使新闻传播更吸引人。我们下面对制作标题经常使用的几种基本手法一一加以说明。

（一）巧用动词

巧用动词可以彰显动态，而运动着的事物比静止着的事物更能吸引人的目光。

你也走 我也走 进进出出都摇头
你不修 我不修 来来去去踢皮球
福田区益田村与福田花园之间有条无名路变成了扯皮路

标题中连用了“走”、“进”、“出”、“摇头”、“修”、“来”、“去”、“踢”几个动词，使标题呈现出动态及起伏感。

（二）点染意境

中国古典文学一贯重视意境，追求“象外之象”、“韵外之致”，通过有限的现实空间达到无限的想象空间，从而达到情与景、意与境的交融。在制作标题中，可以通过适当的形式给读者留下一定的想象空间，让他们慢慢品味其中的意味。例如：

龙井吐翠香更浓

在制作标题时，如果能仿写一些古诗词名句，就可以借用古诗词意蕴丰富、富有意境美的特点，使新闻标题富有意境。例如：

知否，知否，绿肥红瘦
连绵阴雨使杭州名花展上部分花卉受损

（三）戏剧效应

制作标题时，可以采用适当手法将新闻内容中的误会、冲突彰显出来，也可能通过设置悬念等手法使新闻标题产生戏剧效果，使读者从标题中看到富有戏剧性的场面。例如：

顾客与商家发生争执，面对记者采访各说各的“版本”
李先生：保安对我搜身
万客隆：提醒带齐物品

（四）大众化语言

通俗化、大众化是新闻标题发展的一个方向。新闻标题如果采用一些人们熟悉的俗语、警句或者传唱的流行歌曲的歌词的话，无疑会拉近与读者的心理距离。例如：

哥哥今日走西口　　妹妹欢喜不再留

新郎接新娘　乐坏丈母娘

（五）活化标题

对于一些标题，可以采用为其增加点色彩、声音和温度的方法使其给人的感觉更形象生动、真实可感。

深圳第14届迎春花市上午迎客

重重叠叠绿　簇簇团团红

枪声稀 雨声急 多方首脑聚埃及

冷冰冰的供暖制度

（六）使用符号

在新闻标题中，有时用一些非语言性的符号可以比用文字更醒目、更凝练。非语言符号和文字相映成趣，使标题看起来一目了然，很容易因其形式上的特异性而吸引读者的目光。例如：

国产品牌 Vs 国际品牌

国产笔记本“应需而造”

诈骗→斧砍→跳楼→被擒

昨一狂徒西安上演“四重奏”

著名经济学家厉以宁谈

人文精神+科技背景=中国MBA

钱进≠前进

预赛≠决赛

（七）巧用数字

把新闻中的主要数字显现在标题中，能够提高新闻的价值，从而给人留下深刻的印象。例如：

对比式：

柳钢锐意改革　扬眉吐气

改革前19年：亏损1.83亿元

改革后7年：盈利1.9亿元

说明式：

台200万人“睡不着”

每年吃掉6570万颗安眠药

计算式：

四川一年灭鼠1亿只 14亿斤粮食免遭损失

化小式：

触目惊心，我国人均老鼠3只

中央爱委会要求全社会重视灭鼠工作

（八）修辞方法

使用修辞手法制作标题，往往可以使标题看起来生动活泼，富于形象化，同时也更具有表现力和吸引力，使标题在传情达意上恰到好处。

1. 比喻

使用现实生活中具体的、浅显的、熟知的事物去说明和描写那些抽象的、深奥的或是生疏的内容，就是比喻的方法。常见的比喻有明喻、暗喻、借喻。例如下面三个标题：

（甲） 特区兴建初期，由于对其发展规律估计不足，致使空间构筑与道路建设形成了这样一种明显的反差：

楼如威猛小伙子

路像小脚老太太

（乙） 有色金属

冬天里怒放的“第六朵金花”

（丙） **民营企业期待全面阳光**

标题甲是明喻，其形式是：甲如乙，甲是本体，乙是喻体，比喻词是“如”、“像”。

标题乙是暗喻，其形式是：甲是乙，本题中由于是引题与主题的关系，省略了“是”字。

标题丙是借喻，其形式是：甲不出现，由乙代替。这里只有“全面阳光”，但很明显，民营企业需要的并不是自然界的阳光，而是能像阳光一样的扶持政策和良好环境。

2. 比拟

就是把人当做物、把物当做人或把甲物当做乙物来描写。这种修辞手法可以抒发强烈的感情，给人以鲜明印象和具体感受。例如：

(甲) **绿地集团牵手韩国最大零售商**

(乙) **日本股市轻舞飞扬**

(丙) **做太阳的“一缕光”**

记南宁军区某师司务长×××

甲乙是拟人，即把物当做人去写，使用了“牵手”、“轻舞飞扬”等人性化的动词；丙是拟物，把人拟作“一缕阳光”。

3. 借代

借代是一种不直接说出人或事物的名称，而是用一个跟它有密切关系的名称或事物来代替。例如：

铿锵玫瑰解散还乡

“铿锵玫瑰”这里指代中国女足。

700多名牛郎织女相会青年宫

昨晚鹊桥会爆满

团市委领导带头当红娘

这里使用借代的有“牛郎织女”、“鹊桥”、“红娘”。

4. 引用

将现成的诗词、成语等运用到标题中，用来叙事、抒情或议论，使标题更加简练、生动，富有文采和感染力。

引用分为直接引用和间接引用。一字不差地引用原句或成语，是直接引用；如果在原句或成语的基础上稍加修改，使其更贴切地表达出新闻的含义，我们称之为间接引用。例如：

(甲) **映日荷花别样红**

——评豫剧现代戏《香魂女》

(乙) **唇亡齿未寒**

甲是直接引用；乙是对“唇亡齿寒”这一成语进行了“加塞”式变动。

5. 双关

双关是指利用语音的相同、相近或者语义的多指性功能，有意使一个语句兼有两种意思，造成言在此而意在彼的表达效果。双关在新闻标题中的运用，可以使语言的表达含蓄、曲折、得体，发人深思。双关的使用还可以使语言幽默、诙谐，妙趣横生。例如：

做工受伤 找老板要医疗费无果　　丢了工作 又遭一车人莫名殴打

5名民工"很受伤"

这里民工"很受伤"，看似是身体上的，实则是精神上的，是需要读者去领会的。

6. 仿词

仿词是指在现存词语的对照下，为了表达的需要，更换词中的某个词或词素，临时仿造出词语出来，表达新的意思。仿词的使用可以使新闻标题富有新意，容易抓住读者的注意力，还可以使语言犀利，更有力地描绘事物的性状、突出事物的本质，造成讽刺或幽默的情调。例如：

(甲)　**不耻下卖**

(乙)　**重赏之下必有懦夫**

7. 排比

排比就是把三个或三个以上的结构相似的词句排在一起，表达同一性质或同一范围的内容。这种方法可以使标题显得整齐有力、气势贯通。例如：

(甲)　"采蜜本"、"买年货"、"交朋友"、"当导游"

寒假作业"好玩"了

(乙)　坚定信念　能担责任　团结进取　加强修养　奋发成才

北京大学推出新世纪修身行动

8. 反问

反问是用疑问的形式表达确定的内容，不需要回答，答案寓于问话中。

在新闻标题中作用反问，可以加强语气，强调新闻内容，增强表达的力度，反问的运用还可以使新闻的主题更加深入人心。例如：

(甲)　在射击海域内捕鱼　在行军车队中"插队"

"支持国防建设"岂能只是口号

(乙)　**图书定价有没有谱?**

9. 对偶

对偶，俗称"对子"，诗歌中叫"对仗"。它是用两个结构相同或相似、字数相等、意义密切相连的短语或句子对称地排列在一起的一种辞格。对偶是汉语独有的一种修辞方法。在新闻标题中运用对偶，可以使新闻标题整齐匀称、声韵和谐，能增强语言的整齐美、节奏美。在表意上，能把意思表现得凝练而集中，有极强的表现力。例如：

（甲） **“双龙会”真假难辨**
“铁三角”再聚荧屏

（乙） **国奥队添伤员训练减量**
圣诞节展歌喉团结励志

10. 对比

把两种不同事物或同一事物的两个相互对立的方面放在一起进行比较，这种修辞方法叫做对比，也叫对照。

对比在新闻标题中的使用，可以更好地突出人和事物的特点，揭示其本质，给人留下鲜明的印象，便于人们去鉴别人和事物的美丑善恶。例如：

（甲） “薪资联盟”与“零工资就业”对阵职场
求职该“站着死”还是“跪着生”

（乙） **宋美龄尸骨未寒**
李登辉说三道四

11. 反复

为了强调某种思想感情，有意让表达这种思想感情的词语或句子一再出现，这种辞格称为反复。在新闻标题中运用反复，可以更好地突出主题思想，强调新闻内容所表达的情感，增强节奏感、旋律美。例如：

（甲） **创新 创新 再创新**

（乙） **孩子 孩子 孩子**
江西省广电幼儿园火灾直击

12. 设问

在阐明观点或叙述问题时，故意先提出问题，然后自己再回答问题，这种辞格叫做设问。设问是以问题入手，设问的问题可以掀起波澜、渲染气氛、加强语势。问题的提出能引起受众注意，启发受众思考，以突出主题、强调内容。例如：

（甲） **研究生去民营要交钱？**
辽宁部分高校毕业生就业框框有待突破

（乙） 生源少了教师要失业？
教师：中小学富余高中缺

13. 反语

通俗地说，反语就是说反话，即凭借上下文语义的控制，使用一些词语或句子来表达本想表达的，但与这些词语或句子的字面意思截然相反的意思。例如：

(甲) **“社区包青天”专管万家“闲事”**

一支几十人的调解员队伍正活跃在广州一千多个社区里，成为居民贴心人

(乙) 城管昨上街查处“乱吐乱扔”

“收获不太”

令人欣慰

“包青天”管得并非真的是我们通常意义上讲的“闲事”，而是白姓日常生活中亟待解决的问题。“收获不大”本是失望之意，在这里其意义正如副题中所说“令人欣慰”。

14. 回文

回文又称回环。就是将上句的结尾作为下句的开头，上句的开头作为下句的结尾，通过回环往复的形式，生动地展示两事物之间的关系。例如：

酒后驾车——

1年死伤近200人

春节来临：驾车不饮酒，饮酒不驾车

15. 谐音

巧用谐音，可以收到意想不到、妙趣横生的效果。例如：

(甲) **西部“官”念：贫困与浮靡**

(乙) **其实你不懂我的“芯”**

笔记本电脑采用“CPU”热点之思考

(丙) 切莫轻信“名牌”

旅游鞋？屦有邪？

16. 呼告

就是撇开读者，用直接面对新闻中的人或物说话的方式来表达激动的心情，以此来加强词语的感染力，这种表达方法感情色彩较浓。例如：

(甲) **诚信呀，天下谁人能识君**

(乙) 黑手抢钱舞棒　鲜血浸透红妆

柔肩凛担大义　青春高奏华章

壮哉！李娟

17. 顾名

顾名就是利用人或物的名字在字面上的意思来做文章。例如：

（甲）《功夫》没功夫关机

（乙）《金锁记》打开心锁

第六节 当今报纸标题的新特点

我们前面讲述的标题的特点、结构、类型等主要是从传统新闻标题的角度出发的。随着社会的进步，新闻事业也在不断地发展，带来的是报纸风格、新闻风格的新变化，这种变化体现在新闻标题上，就是一些新特征的出现。有些特点传统的理论已不能完全涵盖，前面谈到标题的制作时有些已经涉及，下面我们将这些新特点详细呈现如下：

一、可读性增强，日益强调通俗化、大众化

新闻标题是读者从报纸上获取信息的首要通道。随着人们生活节奏的加快，很多读者都是忙里偷闲，通过随意性的翻阅来了解周围环境、获取信息的。读者阅报的随意性和无目的性迫使报纸必须以更加生活化的面孔去面对读者，这种诉求表现在新闻标题中就是尽量使标题通俗化、大众化，使读者在轻松的阅读中了解信息。在标题制作上，少了以前的那种朴素、庄重、典雅的书卷气和严肃的口吻，更多地突出了标题的生活气息。

从另一方面讲，在市场竞争中，各媒体都在挖空心思地想办法如何最大限度地争取受众，而受众的文化程度有高有低，如何制作出适合大多数人胃口的标题呢？于是，注重标题的生活化和大众化就是首要的追求了。面对广大的普通群众，媒体大都以相对通俗的标题为主，当然，意蕴深刻、文学性比较强的或者是较严肃的标题也可以偶然用之，一来可以显现标题的多样性，满足一部分文化水平较高的读者的口味；另一方面也可以适当地培养读者的审美能力，显示报纸的品位，但一般不宜以此为主，因为广大读者看起来会比较吃力，从而丧失了阅读的兴趣。例如：

（甲）今夜要下雪了

（乙）天边有位铁打的汉

（丙）一则连续了7年的报道，一道无法解决的难题

丢丢的家在哪里

二、扮亮标题，加强标题的刺激性和冲击力

当今报纸在新闻标题的制作与编排中，十分重视报道面部的扮亮，强调给读者留下深刻的第一印象。

首先，从内容上来看：

一是精心遣词造句，重视一些抢眼直露的词语或形式的使用。例如：

水！水！水！——直击百年大旱

报道的是当年春夏之交的旱情，三个带感叹号的特大“水”字，如干燥火燎的中原大地痛苦的呐喊声，有一种潜在的冲击力。

二是提取最新异的事实，追求煽情、轰动功效。如“7200万公款和一个女出纳的爱情”、“流氓医生私取上千名死童器官”。

其次，从形式上来看：

将制作出的有特色的标题在版面上加以突出。突出的方法有两种：

一是给标题以相当宽绰的版面。翻开报纸，标题占大于正文的版面的情况比比皆是。据悉，《羊城晚报》的新闻标题平均占版面面积的42%，娱乐版占50.1%。还有的报纸，如《南方周末》，常常有一行标题占据小半个版的现象，字体之大，超出了报头。

二是着力改变某些字词的形式。着力改变某些字词的形式，从而以形式的特殊性吸引读者。这里的形式包括字体、字号及颜色等。关于这点我们在前面也有过论述，例如：

美电影协会今后不再向奥斯卡委员会寄送参赛影片资料，因为——黑心评委

是盗版市场的“供货商”

在这里，除了“是”字的颜色是黄色外，其他字体、字号、颜色（白色）均一样。

三、标题的表述方式从过去的重在叙述变为现在的重在生动表现

传统的新闻标题多是以严肃、中性的口吻来陈述事实的，重在叙述；而当今新闻的标题却越来越重视生动的表现，使主题更加形象、生动。如一条关于马路交通秩序混乱的报道，《羊城晚报》重在说怎样乱：《黄埔大道过马路一个“乱”字》，突出了“过马路”；又如关于广州保姆市场走俏的报道，《羊城晚报》的标题更是极力表现如何“俏”：《100个市民争夺70个保姆》。

标题形象生动的趋势使一些原本严肃的政治新闻也在逐步改进。如新华社稿《中共中央举行元宵联欢晚会》，有的报纸为其加上主标题：《江泽民走上舞台即兴高歌》，使领袖与人民同乐的形象跃然纸上。还有如“朱镕基视察九江防洪”的新闻，标题用《朱镕基泪洒九江》，让人回味无穷。其他的如婚姻法的修改，有的标题严肃中不失调侃：《广州怨妇们不动声色静候婚姻法正案出台（肩）誓要花心老公赔到肉痛（主）》。

对于一些专业性较强，易显“灰色面孔”的标题，标题也日显生动。如《众兴水库生病了》、《广东经济孕育新“宝宝”》、《春运带着变数今天起步》（指天气等特殊情况）。

四、辅题有加长的趋势，有时会模糊与提要题的界限

在快节奏的现代生活中，人们阅读新闻总是带有太多的随意性和不确定性，于是在新闻标题中蕴含大量的新闻信息就成为一种趋势。在加长的标题中，其所蕴含的新闻要素自

然就会增多，这样可以使一部分只读标题的读者在短时间内获得较多的信息。

新闻标题加长，一般是引题和副题加长，作为标题主干部分的主题一般不会过长，否则会使整个标题显得累赘、笨重，且中心不明确。例如：

高州百姓说：请给江总书记捎个话，这里的干部作风改变了，经济发展的步伐也加快了

高州干部说：请江总书记放心，我们在基层实地工作一定要身体力行“三个代表”

把心思用在给群众办实事上

高州干部在农村实践“三个代表”记事

在加长的辅题中，有一种从内容上来说属于提要题的辅题，这种提要题是对新闻内容的简要概括，此时的主题，大多为评论性、抒情性的虚题，即提要题的位置和功能也发生了一些变化。

第一，提要题作为引题出现。例如：

不久前公布的中共中央的全国人大常委会提交的修宪建议中，第一次明确地提出了“紧急状态”宪法条款。据悉，《紧急状态法》已经作为宪法相关法列入全国人大常委会的立法规划，国务院法制办公室正式委托清华大学公共管理学院起草《紧急状态法》的专家建议稿。为什么要制定《紧急状态法》？法律怎样在有效克服危机和保障公民权利之间达到合理平衡？公民的基本权利如何在紧急状态下得到保护？本报记者就此对清华大学教授、起草研究项目负责人于安进行了专访。

《紧急状态法》：非常时期的法制盾牌

——专访《紧急状态法》起草研究项目负责人于安

第二，提要题作为副题出现。提要题作为副题出现，对主题作进一步地说明和概括，它比一般的副题更全面具体地介绍了新闻内容，对新闻内容有较为全面的了解。例如：

中国企业家读书状况调查

企业家人均年购书支出约为2887元

企业界人士人均每天读书时间约为46分钟

企业界人士人均每年读书数量约为14本

博士企业家每天读书时间最短

政策、管理类图书最受重视

伊拉克

老鼠与猫的战争

- 暴力是一种“游戏”，任何一个时代有关暴力的“游戏规则”都是在强者主导下制定的，弱者若是按照强者制定的“游戏规则”使用暴力，结果往往是自取灭亡。
- 21世纪世界范围的恐怖主义战争源于美国和西方世界的绝对强大，源于美国及其盟国不明智地同绝对的弱者构成冲突关系。
- 古罗马帝国的精力是被周围的蛮族耗尽的，美国的元气是否会耗在恐怖主义手里？

提要题是依据标题的内容命名的，而主题、引题和副题是依据其在标题中承担的功能命名的，所以提要题作为引题或副题，这之间并不矛盾。作为引题，它从内容上讲是提要题，从功能上讲是引题；作为副题，从内容上讲是提要题，从功能上讲是副题。以上只不过是分类方式的不同而已。

五、标题新闻易受青睐

在传统新闻理论中，标题是要依赖正文而存在的。但在当今报纸竞争日益加剧的情况下，却诞生了一种不依赖内容就能独立存在的标题形式，我们称之为标题新闻，即标题本身就是新闻。它从外观上看，简洁如新闻的标题，却没有正文，或脱离正文，或与正文平行，独立地表达精短的新闻内容，是一种文字简洁、排列如标题的新闻。

这样的标题有以下几个特征：

（1）新闻要素独立而齐全。因为它是离开正文而独立存在的，这就使它承担着告知新闻内容的功能，所以标题中必须包括必不可少的新闻要素，从而使读者只阅读标题就能了解新闻的主要内容。

（2）具备标题的结构形式。标题新闻从内容上讲要告知读者新闻事实，但从形式上讲它是标题而不是新闻，所以它具备标题的结构形式，即它可以是单一型的，也可以是复合型的。

（3）风格严肃简洁，不加修饰渲染。标题新闻一般用于比较严肃单一的政治、经济、外交题材。要求简明扼要，只要陈述清楚新闻事实即可，一般不加修饰，也不作细节上的渲染。在版面上所占的空间一般不大，如果这种标题的文字过长，不但使读者阅读起来吃力，达不到以简洁形式告知事实的目的，而且会使版面局部显得笨重，有不协调之感。

标题新闻以标题的形式对新闻事实作简要报道，快捷而轻便，标题新闻栏的设立，能够在不大的版面空间中密集报道新闻信息，为缓解报纸版面容量与传播信息量这对矛盾找到了一条可行的路径。同时，标题新闻还可以满足受众在现代快节奏的都市生活中对信息的大量需求，所以，它一诞生就备受各家报纸的喜爱。

◎思考题：

1. 标题制作要坚持哪些原则？
2. 标题在稿件中有着怎样的作用？
3. 当今报纸中标题出现了什么样的新特点？你如何看待这些新特点？

第七章 新闻稿件的配置

新闻稿的配置就是按照一定的报道意图将稿件搭配、组织成有机完备的整体。新闻稿如果配置得当，可以使报纸版面有序易读，使新闻报道和新闻评论得到强化和深化；相反，如果配置不当，则会削弱和损害报纸版面的整体宣传效果。

第一节 新闻稿件配置的意义和类型

稿件在经过选择以及对内容的修改之后，可以说，它已经具有了相对完善的内容和形式了，但这仅仅是就单篇稿件而言的，而报道最终是要以版面的形式呈现给读者的，版面中有若干篇稿件，这就可能会使稿件间产生各种各样的相互关系。因此，单篇稿件在修改完毕后还面临着一个组成稿件群的问题，以便最终通过版面以整体的形式呈现给读者。从单稿到稿群，这是一个稿件配置的过程。

为了使稿件最大限度地发挥作用，也为了读者阅读的方便，编辑在编辑稿件时，要"进得去"，还要"出得来"。"进得去"是指对单一稿件的修改，要深入稿件内容中，仔细琢磨其不足之处，并逐一予以修改；"出得来"是指在面对修改完的稿件时，编辑要能跳得出来，宏观地把握不同稿件之间的联系，从而用适当的方式加以安排，以达到最佳的传播效果。

稿件的配置包括稿件的组织与稿件的配补两种类型。

一、配置的意义

（一）克服单一稿件的片面性

一篇稿件经过修改之后，从事实、思想、结构、辞章上看，应该是符合见报条件的，但从某些方面来看，它仍然可能会存在一些不足。就一篇稿件而言，不管它的内容多么真实，形式多么完美，而其所反映的内容毕竟是有限的，它可能只是一个事件的概括反映，或者是某一现象的一个侧面而已。即使它对这一事件本身报道得非常详细，读者仍想知道这一事件发生的原因、背景以及所产生的影响等。例如一篇新闻报道，如果它是以某一事件为主要内容，那对这一事实之外的其他类似的事实就不可能涉及；如果以新闻事实为内容，那对这一类事件的观点就很难适当融入；如果主要报道事件现在的情况，那就很难有充分笔墨去揭示历史；如果仅以文字为报道手段，没有图片、图表等，就很难给读者留下直观的印象。所以，每则报道都是有其侧重点的，相对于整体而言，也都有它们各自的局限性，为了满足读者全方位了解新闻事件的需求，编辑应通过各种途径，获取同一事件不同方面的信息，让读者尽量全面地了解新闻事件，加强对事件的理解，因此，配置稿件就成为一个很重要的途径。

（二）揭示稿件间的联系

在编辑每天收到的大量新闻稿件中，总会有一些稿件彼此间存在着某种联系，这是很正常的事件，因为这些稿件无论它们出自谁手，不管它们报道的是哪一地区或哪一行业的事情，它们总是现实的反映，而现实生活虽然纷繁复杂，但总是会遵循对立统一的规律，即这些社会现象之间总会有着某种关联性，而新闻报道既然是现实生活的反映，那么稿件间存在某种联系也就是很自然的事了。

这种联系大致可以分为三种：一是时间的相关性，即不同单位、不同地区、不同内容的稿件反映的可能同是某一特定时间内所发生的新闻；二是地点的相关性，即不同内容、不同时间所发生的新闻可能都发生在某一相同的地方；三是内容的相关性，不同时期、不同单位、不同地区的稿件可能反映的是相同、相对或互补的内容。这些相关性就是把稿件联合起来刊发的结合点。当然，如果编辑没有把这些稿件配置起来以明显可视的形式告诉读者，读者通过长期积累的阅读经验，也会逐渐发现稿件间的种种联系，但这势必会花费读者较多的时间，另外也会使一部分不太喜欢深究内涵而习惯于浮光掠影浏览内容的读者放弃对这种联系性的探求，使新闻稿件的价值得不到充分的发挥。因此，微观地了解每一篇稿件的特点，宏观地掌握稿件间的相互联系，并将这种联系通过稿件间的组合、补充、排列而呈现在版面上，就成为编辑工作的一项重要内容。

（三）深化报道主题

单一的新闻稿件，满足了读者要了解新闻事件的需求，但其对新闻的反映往往是表面的、局部的，这时如果编辑能将同类性质的稿件组织起来共同反映这一主题或是采用对单一稿件配评论、资料和图片的形式，就会使报道内容和主题显得更加清晰、深刻。

随着读者自身文化修养的提高以及自主意识的增强，他们对新闻报道也往往会有更多的需求，不但要知其然，还要知其所以然；不但要知道“What”，还要知道“Why”、“How”，这也是在现代社会人们对信息的需要日益提高的表现之一，而这无疑为编辑提出了更高的要求。编辑既要为读者提供获知性信息，又要为他们提供解释性信息，帮助进行意义的解读。所以说，刊登一则大家普遍关注的新闻，或是一些突发事件，只是告诉了读者最基本的事实，读者还会对这些事件产生更高的信息需要，它为什么会发生，它有什么样的影响等。这时如果适时配上一篇评论，就能帮助读者梳理、分析新闻事实，从而认清事件的来龙去脉，增强读者对新闻的了解和把握。

（四）保持版面风格

报纸的整体是由不同的版面组成的，而每一版又是由不同的稿件组成的，随着报纸的不断扩版，以及读者对各方面信息需求的增加，现在的报纸都适时将内容分为若干个不同的版面，如要闻版、社会新闻版、娱乐新闻版、经济版、体育版等，每个版面不仅内容固定，而且为了体现与其内容协调一致的特点，也会保持相对稳定的版面形式，而要想将内容与形式统一起来，展现特色，其中非常重要的一点就是要对稿件通过一定形式的配置，体现出本版的风格。

二、配置的类型

大致说来，新闻稿件的配置有两种类型：一种是文配文；一种是文配图。

文配文是指不同文字稿件之间的配置，这里又可以分为两种：一是主题相同、相对或相关的新闻稿件的配置，稿件之间是一种并列、连续关系；二是新闻稿件配评论、资料、按语等，稿件之间是一种补充、解释关系。

文配图是一种新闻稿件与图片之间的搭配关系。这里的图片包括新闻照片、漫画和图表等。

三、配置的特点

第一，稿件配置是针对已有的稿件所做的扩展、丰富和深化。

稿件的配置是在原稿件的基础上进行的，目的是要弥补原稿在信息含量上的不足，即由于新闻时效性的限制，记者不可能在第一时间内将所有与事件相关的信息全都整合在稿件中，只能将新近发生的、最有价值的信息快速地报道出来，满足人们对周围环境新近变动的认知需求。所以，编辑一定要认真阅读原稿件，辨析稿件中已然存在的信息和预见那些能帮助读者理解稿件内容所必需的其他信息，并将其以合理的形式呈现出来，编辑所补充的信息是对原稿件所做的扩展、丰富和深化。

第二，稿件配置的着眼点主要在于将若干稿件组成稿群，它通过占据一定的版面空间表现出来。配置的信息不体现在原稿件中，它不是对原稿件进行修改，而是在原稿件外以新的形式和单独内容呈现出来的稿件，这些稿件被配置在原稿件旁边，是原稿件的信息补充，它通过一定的版面空间表现出来。

第三，稿件配置是单稿编辑的后续工作。稿件的配置是在对原稿件的修改完成以后进行的，即对原稿件的修改在前，对它的配置在后。也就是说，编辑首先要做的是对原稿件的修改，检查原稿件的篇章结构是否合理，主题是否突出，信息表达方式是否恰当，用词造句是否准确等。在对原稿的修改完成之后，针对其信息含量上的不足，编辑第二步要做的才是配置，所以，稿件的配置是单稿编辑的后续工作。

第二节　稿件的组织

稿件的组织，就是依据稿件间的相互联系，使用不同的方法将若干篇稿件组成一个统一的、有机联系的稿件群，以达到最佳的传播效果。稿件的组织主要有以下几种方法：

一、稿件组织的类型

（一）同题集中

1. 同题集中的概念及特点

（1）概念。同题集中或称同题归类，就是把内容相关的新闻稿件置于一个标题下集中发表。同题集中是以稿件间的相互联系为条件的。

（2）特点。采用这种形式编发的几篇稿件，原来各自的标题均已撤除，稿件与稿件之间除了电头外，无明显的标志相隔。它们连接编排，形同一篇稿件。这种编排使稿件间的联系更加紧密，在内容上彼此可相互印证和补充。同题集中往往可以因其内容的全面以及在版面所占空间的相对较大而具有整体优势（见图 7-1、图 7-2）

上面两个报道的共同特点就是在一标题下各包括两篇稿件，这可以从标着不同日期的

淮南　“能源大市”抓节能

泰安　技改创新促环保

节能减排　保护环境

图 7-1

800硕士抢8辅导员岗位

汽修等专业技工型人才却大受青睐

本报讯　招聘 8 名辅导员，结果引来 800 多名校硕士生应聘。这是记者昨天从南京林业大学获得的信息。

记者从南京林业大学人事处了解到，该校今年面向社会公开招聘 8 名辅导员和 5 名党政机关工作人员，短短两周时间引来近千名硕士以上学历者报名，其中 800 人竞争 8 个辅导员岗位，200 多人竞争党政机关工作人员。南林大人事处人事科朱老师介绍说，今年该校辅导员岗位格外被应届硕士生看好，虽然只在校园网上公布了招聘信息，还是让不少人“闻风”前来报名，来自武汉大学、南京大学、东南大学、厦门大学等全国各地知名高校的硕士及博士生 800 多人竞争 8 个岗位，学校将先通过简历确定初试人选，最终通过面试来挑幸运儿。

其实，目前高校辅导员待遇比前些年甚至有所降低，大多数高校对新进辅导员即使是硕士生也采取的是“人事代理”，工资 2000 元左右，甚至有些高校低于 2000 元，工作量也比较大，面临较大压力，但从多年前毕业生不愿意从事辅导员工作，到现在硕士生、博士生争破头皮，抢着进高校，这种反差对比强烈。南林大人事处有关负责人介绍说，高校的工作相对比较稳定，工作环境好，再加上就业形势严峻，名校研究生偏爱辅导员岗位就不足为奇了。其实除了辅导员岗位之外，一些实验员、后勤管理人员招聘也格外受到毕业生宠爱。

江苏省社科院城市发展研究生研究人员王振卯分析说，诸多高学历毕业生热挤高校岗位反映了毕业生求“稳”心态突出，担心步入企业单位承受压力，其中还有不少人由于对社会不适应，希望继续留在学校，工作环境变化不大，心理容易适应。“硕士、博士留恋事业单位也反映了目前不少高学历人才创业动机、自主发展意识不足”，王振卯分析说。

（陈珊珊　张琳）

又讯　昨天，上海本田汽车销售服务有限公司、上海长江大众特约维修站、上海安吉名门雪佛兰特约维修站、北京现代汽车东方特约销售服务站、无锡万方汽车销售服务有限公司等 20 家知名汽车 4S 企业的高层人士云集无锡南洋职业技术学院，他们此行名义上是来观看该校举办的汽车技能大赛，实质却是为了提前预订大二、大三汽车工程系学生。据介绍，目前和汽车售后服务有关的人才普遍紧缺，有的汽车维修工岗位开出万元月薪都招不到人，情急之下，企业纷纷到专业对口的学校争定在校学生。

广本、一汽、东方尼桑等在上海的 4S 店负责人告诉记者，他们之所以急着来学校预订尚在大二、大三的学生，实在是因为企业太缺汽车维修专业人才了——近期无锡、苏州、宁波、杭州等地都曾举办过专场汽车人才招聘会，然而维修技工、售后服务等岗位常常“有价无市”，无人应聘，现在看起来，比较可行的解决办法就是和专业的职业技术学院联手培养汽车技能人才，联手打造真正适应市场需求的专业人才。无锡德尔汽车销售服务有限公司的一位负责人则对记者表示，因为缺人，专业的汽车维修员工的薪水，今后还会更快速地上扬。

一面是许多应届大学毕业生求职无门，一面是技工型人才被求贤若渴，这当中的鲜明对比正越来越受到社会的关注。像南京市最近公布的 2007 年 218 个主要工种（岗位）的工资指导价中，高级技师的年薪高的已达 85056 元，超过博士的平均水平。此外，车工、锅炉操作工、车辆运输装配工、机修钳工、汽车修理工、焊工等技术工种的月薪高的也往往在 3000 元以上，超过本科毕业生的最低水平。昨日，业内权威感叹，有技术的学生更受市场欢迎、有技术的工人更容易拿到高薪，这些其实都是人才市场对教育发出的调整信号。　（袁建阳）

图 7-2

电头看出来。

同题集中的一个重要特点是，它是若干篇稿件的集合，有些报道的排版非常类似同题集中的方式，但它却只是一篇稿件，要特别区分清楚（见图 7-3）。

在图 7-3 中，《七省区精心安置灾区人民生活》，乍一看上去，只有一个大标题，文章是由七个部分整齐地组合而成，非常像是同题集中的排列方式，但细心看，每一部分没有电头，七个部分的并列组合只是作者、编辑布局谋篇的方式，所以它只是一篇稿件，而不是同题集中。

2. 同题集中的类型

（1）联合。联合是指把有某种共同性的稿件集中在一个标题下统一发表。这种编发形式可以更好地突出其中相同的一面。如相同的内容或主题、相同的报道对象、相同的特色、相同的时空等。将这些稿件冠以一个共同的标题，旨在强调不同稿件中相同的方面。比如某一全国性报纸在报道春运期间，全国铁路线上各大站点纷纷投入人力、物力，保证人们春运安全的情况时，就把几个直辖市和省会城市在春运期间的情况分别予以报道，写

人民日报
RENMIN RIBAO
江泽民会见日中经济协会代表团
国务院下发文件批转公安部有关意见
解决当前户口管理几个突出问题
七省区精心安置灾区人民生活
李鹏会见奥地利联邦议会议长
广西积极扩大出口
安徽加快小城镇建设
湖南军民严防死守保大堤
佳木斯30万军民迎战洪峰
综合国力的检验

图 7-3

成单稿，在统一的大标题《切实加强管理　保证春运畅通》下集中发表，这样读者在这种相互联系中看到的就不仅仅是这几个站点的情况，而会联想到全国各地的春运情况。

（2）连续。把报道同一事件连续发展的几篇报道集中起来在一个统一的标题下发表，从而使读者仅通过一次阅读就能对这一事件的整个经过及前因后果有一个较为全面的了解，这种方式就叫连续。

2003 年 12 月 23 日，重庆市开县高桥镇的川东北气矿一矿井发生天然气“井喷”。由于事件发生突然，原因一时无法查明，加之当时情况瞬息万变，不宜作长篇报道，于是很多报纸都采用了发短消息的方式，以最快的速度告知读者事件的进展情况。如某一全国性大报就在一个大标题《国务院工作组抵达重庆》之下，将 25 日、26 日两日之间由国家安全生产监督局组成的调查组、卫生部副部长黄洁夫、国务委员兼国务院秘书长华建敏等分别抵达重庆的事件集中起来进行报道。

（3）对比。即把报道内容成鲜明对比和有矛盾性的稿件置于同一个标题下发表。由于这些成对比关系的稿件彼此之间的反差极大，多是一正一反、一褒一贬、一美一丑，读者比较容易从这种编排中读出其中所隐含的意义。这种对比性的内容或结果往往能给读者以启发和深思，稿件的深刻意义也就被体现出来，这种方法远比单独编发稿件更能说明问题，也更能取得良好的效果。

（4）参照。把几篇内容大致相同，而消息来源不同的稿件置于一个标题下，相互参照，相互映衬，从而使读者了解到来自不同地区、不同立场的人或组织对同一新闻内容的不同看法，读者可根据这些稿件的内容或观点的异同来作出自己的判断。如在 2004 年 3

月26日的《参考消息》第2版中在一个总标题《布莱尔向卡扎菲伸出“合作之手”（主）两人在的黎波里一顶帐篷下举行会谈（副）》下，汇集了来自路透社、法新社、美联社的三篇稿子，这三篇稿子分别代表了英国、法国、美国对这一事件的看法，从而使读者能够全面了解此事件的全面情况及不同立场的声音。

（5）相关。指稿件的主题或内容虽不相同，但却有着某种内在的联系。如：①因果关系。即在几篇稿件中，前一篇稿件的内容是后一篇稿件中事件发生的原因，后一篇稿件的内容是前一篇稿件中事件发生的后果。②呼应关系。不同稿件中所报道的事件前后发生，形成呼应。③述评关系。把报道事实的稿件与对此事的评论性文章同题集中发表，使读者通过新闻报道了解事件经过，同时又能通过评论与分析，梳理了新闻内容，认识事件的本质和内涵，报道和评论两相对照，相得益彰。

3. 同题集中的作用

（1）增强稿件的表现力。同题集中后的各个稿件是从不同角度，集中反映一个主题的。这个主题是通过统一的标题而揭示出来的，并通过标题反映稿件之间的内在联系，使读者对不同稿件之间的关系一目了然。

（2）减少单发稿件时造成的标题重复、版面混乱的现象。同题集中的各个稿件因为反映的是一个大致的主题，如果单独发稿，其内容的相似性必然会在各自的标题中显示出来，这种带有重复性的标题不但使版面显得混乱，而且也会使读者在阅读时产生困惑，不知道它们之间是一种什么关系。如果采用同题集中的方式编发稿件，既节约了版面，方便了读者，又能使报道显得精练、生动。

（3）如果把若干篇主题相关的稿件归并在一起，可以成为一组有分量的报道，在没有合适的头条的情况下，可以作为头条来用，起到支撑整个版面的作用。

同题集中的稿件一般的编排顺序是：重要的在前，次要的在后；最新发生的在前，早发生的在后；表扬的在前，批评的在后。

4. 同题集中的不足

同题集中作为一种编排稿件的方式，也有它的短处：

（1）稿件经过同题集中后，标题虽然要照顾各条新闻的内容，但毕竟只能突出最重要的，一些相对来说也比较重要的稿件就往往被别的更重要的稿件所埋没，得不到突出。所以，当有几条都十分重要的稿件时，不宜采用同题集中的方法，而宜单发。

（2）同题集中的稿件虽然具有整体强势，但其所占的版面空间必然较大，整体看来会使版面的某个局部显得臃肿，同时因为标题少了，版面就会因缺少变化而显得呆板。

（二）集纳专栏

1. 概念

（1）专栏。在讲述集纳专栏前，先要弄清楚什么是专栏。专栏，是由若干篇有共同性的稿件所构成的自成格局的局部版面，是编辑稿件的重要形式之一。

组成专栏的稿件，至少应该具有某一方面的共同性，这种共同性可以是同一主题、同一内容或同一体裁等。

（2）类别。我们可以依据不同的标准对专栏进行分类。

按内容分，主要有刊登各类新闻稿件的新闻性栏目；刊登代表不同立场言论的评论性栏目；以提供知识为目的的知识性栏目；服务百姓生活的服务性栏目及一些综合性栏目。

从刊出的时间看，有连续性专栏和一次性专栏。连续性专栏有定期的和不定期的，作者有固定的和不固定的。

按汇集的稿件数量看，有单一专栏和集纳专栏。单一专栏一般说来每期只有一篇稿件，具有连续性和稳定性，它可以是定期的，也可以是不定期的。连续性的单一型专栏中稿件的共同性是从其连续性中体现出来的，大多数的言论专栏属于此类，如《人民日报》的《今日谈》。集纳专栏则是由多篇稿件集合而成，分为连续性和非连续性两种。非连续性的集纳专栏，其共同性是在稿件的集纳中表现出来的，它兼有单一性专栏的特点。其专栏的设置非常灵活，可视稿件的具体情况随时设置。这类专栏一般都是报道型专栏，是日常组织稿件的一种重要形式。连续性的集纳专栏，其共同性则是通过集纳和连续两个方面表现的，而它的设置一般要从长计议，它在报纸版面上的位置相对固定，是报纸风格和特色的一个重要体现。

2. 集纳专栏

(1) 定义。集纳专栏一般是指将若干篇稿件集中起来形成的自成格局的局部版面。一般有一个总的题目，并用围框、勾线与版面上的其他部分分隔开来（见图 7-4）。

光明日报
GUANGMING DAILY
华盛顿第二届中国文化节开幕
江泽民主席和克林顿总统信贺
假日文化红红火火
北京 万众瞩目升国旗
西安 汉唐歌舞庆"十一"
南昌 文化活动丰富多彩
昆明 春城无处不飞花
上海 灯光美景国庆夜
大连 广场文化方兴未艾
2000年炎黄杯世界龙舟龙狮赛开幕
李瑞环出席开幕式
中国体育代表团致谢全国人民
第二十七届奥运会圣火熄灭
中国外交部发表声明
强烈抗议梵蒂冈"封圣"
少数"法轮功"顽固分子在天安门广场滋事被制止

图 7-4

图 7-4 所示的版面中的头条是由六篇稿件集纳而成的专栏。

(2) 优势：

①变分散为集中，突出局部。专栏是自成格局的局部版面，适当组构专栏可使版面富

于变化，不但有利于增强版面的美感，而且也因其自成格局而在版面上具有强势，因其特殊性而吸引读者的目光。

②突出主题意义，引人思考。集纳专栏是因其共同性而组合在一起的，它可以从各个方面、各个角度去表现主题，可以按报道要求提炼和突出稿件的某一共同因素，使事物或问题的表现更为深入，并引起读者的思考。专栏的每一篇稿件可以比较短小，只侧重说明事物或问题的某一方面，但它们作为整体却能展示事物或问题的一定广度和深度，从而达到突出、深化主题的作用。而这种深刻化了的主题往往更容易引起读者的共鸣。

③表现形式灵活，风格各异。被集中在一起的稿件，服务于同一主题的需要，可以使用不同的题材，采用不同的风格来突现主题，而标题的交相辉映也增添了专栏的灵活性。

(3) 不足。集纳专栏能集分散于统一，优化版面强势、深化报道主题，但其不足之处也是显而易见的，它可能使重要的单篇稿件得不到突出。另外，为配齐所需要的稿件，有时不得不等待，这有可能影响到新闻的时效性。

3. 集纳专栏的编辑方法

(1) 提炼主题。主题是把所有稿件集纳起来的灵魂所在，是专栏的中心思想，所以编辑集纳专栏就必须要在提炼主题上下工夫。提炼主题的关键在于找出所有稿件的共同点，即找出分散的稿件之间的某种联系，再以适当的形式表现出来。

提炼主题要注意两方面的问题：一是要在熟悉稿件的基础上，挖掘出新颖的内容来，并将其凝练为专栏的主题，这要求编辑在面对大量需要组成集纳专栏的稿件时不但要“入乎其内”，还要“出乎其外”；不但要熟悉每篇稿件的内容、主题，还要能站在一个更高的层次上，统领所有稿件，从基本的内容中提炼出有新意的统一主题出来，而决不能仅仅局限于微观层次的稿件内容上，这是对主题内容的提炼；二是要在形式上使统一的主题简单明了、形象生动。这是指编辑想好了标题的内容后，还要用适当的形式将其表现出来，这是对主题内容的提炼。统一的标题要有生活气息，能够紧扣读者关心的话题，使人读后感到亲切。

(2) 讲求整合。集纳专栏是若干篇稿件的集合，一篇稿件从它自身来说，它是独立的，但从整个专栏来看，它又是有所属的，是全局中的一个局部。这就要求编辑在审阅稿件时，不能局限于每一个单稿，而是要把它放在整体中去认识，要注意各稿件间的相互呼应、配合，而不能片面地去追求每一篇稿件的完整性。单篇稿件只是反映统一主题的一个侧面，只要所有稿件能共同突出主题，集纳专栏的目的也就达到了。各篇稿件要有其各自的特点，这种特点可以是内容上的，也可以是形式上的，标题的文字注意不能重复。

另外，在稿件的位置安排上，可以参照这样一些基本原则：主稿在前，配稿在后；概括报道全貌的在前，报道详细过程或细节的在后；最新的在前，背景性的在后；已有定论的在前，尚在渐变过程中的在后；报道“是什么”的动态新闻在前，说明“为什么”的静态新闻在后。

在拟好统一的主题、配置好各种稿件后，还要充分调动各种版面编排手段将这些稿件合理地安排在版面上，因为图片、线条、花边、围框、色彩等的使用可以使版面美观大方、精致玲珑。

(三) 集纳

1. 集纳的概念

集纳是稿件组合的另一种形式，它是将若干内容有相关联系的稿件组合在一起发表，各单篇稿件间相互映衬，相互补充，目的是从整体上取得较好的传播效果。它使读者在联系、对比中掌握全貌，也方便读者阅读。

集纳与同题集中不同，采用集纳的稿件通常仍有各自的标题，有时设总标题，有时也可不设，集纳都为非连续性的。集纳与集纳专栏也不同，集纳没有栏题，总标题可以有也可以没有，在版面上也不一定自成格局，形式灵活，通常不以勾线、围框等形式与其他稿件分隔开来，只是将各篇稿件接近编排在一起。集纳可以占据局部版面，也可以占据整个版面。就组织统一的稿群来说，集纳比同题集中、专栏、更为自由，稿群之间的联系一般不通过明显的编排手段表现出来。

集纳是集合、组合的意思。从这个意义上说，同题集中、集纳专栏都是集纳的不同形式，只是因为它们各自都有自己鲜明的特点，所以才会作上述区分。

2. 集纳的形式

目前，报纸版面上的集纳形式，大概分为两种：

(1) 将对同一新闻事件或同一性质事件从不同角度进行报道的稿件集纳起来。这种编排的特点是容易形成版面强势，突出主题，方便读者全面了解事件全貌。这种集纳体现在版面上的编排形式又有两种：

①稿件各自为政，每篇稿件的标题只统领自己的局部内容，稿件的主次关系不太明显（见图 7-5）。

国内新闻 3

国务院常务会议要求
第四季度着力抓好八项重点工作

证券投资者保护基金有限责任公司今日开业

投资者保护基金是证券投资者保护的最终措施之一

时刻准备应对流感大流行

"达维"造成683万人受灾

正常投资风险损失不受投资者保护基金保护

流感如出现流行将按四级预警

审计署公布32个部门单位2004年度预算执行情况

关于集中整治违法占地违法建设行为的通告

威海市交通局"站在新起点，实现新发展"实施意见

图 7-5

图 7-5 右上角的三篇报道都是关于证券投资的，编辑让它们依次编排在一起，但却未采用明显的组合标志，只是顺序排列而已。这是一种最简单的集纳方式。

②将被编排在一起的若干篇稿件中的一篇稿件的标题放大，从形式上统领所有稿件。一般被放大的标题是经过编辑深思熟虑后选择出来的，是编辑认为最重要的新闻点，这种标题在内容上并不统领稿群，只是在形式上统领而已（见图 7-6）。

国际新闻
美国《国际先驱论坛》就撞机事件发表评论
批评华盛顿的态度和做法
世界舆论谴责美国霸权主义行径
霸权心理作祟
探寻火星生命
南联盟两万人贝尔格莱德集会，高呼
“释放米洛舍维奇！”
南联盟内务部长承认
美国通牒对逮捕米氏起了作用
美表示将继续向南联盟提供援助
印度继续做航天大国梦
急不可待地宣布再次试射火箭

图 7-6

（2）将几篇形式相近的短消息放在一起集纳。这些短消息形式短小，如果在版面的不同位置分别刊发未免显得零碎。当然，将它们编排在一起一定有一个前提，即形式上的接近，包括大致相同的篇幅及标题的字体字号等。此时，这若干篇短消息在内容上并没有什么相同的地方，编排形式上的围框也可有可无，大致看来只是版面上的就近排列而已，只是因其形式上的相似而使读者不由自主地把它们当做一组稿件来迅速阅读，增加了在单位时间内的信息摄入量，如图 7-7 和图 7-8 所示。

图 7-7 中的左下部分和图 7-8 中的右边部分都是由若干短消息集纳编排而成，这种方式非常适合编排一些短消息，每个短消息都是不太的“豆腐块”。这种编排方式已越来越普遍，且比较灵活。适宜编排那些不太重要、篇幅相对短小但又是读者关心的事件，既节省版面，又方便阅读。这些稿件的标题形式大致一样，稿件字数也相差无几，可以说，它们形式上的相似多于内容上的相似。

大运会刊

参赛者一再超编 东道主让出房间

中国团今天搬出大运村

村里昨天有弥撒

和"耐克"同场竞技

大运火炬今日抵京

李宁包装俄罗斯团

全体执委秘密投票

遥控飞艇航拍大运

图 7-7

北京晚报 世界新闻 9

世行行长"选秀"
布莱尔成"黑马"

任内最后访伊 遭击炮"欢迎"

4 米巨浪入侵
普吉岛封滩

美亿万富婆遭遇"毒针勒索"

图 7-8

第三节　稿件的配补

稿件的配补是指编辑按一定的要求，来决定给预发表的稿件配发何种相关内容。如可以增发言论、背景资料，也可以补发图片等。做这样的配补主要是为了揭示新闻事件的意义、实质；阐明报社的立场和观点，或者用以解释、补充新闻报道，使读者对整个新闻事件有一个全面而连续的了解。

稿件的配补主要有以下几种形式：

一、配评论

新闻评论是报纸广播等新闻传播工具就当前重大问题、新闻事件发议论、作解释、提批评、谈意见的一种论说文体，是所有新闻传播工具的各种评论形式的总称。新闻评论是报纸最直接也是最重要的发言手段，直接体现报纸的立场和态度。这里所说的评论，是配合新闻发表的评论，与单独发表的评论有所不同，它的特点是“就实论虚，借题发挥”。它的议论要依托新闻稿，在内容上是新闻稿的延续，又是新闻主题的深化。新闻报道重在提供事实，而新闻评论重在梳理事实，提供意见，帮助读者了解事件真相，所以二者是相辅相成，密不可分的。

图 7-9 所示版面中的评论《让葛优来告诉郭德纲》是为了配合本版头条的新闻报道。

扬子晚报

A2叠

WEN TI XIN WEN

文体新闻

郭德纲博客一日发三帖为代言广告辩护

央视否认找“茬”报复

李湘授课学生苦等

曾朋来宁谨慎代言

姚明发威火箭擒“龙”

江苏大战陕西实施

绝对不是报复

合作不受影响

让葛优来告诉郭德纲

图 7-9

那么在什么样的情况下应该配评论呢？衡量一条新闻是否应该配评论，应该是出于以下考虑：

第一，事件本身的重要性。即要看事件本身是否具有重要性，是否为广大读者所关心。如果是大众普遍关心的问题，则有必要配评论，以作进一步阐述。

第二，新闻报道的完善性。如果新闻报道自身非常完善，已经很好地报道了事件的全貌，读者通过阅读报道，就能对事件有全面的了解，此时就没有必要配评论了。如果由于时间紧迫，稿件只是报道了事件的一个方面，或只是一些表象，则有必要对事件做进一步的评析。

在配评论时要注意以下问题：

第一，新闻评论应该能对新闻事件给予理论上的阐发和说明，帮助读者理解事件的意义，从而深化新闻报道的主题。也就是说，评论要能提升新闻报道。如某报在一篇介绍中国医药集团总公司与药材集团公司战略重组的报道下，配发了两篇点评，一是《并购重组应是一剂“补药”》；一是《实质是股东的改变》。这两篇评论帮助读者看清在纷繁复杂的重组现象下问题的关键所在，以及应该引起人们注意的地方。

第二，评论还应该能从更广阔的领域和全局的高度阐明新闻事件的现实意义。这就要求评论要站得高、看得远，要能在通观全局的情况下，敏锐地指出新闻事件的现实意义。在一篇名为《一场SARS给广东人留下痛苦也留下一笔珍贵的精神财富 铸出“抗非精神”牢筑防疫大堤》的报道下，配发了一篇评论《弥补珍贵的精神财富》，评论站在非典期间全国人民团结一致抗击非典的高度，指出非典固然给我们留下痛苦的回忆，但我们应该看得远一点，珍视在团结抗战后所留下的精神财富。

为新闻报道所配的评论有以下几种：

社论。社论是报纸多种评论样式中最重要的评论，是报纸的旗帜和灵魂，一般只有对那些反映带有方向性、指导性的重大新闻才会配社论。

本报评论员评论。这是一种为新闻报道而配的署名为本报评论员的评论，它表面是评论员个人的立场，实际上是代表报纸的观点，与社论比起来，不及社论那样郑重其事，议题也灵活一些，常用于配以一些有重要意义的新闻。

短评。即短小精悍的评论，一般是就一篇新闻论述一个范围较小的问题或一个重大问题的一个基本观点。它适宜于“攻其一点，不及其余”，分析更扼要，篇幅也更简短（见图7-10）。

现在出现的一个趋势是，当编辑认为新闻稿件比较重要的话，可能会配置两篇甚至多篇评论，如图7-11所示。在这个版面中，编辑对《幼儿教育成本咋就那么高》这篇稿件配置了两篇评论，一是《创造条件让民办幼儿园参与竞争》，一是《鼓励竞争降低家长负担的成本》。对幼儿教育成本高这一现象从不同角度表达了看法。

再如图7-12所示，在这组报道中，围绕一则新闻有三篇评论，编辑以“碰撞”统领，反映出人们对这一事件的不同看法，让读者从不同角度的评论中受到启发。

编者按和编后。编者按又称按语，一般放在新闻或文章的前面，也可以放在文中或文后。可三言两语，抓住新闻中的一段、一句、一人、一事、一细节进行议论；也可高度概括，对整个新闻事件发表感想，它的作用是对所发表的报道或文章进行提示、评论、阐述和补充（见图7-13）。

城市景观灯——

看上去很美 用起来很费

节能减排 保护环境

“不夜城”，有必要吗？

图 7-10

教育天地 A7

幼儿教育成本

○调查 南宁市部分幼儿园收费每年每人约5000元，还不包括伙食费等等

幼儿教育成本 咋就那么高

○观点 鼓励竞争 降低家长负担的成本

○呼吁 创造条件 让民办幼儿园参与竞争

重庆4名中职学校 校长被免职

山东一中学“动态管理”惹争议

合肥公交开通学生专线车

图 7-11

135名流浪乞讨人员中，只有5人出于生存需要行乞。专家建议发放“行乞证”，引来争议——

乞讨也要“持证上岗”？

支持者：有助规范城市管理

反对者：不应默认职业乞讨

有利于规范乞讨行为

不是最佳救助途径

图 7-12

编者按具有依附性，它不是独立的政论文体，它是依附于报道或文章而进行评论的，它是代表编辑部表态的，多用在较为慎重的场合和必要之处，不可滥用。

编后是介于短评与编者按之间的一种配置评论，可有题目，也可不设题目。它简要说明编辑部对报道或文章的基本态度，多用于抒怀、借题发挥，有点像《史记》中的“太史公曰”。它一般是配合新闻报道或文章发表，放在文后，其实它也是编者按语的一种形式，只是放在文后，其作用是深化新闻报道的主题，强调重点，给人以深思的余地。如图7-14所示，在版面的下面部分，是一篇《中国标准，抢占产业制高点》的报道，而在此报道的右下角，有一小块空间，配以编后，表达编辑对这一报道或现象的看法。

个人署名评论。个人署名评论是指配发于新闻之后的个人所写的评论，在形式上就只代表一家之言，因此比较自由随意，风格也各异。对于那些为广大读者比较关心的切合他们实际利益的新闻事件，如果采用编辑部发言的评论形式可能会显得过于严肃，这时可采用个人署名评论的形式，署名可在正文前，也可署名在正文后。因其是个人署名，不代表编辑部的态度，所以它总是从广大群众的立场出发，代表广大读者来发表对事件的看法，有很强的针对性和实用性。如图7-15所示，在版面的右上角的评论《龙象共舞　双赢可期》就是为右上角《2006中印友好年——友好合作是主线》配置的个人署名评论。

二、配资料

（一）配资料的作用

读者阅读报纸主要是阅读新闻报道，但是仅仅新闻报道本身有时很难使读者的新闻欲得到满足。因为新闻报道受其时效性及自身特点的局限，不可能在稿件中将所有的问题都

编者按

每日新报

17

新经济

New Business

他们这样照亮中国经济

张茵：

把废纸“变”成钞票

图 7-13

解释清楚。再者，有些专业性较强的稿件，如果没有一定的专业背景恐怕很难看懂，这时就需要配一些相关资料，对一些专业术语或特有名词等进行必要的解释。要解答读者的疑惑，满足读者在阅读稿件的基础上扩展了的新闻欲，一个重要的办法就是为新闻配发相关的资料。资料是新闻报道的扩展和延伸，是完善新闻报道的重要手段，配资料的意义就在于使新闻更易理解，使读者的新闻欲能获得进一步的满足。

（二）资料的种类

1. 新闻背景

新闻背景即介绍新闻事件的历史渊源和发展的材料，它的作用是使读者能对事件的来龙去脉有所了解。很多新闻报道的是“新近发生的事实”，而对过去发生的事却来不及作详细的介绍，如果读者不能对已发生的事实有所了解，就很难真正看懂现在的新闻，在阅读时也就难免产生疑问。这时就需要对先前发生的事件作一必要的回顾，以帮助读者厘清事件的前因后果，保持理解上的连贯性。

《北京青年报》报道的《〈十面埋伏〉剧组回应媒体“道歉”和“赔偿要求”（引题）双方只存在“沟通”问题（主题）》。如果仅看标题和内容，读者难以明白到底是怎么一

经济新闻
征收垃圾费 为何这么难
合同能源管理努力突破瓶颈
杭萧钢构案三名犯罪嫌疑人被批捕
广州 截获侵权"福娃"模具
合同能源管理效益可观
河北"高限重罚"惩治环境违法
山西出台农民工权益保护法规
节能减排 保护环境
中国标准，抢占产业制高点
中国标准闯世界

图 7-14

回事，因此，在报道的下方，配置了“事件回放”，通过阅读“事件回放”，读者才明白，原来事件的缘由是张艺谋率《十面埋伏》剧组到达重庆永川茶山竹海，戏还没开拍，工作人员就与前来探班的全国记者多次发生冲突，并动手殴打记者。《十面埋伏》剧组后来不但没有对打人事件作出解释，甚至连一点解决的诚意都没有。在了解了这些背景之后再来阅读新闻事件就能将前因后果连贯起来，对事件也就有了一个全面的、整体的了解。再如图 7-16 所示。在这篇报道中，以“稿中稿”的形式把以前的报道再次呈现出来，让读者了解事件发生的背景。

2. 新闻人物

配置有关新闻人物的资料，就是对新闻中出现的重要人物的生平，或过去的一些活动作一简要的介绍。广大读者对新闻人物感兴趣的不仅是他的现在，也很想知道他的过去，对于新闻人物的生平作一些必要的介绍，有助于读者更好地理解新闻事件。如图 7-17 所示，在版面的右下角，编辑对新闻人物作了详细的介绍，这一部分成为新闻报道的有力补充。

3. 新闻地理

新闻地理是对与新闻有关的地方的自然地理、经济地理状况作简要的介绍。介绍新闻地理的意义在于：第一，“何地”是新闻的重要要素之一，它本身就是一个新闻点。新闻发生地不同，其新闻价值也往往不同；第二，新闻发生地有时是读者所不熟悉的，而读者的选择性注意使他们往往会忽视他们所不知道或不熟悉的地方，因此，有意识地配发地理资料，能够增强读者对新闻发生地的了解，从而增强阅读的兴趣。

4. 科学知识

2006中印友好年——

友好合作是主线

——访中国驻印度大使孙玉玺

龙象共舞　双赢可期

经贸关系　快速发展

安全合作　稳步推进

文化交流　意义深远

国际周刊

图 7-15

羊城晚报

按摩洗脚屋多过米铺，为何？

公共浴室按摩业发展失控导致弊端百出，广州开始予以全面清理整顿

图 7-16

新闻在广泛反映社会生活时，难免会涉及某些专业性较强的学科领域，普通的读者难以看懂，为了方便读者阅读，就需要配发某些知识性的材料对其进行解释和说明。如图7-18 所示，在版面的头条《3G 标准，三分天下有中国》中，就对“什么是 3G”作了科学的解释。

5. 词语解释

美亿万富婆被注"毒"

劫匪勒索800万美元遭拒绝

美国康涅狄格州日前发生一起罕见的抢劫案，一伙匪徒闯入亿万女富婆安妮·巴斯家中，给她和男友注射了一种据称有毒的蓝色液体，并勒索800万美元作为获取解药的条件。劫匪宣称，安妮拿不到解药就将在2个月之内"毒发身亡"！

65岁的安妮·巴斯。

劫匪注射蓝色液体

据英国《卫报》5月19日报道，遭到抢劫的是家住利奇菲尔德县的安妮·巴斯女士。报道称，她和男友、69岁的纽约名画家朱利安·莱思布里奇于4月15日深夜遭遇了这场劫难。

三个头戴面具的持枪劫匪闯入他们的家中，将安妮和朱利安捆绑起来，还罩上了黑头套。劫匪在屋里进行了一番大扫荡，大概是对收获还不满意，他们决定在安妮身上榨取更多的油水。

据报道称，劫匪当时拿下两人的头套，向他们身体里注射了一种蓝色的液体，并逼他们喝下了一种味道苦涩的不明饮料。

拒用800万换取"解药"

就在安妮莫名其妙之际，劫匪告诉安妮，她和男友已被注射了一种致命的"毒针"，将在2个月之内毒发身亡。劫匪称，这种毒针非常罕见，只有一种特制的"解毒剂"才能驱散其毒力。如果安妮想得到"解药"保命的话，必须立即支付800万美元，否则必死无疑。

这犹如007电影中的一般的勒索手段，将安妮惊得目瞪口呆。但是，她冒着生命危险，并没有向劫匪屈服，断然拒绝支付800万美元换取"解药"。4月16日早上，在双方僵持12小时后，劫匪们最终放弃了勒索企图，带着战利品，开着安妮的吉普车扬长而去。

探员昏倒引起恐慌

4月16日，警方接到了报案。由于案情性质特殊，国民警卫队的消毒专家和联邦调查局（FBI）的探员也到现场进行了调查，以确定安妮和朱利安是否被生化物质感染。警方最担心的是，万一安妮被注射的是某种致命病毒或者放射性药剂，很可能在整个地区迅速扩散，最终造成大规模伤亡。当天，一名FBI的犯罪科警探进入屋子后不久却忽然晕倒，这顿时让所有人都紧张起来。警方立即对整个别墅进行了全面隔离，受害人安妮和朱利安以及曾经进入现场执行任务的五名警官、专家也都被送往附近一家医院，并被隔离起来。

可能只是一场虚惊

1个月来，这起离奇的"毒针勒索案"在美国引起了轰动，而人们最担心的是，安妮是否真的会如劫匪所称在中毒2个月之内"毒发身亡"？但现在看来，这或许只是一场虚惊而已。

医院对安妮和朱利安进行检查发现，他们的健康没有问题。而其中那名一度晕倒的警探也被证明是由于饥饿和脱水所致。

尽管如此，由于担心感染，所有参与案件的警官全部被隔离3天，不得返回总部。

警方已发现注射器

康涅狄格州警方目前仍在调查这起性质严重的劫案，虽然还没有找到犯罪嫌疑人，但已经有了一些线索。

在案发几天后，劫匪用于逃跑的吉普车在纽约被发现。随后，有人在纽约皇后区的港口附近发现了一个被冲上岸的小提琴琴箱，里面有一把手枪、刀子和三个带有针头的注射器，其中一个注射器中还装有蓝色的液体。箱子里还有一张薄纸，上面写着安妮的几个手机号码。警方称，这些很可能是侦破本案"关键证据"。

人物

65岁的安妮·巴斯是美国得州石油大亨、亿万富豪锡德·巴斯的前妻。据说两人在1988年离婚时，安妮获得了2亿美元的赡养费，从此成为美国屈指可数的亿万富婆之一。离婚后，安妮一直住在纽约第五大道的富人区，并在康涅狄格州利奇菲尔德县买了一幢豪华别墅，并逐渐收购了周围400公顷的地产。据悉，这处豪宅四周被高墙环绕，并安装了电动大门、摄像头和红外线等高科技保安系统，此外还配备了多名保安。安妮别墅所在的利奇菲尔德县距离纽约非常近，约有160公里，不少富豪和名人都在这里购置了房产，比如美国前国务卿亨利·基辛格就是安妮的邻居之一。　康娟 科朝

图7-17

新闻报道中还常常免不了会涉及一些历史典故、专业术语等，对于一些缺乏相关学科背景的读者来说，理解起来会有一些困难，编辑应注意加以解释和说明，从读者的角度和他们的实际情况出发，尽量减少读者阅读的困难，因为内容越不易理解，其可读性就越差，报纸离读者也就会越远。如图7-19所示，在这则报道中，编辑特意对"人民政协"进行了解释，消除了一部分读者的模糊认识。

三、配图片

（一）配置图片的意义

文字稿之所以要配图片，是因为图片有文字稿所不及的长处；其次，同样篇幅的图片与文字稿相比，图片所包含的信息可能会比文字稿更丰富、更形象；此外，对文字的理解需要一定的文化水平，而图片具有形象性，无论文化水平高低，均能看懂，可以说是雅俗共赏。

（二）配置图片的种类

1. 新闻照片

这是报纸上最常见的一种图片配置方式。并不是所有的文字稿都需要配照片，一般说来，一些事件性新闻或是突发性新闻最需要配照片。用文字稿往往要颇费唇舌地去描述事件的现场，而一张图片就可以直观地将现场真实地呈现给读者，所谓"一图胜千言"说

图 7-18

图 7-19

的就是这个道理。比如说关于一场车祸的新闻，可以采用文字稿去描述现场情况，但读者在阅读时必须通过想象、联想将其还原成车祸现场的场景，而且这种想象中的场景往往并不就是真实的现场情况，这时如果利用文字去讲述事件经过，并通过配置的图片去形象直观地展示现场，便可以使读者一目了然，对事件的严重程度有一个清晰的认识。

配置新闻照片有两种形式：一是配单幅照片，即通过一幅照片反映新闻事件；二是配多幅照片。这些多幅照片之间的关系又有两种：

一是不连续关系。即照片之间只是共同反映了事件，它可以是在不同地点拍摄的，也可以是在不同时间拍摄的，这是报纸上很常见的一种形式。如某晚报在报道一特大“井喷”事故时，为文字的报道配置了三张照片，一是“抢险”，消防队员在现场奋力扑火的情景；二是“救人”，一个小伙子背着一个老奶奶远离失事现场，奔向安全地带；三是“伤痛”，是一双被事故现场发出的硫化氢气体熏得难以睁开的眼睛，这三幅照片就是从三个不同地点，三个不同的角度反映了事件的严重性。

二是连续关系。即通过对同一连续动作的前后不同瞬间的抓取，组成了一个照片组，如同电视的慢镜头一样完整地展示了一个连续的动作走向，这种方法可以在一定程度上克服照片转瞬即逝性的不足，赋予事件以过程性和动态性。如在“9·11”事件中，某一大报就用四幅前后相继的照片完整地反映了飞机怎样一步步接近世贸大楼，撞进去又出来的全过程，形象而又直观。

2. 图画

在有些情况下，对于一些“软”新闻，不太容易配发新闻照片，此时，配图画一样可以达到生动形象的效果，特别是一些漫画，往往因其源于生活又高于生活的立意，将问题一针见血地揭示出来（见图 7-20）。

特别调查

京沪穗三地 数字对话

北京人见面爱说过年好

上海人登门拜年最热衷

广州人恭喜发财挂嘴边

三地人守岁不离电视机

过年 送礼还送短信息

图 7-20

3. 图表

报纸上用得比较多的图表是示意图和统计图表。

示意图从广义上说是一种特殊的地图，它重在交待新闻事件发生地的地理位置，不一定严格按照比例来绘制。如前面提到的对井喷事件的报道，在大标题旁边绘制了一张“井喷事故发生地点示意图”，从图中我们可以清晰地看到事发地点在其所属县市及省份的位置。示意图可以使读者对新闻事件发生地所处的地理位置、地理环境等有关背景情况等有一个感性而又直观的认识，从而加深对新闻的理解。

统计表是直观表现统计数字的一种图形，它可以把事件的发展走势及数量变化以数字或曲线的形式表现出来，便于比较，同时也使版面显得生动。多用于一些经济新闻，如用曲线图表示最近的股票走势等（见图 7-21）。

图 7-21

除此之外，还有一些服务性的图表。如以表格形式列出某市各个区监察中队的投诉电话，以方便群众监督；或是以图表形式画出某一旅游区的路线图，方便游客出行等。

最后需要指出的是，我们只是按稿件配置的不同类型做出了上述细致的划分，实际上，在配置新闻稿件时，并非只是单一地采用某一种形式，以完整报道事件、方便读者阅读为出发点，编辑往往可能是多种形式并用，如既可以配照片，又可以配资料，还可以配评论等。

◎思考题：

1. 专栏在报纸中有什么样的地位？怎样增加专栏的特色？

2. 在报纸竞争日益激烈的今天，各报都在版面安排上纷纷出新，以吸引读者注意。思考在目前的报纸上除了文中所述的稿件配置的方法，你还发现了什么样的新形式？

3. 传统报纸与现代报纸在文配图的方法中有什么不同？

第八章
版面与版面设计

版面是报纸各种内容编排布局的整体表现形式，是一切印刷品的印刷幅面，也就是由文字或图案组成的平面。报纸是否可读，是否让读者乐意去读、容易去读，在一定程度上取决于版面。因此，版面不仅仅是内容上的一种简单的表现形式，更是编排人员把内容活化的能动反映。

报纸的内容和版面形式是一对矛盾的两个方面，报纸的内容是矛盾的主要方面，它对版面形式起支配和制约的作用。报纸的版面形式必须适合内容的需要，并为内容服务。但是，版面形式对于内容来说，决不是以求得秩序为满足，它一方面受内容的制约，反过来，又对内容产生很大的影响。一个完美地表现内容的版面，能极大地增强内容的表现力；反之，一个不适合的版面，就会使本来精彩的内容为之失色，报纸的竞争力也大打折扣，所以，版面是报纸工作中一个不可忽视的环节。

第一节　报纸版面的功能

一、体现报纸的编辑思想

一个版面的产生要经过编辑的前期策划、取舍稿件、修改稿件和制作标题等工作，这当中包含着编辑对于版面的整体思路构想。编辑在安排各类稿件的时候，绝对不是胡思乱想、随心所欲地进行排版，而是首先要对整个版面有个基本的定位、对想要表达的意图进行确切的评价，最后再赋予内容以适合的形式。读者通过版面，可以感受到报纸对于各类事件的态度和情感，自己也会不自觉地受到这种情感的牵引，这是报纸能够影响读者的一个很重要的因素。

一份报纸有很多版面，每一个版面都有不同的内容和表现形式，报纸的编辑思想就是通过这样的一个个版面传达给读者的。它不只是向读者介绍内容，而且向读者评价内容。

首先，编辑在安排稿件的时候，不是对每篇稿件孤立的来权衡轻重，而是把稿件放到将要安排的整版的稿件中去衡量，每篇稿件都是版面全局中的一个局部，它是和版面的全局相联系的，版面的总体评价是编辑思想的一次评价。

其次，版面的编排是出版前的最后一次评价，但这种评价却是最先被读者所感知的，它形成读者看报时的“第一眼”印象。虽然读者想看的是报纸的内容，但是引导读者选择内容的是版面。读者在不清楚内容的情况下，不大可能根据内容进行选择，但是版面是一览无余的，可以让读者知道什么是最重要的，什么是次要的，从而帮助他做出阅读的正确选择。

第三，版面是一种借助特殊手段进行的评价，虽然版面的评价也不排除文字，但最主要的不是通过文字，而是借助于版面的特殊手段，即版面空间、编排手段和版面的布局结构来实现的。

认识版面评价内容上的特点，对于了解报纸编辑思想是很重要的。只有认识特点，才能更好地利用和创造出好的版面来。

二、凸显报纸的个性

“文如其人，报有个性。”每份报纸都有自己的个性，都会在编辑方针、读者定位等方面以及在各自的内容和形式上体现出不同的风格，这也是其优于其他报纸，和其他报纸区别开来的重要因素。有个性的报纸，读者只要瞥一眼版面，就可以毫不费力地识别出其名称，就像遇到朋友，一眼就能凭特征认出他是谁来。

报纸的个性是由诸多因素构成的，它是编辑思想、内容、标题、文风乃至照片等的有机统一，而所有这些都离不开版面。报纸不仅要在报道内容上取胜，在版面上也要稍胜一筹，因为版面的独特性更能让读者迅速识别报纸。

当然，版面显示给读者的不仅仅是形式上的独特性，它是受内容的制约的。版面的个性既是报纸内在个性的彰显，同时也是报纸外在个性的凸显。人们阅读报纸的时候，在看到形式上个性的同时，也感受到了内容的独特内涵。请看下列一组版面，如图 8-1~图 8-4 所示。

人民日报
中共中央召开党外人士座谈会
我国首次载人航天飞行获得圆满成功
积极开展国际科技交流和合作 推动广大发展中国家加快发展
中国首次载人航天飞行特刊
伟大祖国的荣耀

图 8-1

京华时报
BEIJING TIMES
北京成招将公布补录信息
此举尚属首次 上线未被录取者可向有余缺学校申请
猎阉嫖娼失踪 无任何依据
铁路擅缩工期 将面临惩罚
首都机场内 食品大降价
中大恒基员工 盗房主财物
鄂州百辆公交 因无油停运
火箭罚球少 主帅批裁判
强风暴致孟加拉国千余人遇难
另有数千人受伤 暂无中国公民伤亡
跳墙出门
24小时新闻热线 64829999
被告家属在法院聚众哄闹并以跳楼相威胁
周口警察杀人案二审被迫改期
镇干部带农民工进城打工
格鲁吉亚取消紧急状态
美棒球巨星面临30年牢狱

图 8-2

南方都市報
珠三角楼市寒流
未来是涨是跌？本报推出系列调查
反"劫持"
五匹赛马战死

图 8-3

参考消息

宴会特供油

鲁花压榨一级花生油荣获

中国名牌

中国驰名商标

六方会谈展露中国外交影响力

在东亚地位明显提升

有力回击"中国威胁论"

扮演地区维和新角色

中国掀起改变陋习运动

日朝同意恢复政府级会谈

日本开展对华"大众外交"

中望CAD

氟碳漆

劈开砖

图 8-4

不同的版面体现了报纸不同的风格，比如人们看到《人民日报》的版面，会觉得庄重严肃，看到《京华时报》的版面会觉得绚烂时尚，《南方都市报》的版面显得大胆而具有冲击力，而《参考消息》版面则给人清秀简约的感觉，这些难道不是各报内在个性的显现吗？因此，通过版面，读者不仅可以认出报纸，还可以了解报纸。

三、吸引、导读功能

没有读者购买的报纸是不成功的报纸。即使内容是完美的，也要思考一个怎样让报纸在众多的竞争对手中脱颖而出的问题？让读者一眼就能够被吸引，乃至产生购买欲望，使他们一打开报纸就愿意去读？这首先需要报纸在视觉上给人以美感，以美来吸引人。美好的事物对人产生的吸引力是不可抗拒的。要使一张报纸在整体视觉上有美感，就必须要注重版面的安排。版面设计得当，使稿件的特点和编辑的意图清晰地表现出来，做到主次分明、眉目清晰，就会使读者读起来产生一种愉悦的心理感受。

读者阅读一般是有选择性的，帮助读者进行选择的手段，除了标题，就是版面了。因为版面是全视角的，读者可以通过版面这种特殊语言，很快地了解编者的意图，也就是编者认为稿件重要程度的排序。通常版面上很醒目的新闻往往最先跃入读者的视线。一篇重要的新闻如果被放在一个不显眼的位置，就很可能被读者忽视。所以，版面的一个重要功能就是通过版面语言吸引读者。

版面的另一功能是导读功能，即版面要方便与引导读者寻找相关内容。广义的导读是指版面通过结构的合理性，标题、文字、图片、色彩、线条运用恰当性来帮助读者选择和阅读。狭义上的导读功能是指目前很多报纸，特别是都市报上第一版开辟的导读窗口，在第一版上，编辑将本期的重要内容用图片、标题或内容简介的形式呈现出来，使读者能快速地找到他们感兴趣的内容。

第二节 版面的基本术语

一、开张

开张即报纸面积的大小，通常以整张印刷纸裁开的若干等份的数目作为标准来标明报纸面积的大小。一般包括对开报和四开报等。

对开报：是指将一张标准整型纸从中破开，一分为二，印成的报纸。

四开报：是将对开后的纸型再次从中破开，印成报纸，每张报纸的大小等于标准纸型的四分之一，故称之为四开报纸（见图 8-5）。

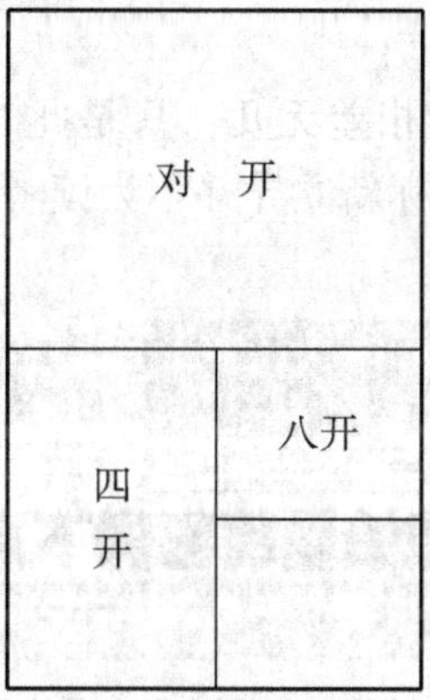

图 8-5

一般认为，对开报纸比四开报纸更具重要性。

二、版心

指除去周围留的空白，一块版面上真正容纳文字与图片的区域。

一般说来，对开报版心面积为 35cm×49cm，如图 8-6 所示。

三、报头

报头是报纸第一版刊登报名与其他相关内容的区域。报头除了用具有冲击力的文字（一般请名人题写，且不宜经常变动）刊载报名外，还要刊登出版单位、出版时间、各期编号、天气情况、零售价格等信息，使版面空间得到最大限度的利用。

报头一般置于头版的左上角，这样安排美观大方，也便于内容的编排。有时它也被安

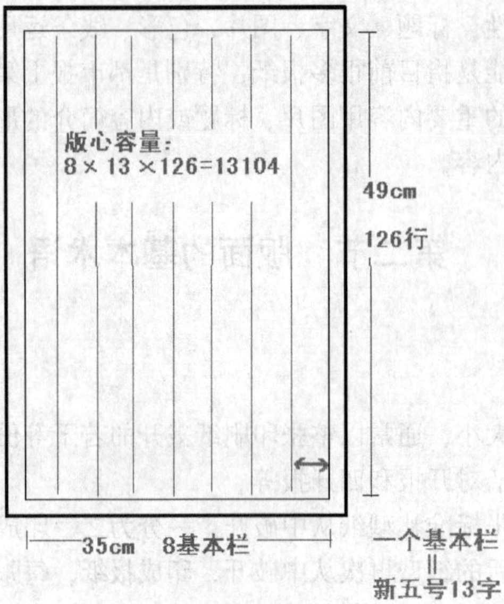

图 8-6

排在上部中间，位置大小与在左边相差无几，只是此时报眼不是在右边，而是分到了两边。个别也有放在右边的，但这种标新立异并不为读者接受（见图 8-7）。

武漢晚報

超级大乐透今日开奖

彩池1.19亿元

为百姓谋利益

武汉城镇居民医保下月启动

本报今起推出《赢周刊》

4特区展示精彩成就

廉政短信征集今起开始投票

我省生源地贷款全国第一

帮狗打小猫主人被抓伤

利川一客车遭遇山崩被埋

车内载员31人 已发掘出24具遗体

安监总局负责人抵达现场部署施救工作

128名大学生武汉争"食神"

82333333

图 8-7

四、报眼

报眼又称报耳，是指在报头旁边的一小块版面。报眼处可刊登新闻或图片、内容提要、广告等。报眼可以单发新闻稿件，也可以贯通下来，同要闻区合起来使用，发表大型稿件，这种编排方法在新闻行业内称之为“冲报眼”，既打破报眼的限制，服从内容的需要之意（见图 8-8、图 8-9）。

扬子晚报

11部门联动整治城市交通

违停车辆一律拖移，医院学校周围重点整治 ■A3

央行报告提醒谨防经济过热 ■A20

我竞争力首超日本 ■A10

邯郸劫案批捕9人 ■A11

汽协高官神秘离境 ■A11

布莱尔下月卸任 ■A15

县委书记被绑案破了 ■A12

《赤壁》主演豪华亮相 ■A17

30换肾人相聚话亲情 ■A4

杀虫剂爆炸如“小导弹” ■A8

图 8-8

五、报线

报线是版心的边线，分“天线”（又称“眉线”）、“地线”。

六、报眉

报眉是眉线上方所印的文字，一般刊登该版名称、版序、出版日期、版面内容标识等（见图 8-10）。

图 8-10 中版面的报眉部分包括了版序、版名、日期、报名、编辑人员等。

七、中缝

中缝是一张报纸相邻两个版面之间的空隙，这一局域可空，也可刊登广告、转文等。

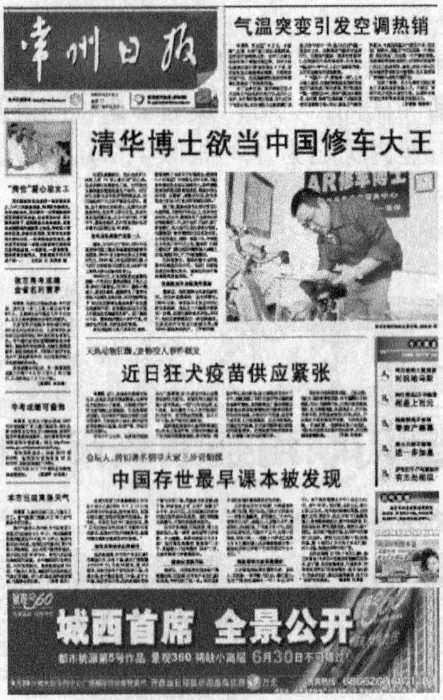
常州日报

气温突变引发空调热销

清华博士欲当中国修车大王

近日狂犬疫苗供应紧张

中国存世最早课本被发现

城西首席 全景公开

图 8-9

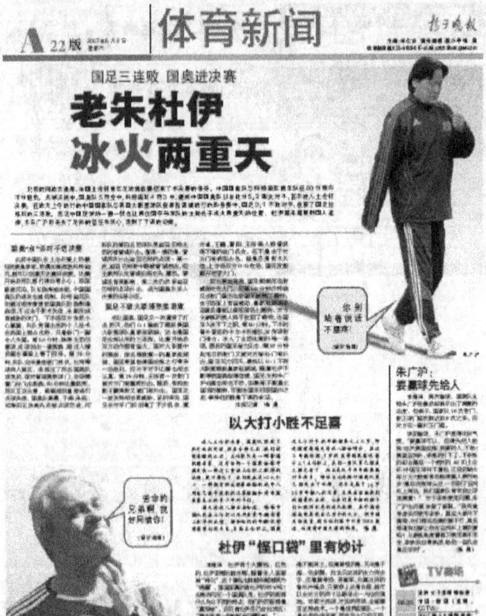
A22版

体育新闻

扬子晚报

国足三连败 国奥进决赛

老朱杜伊 冰火两重天

以大打小胜不足喜

杜伊"怪口袋"里有妙计

国奥打破点球魔咒

TV直播

图 8-10

八、要闻版（头版）

要闻版是报纸若干版面中最重要的一个版面，用以刊登重要的新闻或评论等。

一般来说，报纸的要闻版就是第一版，即头版。头版是一张报纸最重要的版面，它是一张报纸的脸面，也是一张报纸的旗帜。它反映着报纸的立场、观点和态度，也反映着一张报纸的风格、特色和水平；具有最大的传播强势，是一张报纸能否赢得读者的主战场，是其政治思想、业务素养、社会认知能力、新闻传播效能的集中体现。

九、头条

头条是报纸各版的第一条消息，通常刊登在横排报纸的左上角或上半版，特别引人注目。

（一）头版头条

报纸第一版的头条，即我们通常所说的头版头条，是一期报纸中最重要的内容（见图 8-11、图 8-12）。

人民日报

RENMIN RIBAO

吉林农防林改造增绿增效

目前造林面积已达采伐面积的114%

中共中央政治局召开会议

研究加强公共文化服务体系建设

中共中央总书记胡锦涛主持会议

海南实行森林生态效益补偿

制止乱砍滥伐 促进农民致富

江西严格节能减排目标

进一步强化科学治沙

企业整体竞争力提

我国建筑业总产值突破4

甘肃推行济困病床制度

河北85亿元夏粮收购资金

图 8-11

在图 8-11 中的版面中，《研究加强公共文化服务体系建设》就是本报纸的头版头条。《北京晚报》的这个版面其头版头条是由大标题配图片组成的。

北京晚报
在埃塞遭劫同胞讲述历险经历
3000白领上午鹊桥会
家长热情大过子女 单身男青年宴客无几
5月12日开始填报高考志愿
如意通C
接听不收费
享受生活
品味高雅
吉祥岛
高级干红

图 8-12

（二）双头条

有时在特殊情况下，编辑会在与头条的旁边或版面右下方刊登一条与头条同样重要的稿件，此时版面给人的感觉是两个稿件都非常重要。

（三）倒头条

倒头条是指在版面右下方刊登的与头条同等规格处理的重要稿件（见图 8-13）。

编辑在进行倒头条或双头条的处理时，一定要以合适的版面语言突出其重要性，从而使读者比较容易从版面中识别这一稿件（见图 8-14）。

如图 8-15 所示的版面中在报眼位置以相当大的版面空间安排了一篇胡锦涛同志的名为《在发展中国家领导人集体会晤时的讲话》的稿件，在整个版面中，这篇稿件不但位置重要，而且所占空间相对较大，标题也非常醒目。在这个《人民日报》的版面中，读者在注意本版头条的同时，也会不由自主地将目光移向右下角，那里以较大的版面空间，醒目的红色围框，以及鲜艳的标题提醒着读者，这篇稿件也十分重要。

十、通版

通版是指打通了报纸上相邻两个版而形成的版。通版的面积包括这两个版和两版间的中缝，一般用于报道重大事件（见图 8-16）。

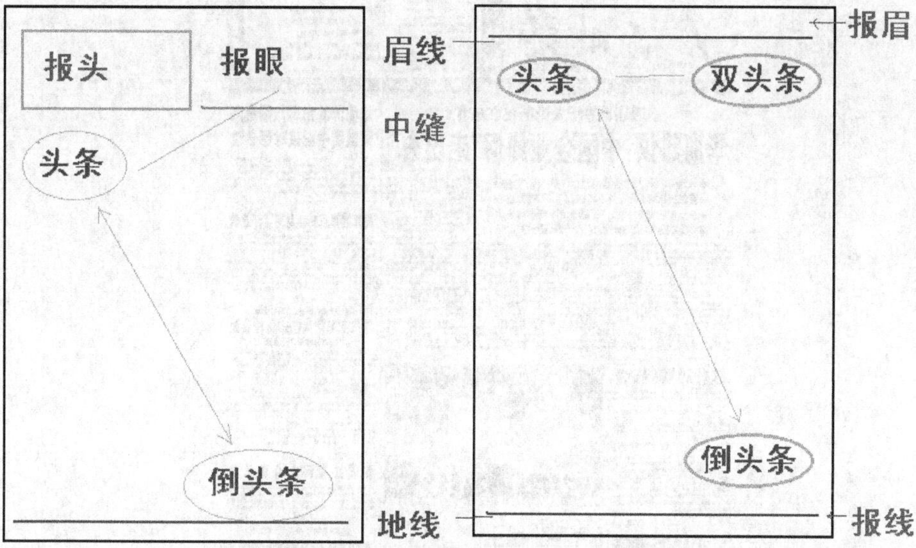

图 8-13

南国今报
周五
伊战爆发　震惊全球
安南说：今天是联合国悲伤的日子。全球有无数人与我一样感到失望和震惊。
强烈呼吁
停止战争
点击伊战第一天
一枪击毙歹徒
被劫人质无恙
皇子扒房

图 8-14

人民日报 海外版

第四届世界华人论坛在京开幕

华商热议：中国企业如何"走出去"

- 与海外的华人企业密切合作，共同开发市场
- 要做好吃苦耐劳、勇于拼搏、百折不挠的准备
- 企业家胆量加小心，不要随波逐流盲目投资
- 中国企业到海外投资办厂，特别要讲究诚信

胡锦涛将出席八国集团同发展中国家对话会议

吴邦国贾庆林会见阿富汗总统

温家宝与刚果(布)总统会谈

贾庆林会见世界华人论坛代表

拉萨火车站竣工

曾庆红在河北考察工作

吴官正强调进一步加强党风廉政建设

孔子学院：非洲了解中国的桥梁

"古丝绸之路"重焕青春

图 8-15

一项伟大的工程

大坝今封顶

浩瀚工程当惊世界殊

下午2:00

三峡大坝全线浇筑完成

上游围堰爆破浪头不超5米

三峡电入渝 每度低4分

拟提三峡电价补贴移民

大坝可有效抵抗核打击

10万仪器监测大坝动态

图 8-16

第三节 版面空间

版面空间是指由一定大小的纸张所提供的编排范围，即版心。它不仅用于刊载文字、图片等信息，而且能够清晰地表示报纸的立场、观点和态度。因此，了解版面空间的性质，认识版面空间的特点，把握版面空间的编排规律，对于有效利用版面空间，充分展现信息价值，具有重要意义。

在置入文字和图片或图形之前，版面就是一张白纸，它本身是一个完整的空白，并没有什么意义。但是，当白纸承载了文字和图片信息后，原本完整的空白就被打破，有了变化，文字和图片信息在这张白纸上共同构成了版面。因此，从版面设计的角度理解版面空间的意义，就是版面刊载的文字与文字、文字与图片、图片与图片之间的关系。由于现代报刊都是多版面，所以版面空间关系还包括版面与版面之间的关系。

不同的版面有不同的重要性，主流报纸如《人民日报》、《光明日报》、各省的省报基本上采用对开形式。美国具有全国影响的《纽约时报》、《华盛顿邮报》也采用对开形式。但对开报纸阅读时需要有较大的匹配空间，不太适应旅行阅读，所以大众化报纸多采用四开形式，如20世纪90年代兴起的一批都市类报纸，为了方便阅读，就都采用四开纸来印制。一些原本采用大纸型（对开）的报纸如《武汉晚报》等，也改用小纸型（四开）。

一定的版面空间关系，能体现编辑的意图，而版面空间关系的变化是有一定的规律，它是通过各版面要素的组合来体现的。认识和掌握报纸版面诸要素，编辑就能自觉地运用版面空间来为报道内容服务。

具体说来，版面空间要素主要有版序、栏序、区序和版面空间大小、形状等。

一、版及版序

（一）版面

版面是各类稿件在版上编辑布局的综合体，是各类稿件内容的整体表现形式。这是报纸编辑的最后一个环节，却是报纸发行后读者接触报纸的第一印象。

（二）版序

从第一版至最后一版，这个安排顺序就是版序。

版序有几种类型：

第一种：多张叠在一起，第一张正面为第一版和最后一版，背面为第二版和倒数第二版。

第二种：第一张为一至四版，第二张为五至八版，依次排序。

第三种：分若干版组，每一组由多张叠在一起。这样，每一版组都有其各自的第一版，也都有其独立的版序。

现代报纸特别是都市类报纸，版面数量大增。于是有些报纸采取分叠的方式，将报纸分成几小叠分主题报纸，如财经、娱乐、证券等，这是由于内容编排的需要。

第一种与第二种版序为自然版序。

第三种多版组的版序打破了自然版序，出现多个头版（首页），有利于报纸的内容分割，方便读者选择阅读。

（三）强势

强势是报纸编辑中一个非常重要的术语。它指的是版面具有的吸引读者注意的特性或程度。报纸中不同的版面或某一版面的不同区域，对读者的吸引力是不同的。同时编辑也可以采用各种编排手段来营造强势，如标题字号的大小、颜色；稿件所占版面空间的大小；稿件的围框等。不同稿件其强势是不同的。强势的塑造可以在版面上引导着阅读的节奏，形成阅读的中心。

（四）强势版序

因各版面的强势不同而形成的版序，称之为“强势版序”。

1. 头版的开发

第一版（头版）比其他版更能吸引读者的注意，所以它最具有强势。既然头版这么重要，而头版的版面空间又是有限的，那么该如何充分运用这一位置呢？目前常见的对头版的编排有以下几种：

（1）要闻版开头，接转其他版。尽量增加要闻版上重要稿件的篇数，长的文章留一些转入其他强势较弱的版。由于头版是寸土寸金之地，所以这种编排方式越来越被各家报纸特别是都市报所青睐。

（2）题在要闻版，文在其他版。这就等于是在第一版上辟出一小块空间为其他版的重要文章做一个简要目录。有些报纸采取这种方法，以“导读”形式出现。但编排上要注意与其他文章区别开，四周要加框。

（3）要闻版登摘要，其他版登全文。它的好处还是可以缓解要闻版空间小的矛盾。短处是摘要与全文免不了重复，浪费了版面。

2. 强势版序的顺序

以我们的阅读习惯来说，我们一般总是先看第一版再去翻阅其他版。也就是说，第一版比其他版更能吸引读者的注意，所以它最具有强势。其他各版的强势情况总的来说是：右边的版要优于左边的版。具体来说，即第三版优于第二版，第五版优于第四版，以此类推。理由是读者在看完第一版翻页的时候，第二版是翻动的，而第三版则是相对静止的，读者视线总是先落在第三版，然后才转向第二版。因此，国外习惯于把转版的文章放在第二版、第四版等强势较弱的版，而第三版则是报纸下力气经营的地方，如英国著名的小报《太阳报》在第三版整版设置“三版女郎”图片，以比较低级的审美趣味吸引某些读者的注意。国内报纸特别是都市类报纸往往把第三版作为次要闻版，刊登比一版新闻的重要性要轻但比其他版新闻要重大的稿件。同样报纸的最后一版（底版）较其他版面也具有相对的强势，有的报纸把底版也设计成有报头的版面，做双封面版。现代报纸都靠刊登收费广告维持运营，因为版面的强势不同，各版的广告收费标准也不同，越强势的版面，收费越高。

二、栏及栏序

报纸的版面很宽，报纸横排或竖排时，行文宽度太长，从视觉接受的舒适角度看，会给读者的阅读带来不便，因此需要把版面从纵向划分为若干栏。

(一) 栏

横向编排的平面媒体，将版面纵向划分为几个单元，每一个单元就是一栏。栏是报纸编排的一个重要手段，如果没有栏，文字就只能是生硬地从版面的最左边排到最右边，这样既不能将内容简洁有序地呈现出来，又非常容易让读者产生阅读疲劳。

(二) 基本栏

每一种报纸都有适合其内容编排的基本栏，即一张报纸的各个版划作几栏必须统一、固定，这种统一的、固定的、宽度相等的栏，称为基本栏。一个版划分为几个基本栏，出发点是为了读者阅读的方便。

我国的一些对开的报纸，传统都是采用八栏制（现在一部分已改为六栏），一些四开报纸，一般采用七栏（现在一部分已改为四栏），如图 8-17 所示。

国内新闻 3
国务院常务会议要求
第四季度着力抓好八项重点工作
证券投资者保护基金有限责任公司今日开业
投资者保护基金是证券投资者保护的最终措施之一
时刻准备应对流感大流行
“达维”造成683万人受灾
正常投资风险损失不受投资者保护基金保护
流感如出现流行将按四级预警
审计署公布32个部门单位2004年度预算执行情况
关于集中整治违法占地违法建设行为的通告
威海市交通局“站在新起点,实现新发展”实施意见

图 8-17

从版面看，此报的基本栏是六栏。

栏的自然顺序是从左至右，自上而下的。这是由人们的视觉习惯和文字编排自左至右决定的。但由于版面编辑在版面编排上还会采用其他编排手段，如块状整合、加框、标题加大、变栏等，这就使在整个版面内，有时右边栏会比左边栏的强势更大。但在被突出的那块稿件处，栏序还是自左至右的。

划分基本栏的好处是，可以给版面设计带来方便，为计算稿件区的面积提供了便利，为排字或拼版提供了便利，为报纸增加了一个识别标志。而为读者阅读提供方便，是分栏的第一要义。

（三）变栏

一般而言，版面排文是以基本栏为准的，但有时需变栏，即破栏或并栏。这主要是出于几点考虑：一是排文与排标题时的价值评价；二是求得版面的变化。变栏有几种形式：

1. 破栏

所谓破栏，是指把几个基本栏打破，不按基本栏的整数而重新等分的变栏形式，如把四个基本栏合并后，重新组合成三个新栏，将五个基本栏重新组合成四个新栏（通常称为四破三、五破四）……破栏排文时，要注意新栏的字数较基本栏有所变化。

2. 并栏

并栏则是把几个基本栏成倍合并成一个新栏，如将两个基本栏合并成一个新栏，三个基本栏合并成一个新栏（通常称二合一、三合一等）。并栏排文时要注意：第一，从读者阅读视野宽度看，一般并栏不宜超过三栏，否则会导致栏过宽而不便于阅读；第二，从版面美化的角度看，栏也不易过宽。

3. 不规则变栏

这种变栏形式不像破栏那样是打破原有基本栏后重新等分的栏，这种变化后的栏可以是基本栏的 0.8 倍，也可能是基本栏的 1.2 倍，宽度根据稿件而定，它是一种变化自由的栏。

人民日报

我国进行首次载人航天飞行

“神舟”五号飞船发射成功

勇士出征

吴邦国主持人大常委会委员长会议

载人飞船成功发射 全国各地群众喜庆

图 8-18

图 8-18 中的版面既有并栏处，又有破栏处。

近几年，一方面由于电脑排版技术的不断进步，另一方面受国外报纸的影响，国内报纸在分栏上已完全打破基本栏的概念。分栏完全根据编辑思想和版面结构的需要，如现在最流行的纵三列分割式版面，左列右列各为一栏，栏宽为以前基本栏的 1～1.5 倍，中间一列为二栏或三栏。

变栏的好处是：

第一，在一片按基本栏安排的稿件之中，变栏显得醒目，可达到使之突出的效果。

第二，内容严肃、篇幅较长的稿件采用大于基本栏宽度的变栏（俗称“长栏”），可显得比较庄重，且减少视线的跳动次数，节省目力。

第三，可以“量体裁衣”，更有效地利用版面。

第四，采用变栏，可以使不同稿件在外观上区别开来，即使挨得很近，不用线条隔开，读者也不会混淆。

第五，适当采用变栏，可以使版面更富于变化，从而增加形式美。

三、区及区序

报纸上的每一个版面可分为若干区域。将一个版面水平二等分，可分为上半区、下半区；垂直二等分，可分为左半区、右半区。将以上两种划分重合，一个版可分为上左、上右、下左、下右四个区域，当然还可以再细分（见图 8-19）。

图 8-19

四分法是最常用的。不同的区位，其吸引读者注意的程度即强势是不一样的。如果按照一般人的阅报习惯来说，我们总是会首先注意报头上面的部分，那是头条的位置，一般位于版面的上半部分或左上部分，这么说来，版面的上半部分或左上部分首先就具有了强势。接下来，读者才会注意到版面的下半部分，至于是先注意到左下还是先注意到右下，这个要根据这一区位编排手段的运用和不同读者的阅读习惯来定了。总的说来，上半区优于下半区；左半区优于右半区。

另外要说明的是，这种区位的划分，只存在于编辑的心中，是编辑一种眼中有、心中有而手中没有的活动。也就是说，编辑不可能将版面直接硬生生地划分为两部分或四部分，它只是一种指导编辑安排稿件的一种理念，成为编辑编排版面的一个参考。当然，读者在阅读报纸时也绝对不可能想到还有区位划分的问题，但注意力的先后顺序却不由自主地被编辑或版面牵引着。

不过，区序同栏序一样是相对而言，不能视作死板模式。具体区位强势的大小有时也要看编辑的用心如何。一个不起眼的区位，编辑也可以通过编排手段而赋予它强势。

报纸版面的区域，除上述一般情况外，还有一些特殊的区域，主要是指报头、报眼、头条等。

四、稿件的大小

(一) 稿件的大小

稿件的大小即稿件所占的版面空间的面积。一般而言，稿件所占版面空间的大小不同，所显示的强势也不同。占据的空间越大给受众视觉上的刺激越强烈。因此稿件空间大小的不同，就在一定程度上反映了报纸编辑对稿件的不同评价，它是一种评价性的编辑符号。

不过，从近年来报纸版面的实践来看，评价一个稿件是否重要，不一定是看看它所占据空间的大小，或者说主要不是看正文所占空间的大小，而是看标题所占空间的大小。有些稿件其正文并不长，有时甚至是很短，但这并不说明它不重要，当编辑衡量后认为它比较重要时，会以一个大标题的形式赋予其强势。

就标题所占空间来说，主要是指两个方面：一是指标题的长度，一是指标题的厚度。

我国报纸主要是通过标题的长度，即标题所占的栏数来显示强势；美国一些采用短栏题的报纸，则主要是通过标题的厚度（即所占的行数）来显示强势的。

(二) 稿件的形状

任何一篇稿件在版面空间中都表现为一定的形状。稿件在版面空间中的形状可分为三大类：

第一，夹角为90°的四边形。

第二，夹角为90°、边数为六和六以上的多边形。

第三，其他几何图案如圆、三角形等。

图8-20所示的版面上的稿件均是夹角为90°的四边形。

图8-21中左半版的稿件，其形状多为夹角为90°的六边形。

当然还有一些不规则的稿件形状，一般来说，对于新闻类版面来说，不规则版面用得较少，只是在特殊时期偶尔用之，如图8-22、图8-23所示。

在稿件编辑时，将不同稿件赋予相同形状并放在一起，可以形成统一的视觉形象，有助于表现稿件内容的相关性（见图8-24）。

一般认为，四边形比其他形状要具有强势，它结构简单、棱角清晰，看起来也比较庄重。一些重要的、内容比较严肃的文章，可以排成四边形。但如果一个版面上尽是四边形，则显得呆板沉重，又因无变化而不利于排版，所以，多边形也是常用的。多边形边数多，横竖线折来折去，结构比四边形复杂，不如四边形醒目，但它变化较多，显得活泼，一些次要的或较有谐趣的文章可以用这种形状排出。其他几何图案的排版形状，显得花哨，且篇与篇之间势必留出较多空隙，也给排版带来困难，一般不经常使用。但它也有它的作用，就是可以美化版面。

人民日报
RENMIN RIBAO
在发展中国家领导人集体会晤时的讲话
（2007年6月7日，柏林）
中华人民共和国主席　胡锦涛
胡锦涛同印度巴西南非墨西哥领导人举行集体会晤
就气候变化、共同应对经济全球化、多哈回合谈判、促进发展中国家加快发展等问题交换看法
胡锦涛主席会见墨西哥总统卡尔德龙
胡锦涛主席会见南非总统姆贝基
胡锦涛主席会见印度总理辛格
胡锦涛主席会见尼日利亚总统亚拉杜瓦
胡锦涛主席会见塞内加尔总统瓦德

图 8-20

工商时报
一纸政令下 不知几时行
国家计委不知说啥好
北京：各执一词　各说各理
福州不够档次不给户口
确保中央政令权威
国家政策打败地方限制
武汉TAXI夏利处境不妙
上海：出租车标准有嫌疑
关于取消地方限制经济型轿车使用的意见
关于进一步削减交通流量的通告
福州市政府对小货车、私人小客车实行限置措施的批复
处处壁垒
难有作为

图 8-21

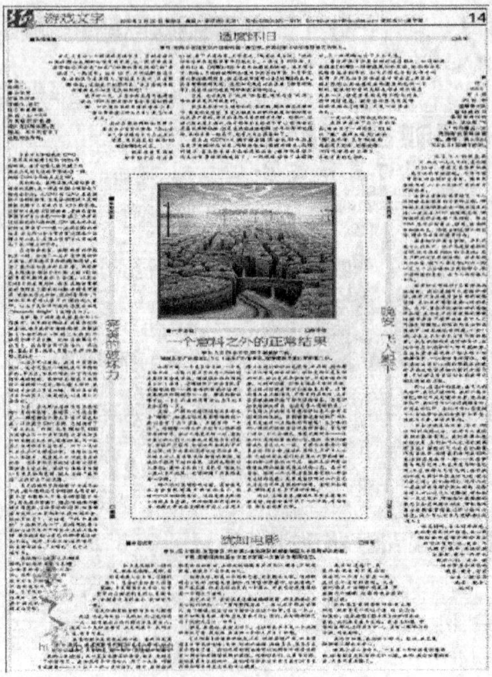
游戏文字 14

适度怀旧

一个意料之外的正常结果

就如电影

图 8-22

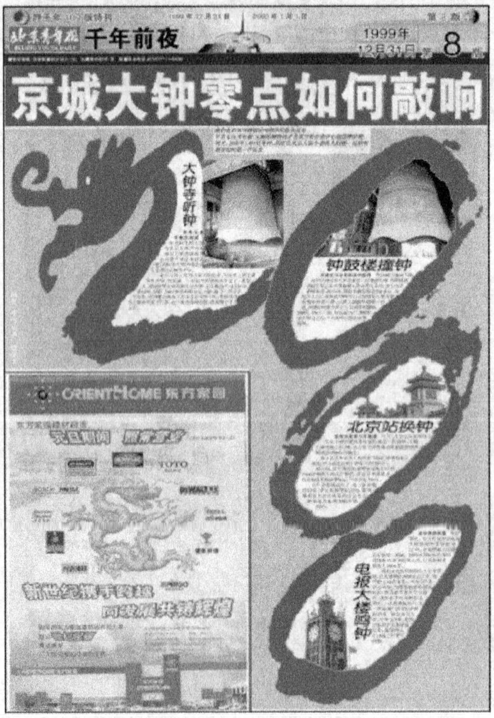
千年前夜

1999年 12月31日 8

京城大钟零点如何敲响

大钟寺听钟

钟鼓楼撞钟

北京站换钟

电报大楼鸣钟

ORIENT HOME 东方家园

TOTO

新世纪携手跨越

图 8-23

我们为二十世纪最后一刻送行

人大会堂 新年乐章

世纪坛前 焰火绽放

三国学生 推倒骨牌

温岭目击 第一曙光

世纪直播 十个小时

世纪婴儿 今晚诞生

本报明日 触摸未来

图 8-24

第四节　版面的编排手段

版面的编排手段是指编辑在安排稿件时所采用的物质手段，是版面语言的一种基本形式。编排手段包括字符、图像、线条、色彩等。

一、字符

字符即文字符号，它是报刊书籍的主要版面符号。在版面编排中，字符的变化主要看字体与字号。

字体是指字的外形、模样，我国报纸常用的字体有宋体、楷体、仿宋体、黑体等。标题字体的选择与报纸风格有 定关系。 般正文的字体，变化不大，通常用宋体，也有部分用黑体，评论或注解用楷体或仿宋等。而标题的字体变化就较为丰富，标题字体的运用，对一张报纸可以起到塑造风格的作用。外国报纸的标题字体设计受 20 世纪包豪斯设计理念的影响，标题字体讲求秩序、趣味、现代感和冲击力。港台报纸首先受到外国报纸的影响，在标题字体运用上采用比较规整、有序的黑体、宋体系列。国内报纸近几年在标题字体上受国外报纸和港台报纸影响，也有很大变化。如国内的《经济观察报》，其标题统一采用大点数的标宋，显得严肃雅致，在一定程度上增强了报纸的权威感；以《新民晚报》为代表的晚报类报纸，标题字号较小，字体应用比较丰富，显得轻松活泼，而近年大多数国内都市类报纸，如南方都市报、京华时报等，则多采用大点数的超粗黑、大黑、大标宋，追求视觉上的冲击力。

字号是指字符的大小，目前我国报刊常用的中文字号有超号、大号、二号、三号、四号、五号、新五号、六号……字号与字符的大小成反比，即字号越大，字符越小。报纸中正文字体的变化相对稳定，但标题会根据稿件自身的情况经常发生变化。

字体字号的不同变化在版面上体现出：

第一，不同强势：大字比小字更有强势，同一字号中笔画粗的比细的更有强势。

第二，不同风格：黑体字庄重、楷体字活泼、宋体字秀气……

二、图像

图像是指通过摄影或绘画所显示的形象，包括照片、绘画、图表等。新闻图片的实证功能、新闻漫画的表情功能，图表、示意图的信息显示功能，均有效地提升了版面的表现力。所有图像均具有信息的强化作用、版面的美化及组织建构作用。

现代报纸发展的一个重要趋势就是报刊上的图像愈来愈受到重视。因为图像与字符相比，它不仅本身就能传递一定的信息，而且在吸引受众注意、形成视觉中心以及美化活泼版面方面具有天然的优势（见图 8-25）。

THE SCOTSMAN

A date which will live in infamy

图 8-25

从传播学的角度来看，现代社会信息量巨大而繁杂，作为媒体，一个重要功能就是使受众接受信息的过程变得简单迅速，图像作为直观明了的表现方式，可以在一定程度上使所传递的信息更准确、更迅速、更直接。一幅漫画、一个图表、一张极具表现力与内涵的新闻图片，可以使读者迅速把握其想说的内容，现代报纸提出“读图时代”的概念就是基于这个理论。

三、线条

线条是除字符以外运用较多的一种版面符号。线条有水线、花线、花边几种。水线又可以分为正线（细线）、反线（粗线）；双正线（两行细线）、双反线（两行粗线）；正反线（两行线，一粗一细）、导点、点线、曲线等。线呈波纹形的叫曲线；呈连续形的叫点线；线上刻有连续花样的沿线叫花线。

不同式样的线条具有不同的符号意义，正线纤细清丽，反线沉重严肃，曲线生动活泼，点线朴素平实，刻有竹节的花线幽雅高洁，而由灯笼组成的花边则欣喜热烈……正因为不同的线条所附载的符号信息不一样，所以编辑进行版面设计时就需要根据文稿的内容特点来运用。

一般认为线条在版面设计中可以起到以下五种作用：强势作用、区分作用、结合作用、表情作用、美化作用。正因为如此，线条已成为版面设计者经常使用的一个重要符号手段，组版编辑既要研究不同线条的美感意义，又要弄懂其蕴含的符号意义，以求得最佳的传播效果。

近年还有一种报纸版面设计手段，就是在版面分割上不用线条，而是通过文与文之间的空白间隔形成的隐性线条来实现划分。如杭州的《都市快报》、《青年时报》等，这类报纸版面受西方设计思想影响较深，敢于用结构、块面、图片和空白的空间组织关系来替代线条，从而实现版面的简洁、大气、清新。

四、色彩

色彩能被人的大脑迅速接受，因为人的大脑对色彩的反应很敏感，而且是天生的。

色彩一方面可为版面确定基本色调，塑造版面风格，另一方面也可以作为设计要素来引起读者对内容的注意。色彩的强势作用在彩色报纸时代最突出。许多研究表明，在抓住读者的注意力上，色彩优于黑和白。不过，黑白图像更能引起读者的思考。另外需要注意的是空白也是色彩，版面留白很重要。

对于版面编辑来说，给版面加上色彩，特别是色块，应遵循的规则应该是色彩别用得太多，别到处都用上色彩，而应当用色彩把相关的要素连起来，加强报纸内容的含义。

一般认为，在版面上色彩的运用有如下作用：①可以使版面增加特定的气氛，如红色用于节假日报道，可增添版面的欢快气氛；②如果对全版中局部套色，这个局部可以因与其他稿件在色彩上的强烈对比而显得分外醒目；③色彩还是一种情感性的编辑符号，组版者可以通过色彩（彩色和空白），来传递诸如热烈与沉重等多种情感意义，使受众在接受文章内容之前，就有一个准确的情感匹配，引起受众情感的共鸣。所以，编辑要清楚地认知冷暖两种色调的不同：暖色调，如红、橙、黄，表达的是欢快、活泼和温暖；冷色调，如绿、青、蓝，表达的是冷峻、清朗和深沉（见图 8-26）。

经济观察报
The Economic Observer
SARS
不应将我们隔开
公司应对
市场风云
投资变奏
特别报道
北京攻坚
守住上海
广东探源
让我们找回亲情
美格 显示器

图 8-26

这一版面中的空白处好像是被水浸润过的，再加上红色 SARS 的标题以及标题上红色背景的深邃的眼神，让人不由得产生忧虑、哀伤的情绪。红色是预警的颜色，这一颜色的使用提醒我们，情况已经非常严重了。而留白处的水润之色，更像是亲人悲伤的眼泪，SARS 使我们与亲人分离，而人类的前途又在哪里。版面色彩的运用让人的目光不由地为之驻足并陷入深思。

罗伯特·保勒在他《报纸编辑设计》一书中提出了几种用色的方法：

第一，用色彩作为内容的连接手段，就像用背景使“人物”生动起来一样。为此，用色彩作全部的背景，把每个要素巧妙而简洁地安排到版面中，或用它连接类似的内容，读者就会把版面当成一个整体而不仅是各个部分的联合。

第二，对彩色的“事物”使用色彩，并不仅仅是当做背景，而是使版面要素（如一些字体、图示、表格）缤纷起来。把一个框的背景全加上颜色，则减弱了色彩的效果。

第三，用色彩作彩色图片的背景。有时互补的色彩可用来使图片从版面中跳出来。关键是对比，从图片中选一种支配色彩，由于缺少对比，这种方法不好。浅灰色是个好选择，这种色彩看上去比灰色浅一些。

在国内报纸中，色彩的运用在文体版面中比较普遍，也比较灵活。新闻版面也常有色彩较成功的例子。如在美国“9·11”期间，许多报纸在集中报道这一事件时，都采用了大块黑底作背景，既突出了内容，也衬托了事件的悲剧性。

使用空白可以达到设计的协调。它用于内容区分和烘托（强势）。线性空白具有构筑骨架线的功能。许多报纸在栏与栏之间、图片与说明之间、主题与小标题之间、标题上下之间、刊头与版面其余部分之间、小标题与文章第一段之间等，都会留下空白。

空白也用于缓解大量的灰字体造成的单调感；版面上适当使用空白往往会形成如社论版这样的重点；追求简约雅致风格的报纸可以用空白形成版面的架构，版面编辑应尽量把它安排在版面的四周，别让空白留在版面中间。特别是在摄影版上，空白是没有吸引力的。

第五节　版面语言

一、编排思想

在讲述版面语言之前，我们要先认识一下编排思想。语言是用来表达思想的，思想是语言的灵魂。

（一）什么是编排思想

编排思想是指版面编排所依据的基本思想，它体现的是版面的政治态度、思想倾向和职业理念。

任何编辑在布局版面时都不可能是率性随意的。当编辑思考如何将若干稿件合理安排在版面上的时候，他头脑中首先要有一个基本思想，这一思想指导着他去布局，并将价值含量不同的稿件组合成一个有机的整体，从方便读者阅读的角度实现新闻价值的最大化。

（二）编排思想的依据

1. 客观依据：社会主流意识形态和报纸自身的特点

报纸编排的目的是取得良好的传播效果，获取最大的发行量。所以，编辑所依据的编排思想就必须要考虑社会主流的意识形态，兼顾绝大多数人的信息需要和审美倾向，唯有如此，报纸才有可能为广大读者所接受。

另外，报纸自身的特点也是制定版面编排原则时必须要考虑的一个因素。不同的报纸有不同的编辑方针，这不同的编辑方针就决定了具体操作流程中版面的编排思想也是不一样的。而且即使是同一家报纸，它不同的版面其编排思想也可能是不一样的。如新闻性版面要求庄重严肃，而娱乐性或生活性版面的编排则要适当轻松和生活化。

2. 主观依据：编辑的职业理念和思想意识

编排思想体现了编辑的职业理念和思想意识。编辑在布局版面的时候，会不由自主地将自己职业理念和思想观念融入其中，编辑的这种意识形态和价值判断影响着编辑对稿件价值的衡量和编排手段的运用，最终左右着编辑会以何种形象展现版面的整体面貌。

二、版面语言

版面语言是版面特有的表现手段，它是以版面空间符号和印刷符号等形式特征为物质载体，所传递出的版面的隐含义。

版面语言的基本形式包括版面空间、编排手段和版面的布局结构，版面以这些形式的组合来传达其想要表达的思想，这种思想并不是直接表露在外的，而是编辑通过种种形式渗透在版面形式之中的，让读者通过这种形式的安排来体会它深隐其中的含义。

三、版面语言与编排思想

版面语言是为编排思想服务的，也就是说版面语言的最终目的是要体现编排思想的。版面语言对编排思想的服务，主要体现在五个方面：

第一，表达褒贬。版面语言的恰当运用可以使读者感受到报纸在赞美什么、批判什么，从而领略到报纸的立场和价值倾向。

第二，评定主次。版面上的若干篇稿件其价值含量是不一样的，那么如何提醒读者注意价值量大的稿件？这可以通过版面编排手段的运用，使版面表达出一定的主次顺序，从而体现编辑的编排思想。

第三，凝结情感。语言是可以表达情感的，版面语言同样可以做到这一点。比如通过对某些色彩的运用，达到欢庆与祝福的目的。同样，也要以运用庄重严肃的字体与颜色表达抗议与愤怒（见图 8-27）。

人民日报
RENMIN RIBAO

高举中国特色社会主义伟大旗帜　为夺取全面建设小康社会新胜利而奋斗

中国共产党第十七次全国代表大会在京开幕

胡锦涛代表第十六届中央委员会向大会作报告

大会的主题是：高举中国特色社会主义伟大旗帜，以邓小平理论和"三个代表"重要思想为指导，深入贯彻落实科学发展观，继续解放思想，坚持改革开放，推动科学发展，促进社会和谐，为夺取全面建设小康社会新胜利而奋斗

吴邦国主持大会　2237 名代表和特邀代表出席大会

图 8-27

第四，体现主旨。编辑在编排每个具体版面的时候，总会有一个要表达的主旨，它是这一版面的核心，也是编辑希望读者知道的最重要的新闻。这时，这一主旨可以通过版面语言体现出来，让读者立刻领会编辑的用意（见图 8-28）。

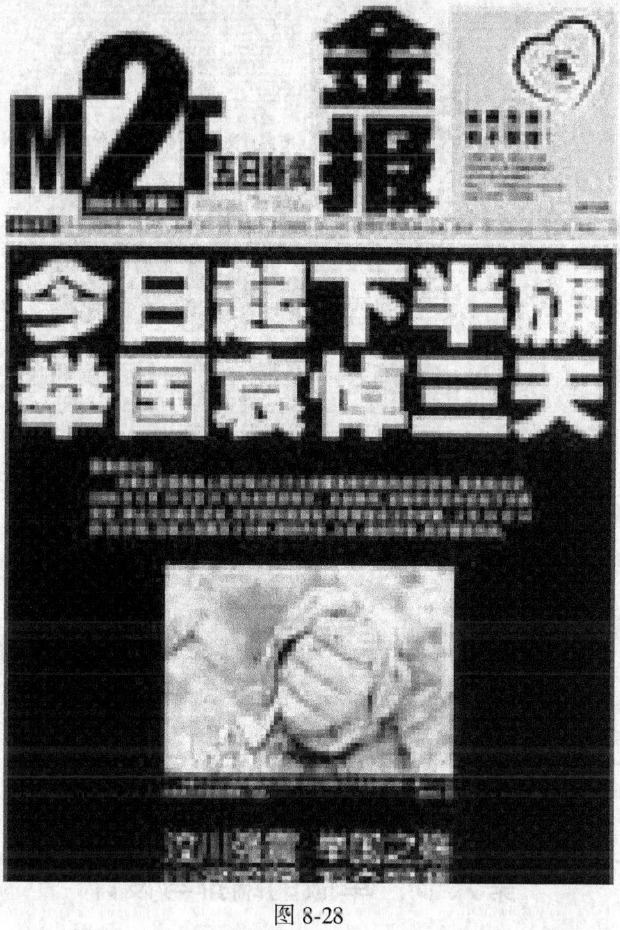
金报

今日起下半旗
举国哀悼三天

图 8-28

在这一版面中，通过色彩、标题字体字号、图片的选择，报纸对汶川地震死难者的哀悼之意跃然纸上，这一版面语言的暗示，使读者认识到编辑想达到的主题思想。

第五，表明态度。版面是要说话的，而表明态度是说话的重要内容之一。编排巧妙的版面往往能清楚地表明它对某一事件的看法。这种表态不是像新闻评论那样直接说出来的，而是隐含在版面的编排之中的（见图 8-29）。

在这个版面中，对我国首次载人航天飞机飞行的成功，既有评论《伟大祖国的荣耀》直接表达自豪之情，又通过版面空间、醒目的标题以及喜庆的色彩含蓄地传递出来，读者只要一打开报纸，就能感受到喜悦之情扑面而来，这都是版面语言正确贯彻编排思想的结果。

人民日报

中共中央召开党外人士座谈会

积极开展国际科技交流和合作
推动广大发展中国家加快发展

我国首次载人航天飞行获得圆满成功

中国首次载人航天飞行特刊

伟大祖国的荣耀
——祝贺我国首次载人航天飞行圆满成功

社论

图 8-29

第六节　单版的编排与设计

报纸的编排思想最终都是要落实在对各个具体版面的编排上。单版的编排与设计包括对稿件的强化或弱化处理及处理方法（版位、编排等）的敲定、版面的基本感情色彩、版面整体的视觉效果、版面布局的总体构想（版面的大致轮廓，含头条、图片、专栏的形式设定）、稿件加工的要求（文字增删、标题重制、图片剪裁、稿件配置）、个别稿件特殊编排，等等。它是编辑根据编辑方针和版面特性，针对本版当日稿件，进行价值甄别形成的。编排思想的确定，是单版设计最关键的一环。具体说来，单版的编排与设计包括以下步骤：

一、稿件空间位置的确定

稿件空间位置的确定，包括：

（一）各篇稿件具体位置和形状、题文关系、文图关系

单稿空间位置（即布局结构）受常量和变量的共同制约。常量指稿件新闻价值、报

纸版性（版面性质）和版式（强调版面结构）；变量指当日稿件情况，当前社会状况等。单稿布局包括版位、具体形状、题文关系、文图关系等。

（二）稿件与稿件之间的组合、呼应、排列、穿插等空间关系

稿件与稿件之间的空间关系，包含同一稿群及不同稿群两种。同一稿群不同稿件之间，可灵活采用排列和穿插的方法。不同稿件之间的空间组合要注意编排方式的呼应，对比性稿件注意标题样式的呼应和对比。不同稿群之间也可采用排列和穿插，但要注意分隔，尤其是不同感情色彩的稿群之间，而且，一定要综合考虑各稿群重要稿件的区位及形状。

（三）版面整体的结构方式

版面整体有许多结构形式，常见的有："朋"字形、"国"字形、"S"形、"Z"形、"non"形等，每种均有自己的语言符码。

版面布局需遵循均衡、秩序、比例、和谐的基本规则。"均衡"是版面上与下、左与右的重量上的平衡。这种重量是心理上的，是人根据长期的实际生活经验所形成的一种感觉。版面上的"秩序"是一种节奏感，是同一形式的反复出现。基本栏、同一标题样式、同一类线条等的反复出现，均可形成版面的秩序感。"比例"是指事物相互制约和映衬的关系。主、辅题配合，题文比，框的长宽比等，均形成版面结构布局比例上的关系。"和谐"包括内容与编排两方面，也包括形式上局部与整体的和谐。

二、版面设计规则

（一）先头条、图片、专栏、刊头，后其他稿件

刊头是一版的标志，头条是一版中最重要的稿件，图片往往能形成版面的视觉中心，而以专栏形式呈现的稿件往往具有重要性和冲击力。在设计版面的时候，一定要先将这些重要元素确定下来，在此基础上再去安排其他相关稿件。

（二）先确定版面的四角，再安排版面的中间

先确定版面的四角，可以达到版面稳固的效果，给人的视觉感觉比较好。当版面重心稳固后，再用其他稿件去填补版面上的空白部分就比较容易了（见图 8-30、图 8-31）。

很明显，对于以上二图，编辑遵循了四角优先编排的原则，将头条、专栏评论、图片稿安排在版面的四角，整个显得版面重心稳固，层次清晰而有条理。

（三）以排列为主、穿插为辅

现代报纸的版面以易读性为第一要旨，美观与否倒放在其次。实际上，易读与美观并不矛盾，很多版面既简洁又美观，只不过现在讲究的是简单之美而非过去的繁复之美，所以稿件的布局应以排列为主，即稿件形状以 90°的四边形为主，六边形或其他多边形的穿插形状应只作为偶尔的点缀。

（四）以基本栏为主、变栏为辅

基本栏是报纸版面编排的基础，报纸稿件的布局应以基本栏为前提。变栏的使用或是稿件自身特性的要求，或是出于强调的目的，总之，它只是一种常态基础上的非常态，是编辑基于确实需要而为之，切不可把它作为惯常手段来使用，否则要么会丧失版面的风格，使版面杂乱无序，造成读者阅读的不便。

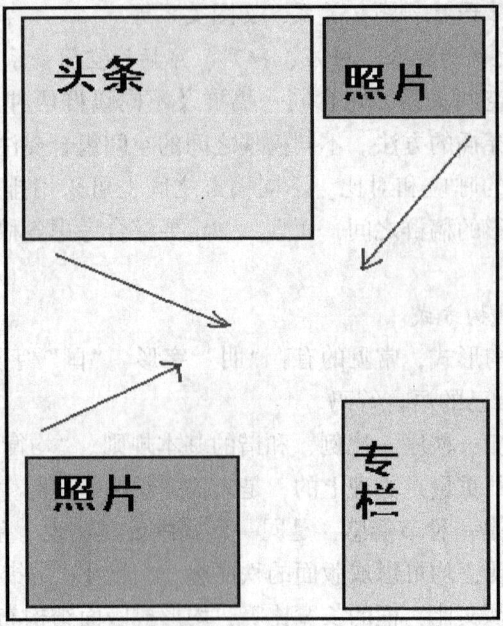

图 8-30

国际要闻

人民日报

两大派火并升级　法塔赫暂时退出

巴民族联合政府亮红灯

缅甸领导人会见中国东盟协会代表团

莫斯科劲吹"贵州风"

俄记者惊叹黔桂美

第二十二届中欧经贸混委会取得十二项共识

让平民远离战争伤害

苏丹接受新的混合维和方案

会议结果将决定俄退约与否

内贾德重申绝不放弃核权利

以前总理巴拉克当选工党主席

"伊斯兰团"恐怖组织祸首落网

鲜明对比

图 8-31

(五) 以横题为主

中国传统版面的标题是竖式题，为顺应时代发展，目前很多报纸都已将标题改为横式排列，有的甚至声明不再使用竖题。当代人有当代人的阅读习惯，横题看起来自然而舒服，所以报纸排列应以横题为主。当然，偶尔采用竖题也未尝不可，一来可以根据版面及稿件的需要灵活安排，二来也可以美化与活泼版面。

三、版面误差的技术处理

有了明确的编排思想和娴熟的编辑技术也不能保证版面的编排没有问题，有时误差的出现在所难免。

(一) 处理版面容量与稿件篇幅的误差

编辑在编排版面时常遇到的一个问题是，版面容量与稿件篇幅的不匹配，这时可以采用以下几种方法：

加减稿件；

补充或压缩稿件；

补充或压缩相邻稿件；

加大或缩小标题；

增加或合并自然段；

加减空白；

改变行距、字距。

(二) 处理正文的转接

在同一版面上编排一个稿件，会遇到转栏的问题，而有些稿件过长，规定的版面空间无法容纳，就不得不将下面的内容转至其他版面，在转栏或转版时应注意以下问题：

文章转版注明“下转第×版”，转文应加标题，注明“上接第×版”；

同版转文不可逆转，不可“跳栏”（越过相邻的栏，转入后一栏）；

转文不应高于标题，或低于前文结束处；

同一栏中如转入两段无标题的文字，应该加线隔开（见图 8-32、图 8-33）。

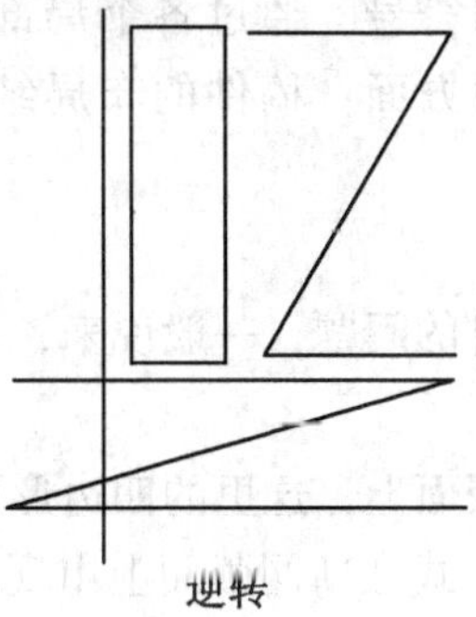

逆转

图 8-32

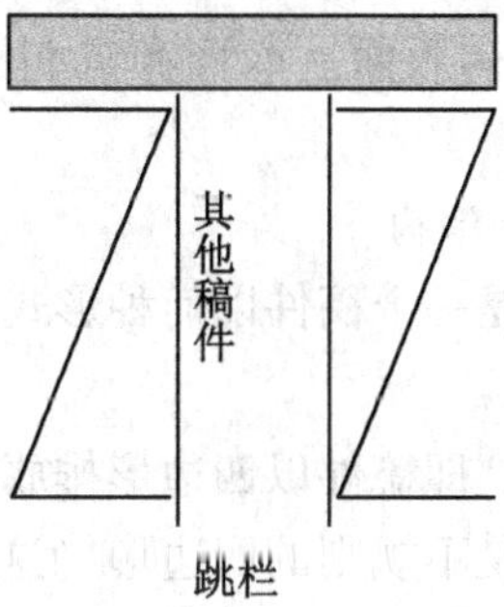

跳栏

图 8-33

转文不应高于标题，或低于前文结束处，如图 8-34 所示。

同一栏中如转入两段无标题的文字，应该加线隔开，如图 8-35 所示。

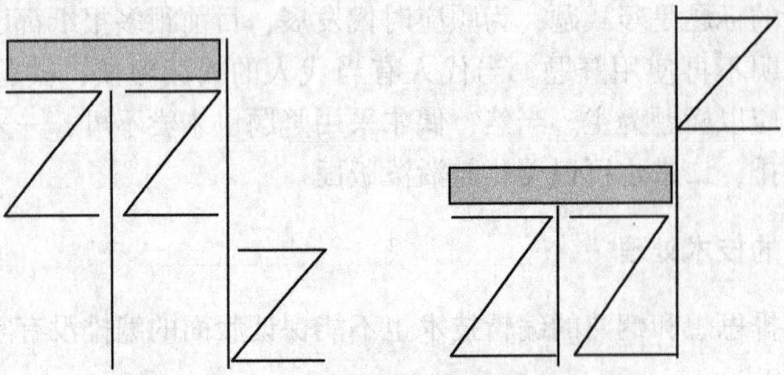

不合乎阅读习惯的转接

图 8-34

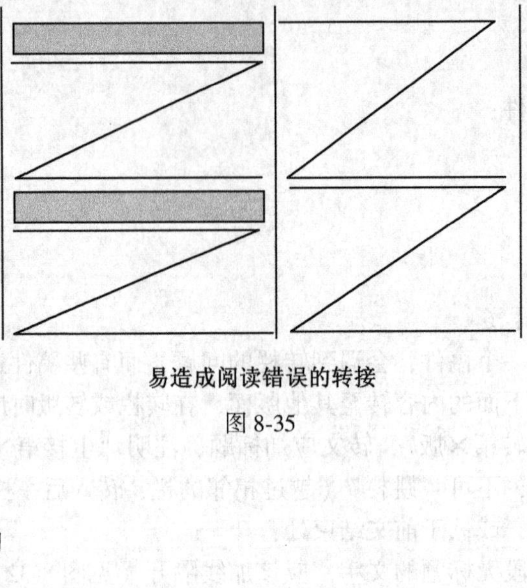

易造成阅读错误的转接

图 8-35

四、版面布局结构

版面的布局结构是指各个版面空间单元之间全局与局部，局部与局部联系的表现方式，是版面保持整体的依据。它是特殊的空间符号，通过各个局部的方位关系来体现版面评价，并组织架构版面。版面布局包括两方面：稿件的布局结构以及题与文的布局结构。

（一）稿件的布局结构

稿件的布局结构是一个稿件以何种形式编排的问题，一般说来，稿件的编排方式主要有两种方式：

第一，排列方式，即稿件以四边形排放在版面上，这里的四边形可以是正方形，也可以是长方形，还可以是不规则的四边形（这种方式在新闻版面上出现较少）。

第二，穿插方式，即稿件以多边形相互交错结合在一起。

这两种形式前文已有详细讲述，这里不再赘言。

（二）题与文的布局结构

版面编辑在制作标题的过程中，要根据版面编排的整体设计，考虑标题的排列方式，确定标题和文字的组合方式，这是标题工作的一部分。

标题和文字的组合，只是组成版面的局部，依照设计的版样把局部各就各位地组合在一起，才能形成整个版面。版面的局部将影响版面信息的传播效果。

1. 标题排列组合的原则

（1）标题的排列方式必须正确体现标题和文字的关系。题就是此文的题目，不能“张冠李戴”。因此，如果是左竖题，题在文字的左面，文字横排在右面；如果是右竖题，标题居右，则文字在左。先题后文是正常的阅读顺序。

（2）标题和文字的排列走向必须一致。标题横排，文字应该自左向右横排。标题右竖排时，文字应该自右向左竖排。这样才符合阅读习惯，少费读者的目力。汉字为方块字，有既可横排又可竖排的优势。少部分标题和文字采取竖排的方式，可以美化版面，避免碰题（标题靠得很近）现象。可是，或横或竖的排列方式，不能违背题文相关关系和题文走向一致的原则。

（3）标题居文字之中或者其他位置，应有明显的标识表明题文的相关关系。常用的标识是花边花线，它们被用来分割版面，区分题文组合的各个局部，这是标题排列组合必不可少的辅助手段。

（4）标题的字号大于正文，字体和字型也可异于正文。这样做可以突出标题，发挥标题的作用。标题字号和字体字型的选用，主要是在新闻的价值衡量和与其他新闻稿件相比较后确定的，不能随意变大化小。标题字号的大小，常常受字数及所允许的版面空间的制约。这就需要运用主题、引题和副题的排列变化，来实现设计要求，一般不能“削足适履”，为迁就字数而放大或缩小原定标题字号。

（5）标题结构要合乎语法，其排列方式同样如此。标题的主题、引题和副题的结构，或者都横排，或者都竖排，结构形式与排列方式一致，体现语法关系的要求也应一样。如果引题或者副题或者主题的排列，打破多行标题的规范化结构，就有可能破坏语法关系，必须注意防止。

2. 题与文的长度关系

（1）题与文等宽；

（2）题宽为文的栏宽的整倍数；

（3）题宽不是文的栏宽的整倍数（见图 8-36）。

图 8-36

3. 标题自身排列的形式

标题自身的排列形式多种多样，如图 8-37 所示。

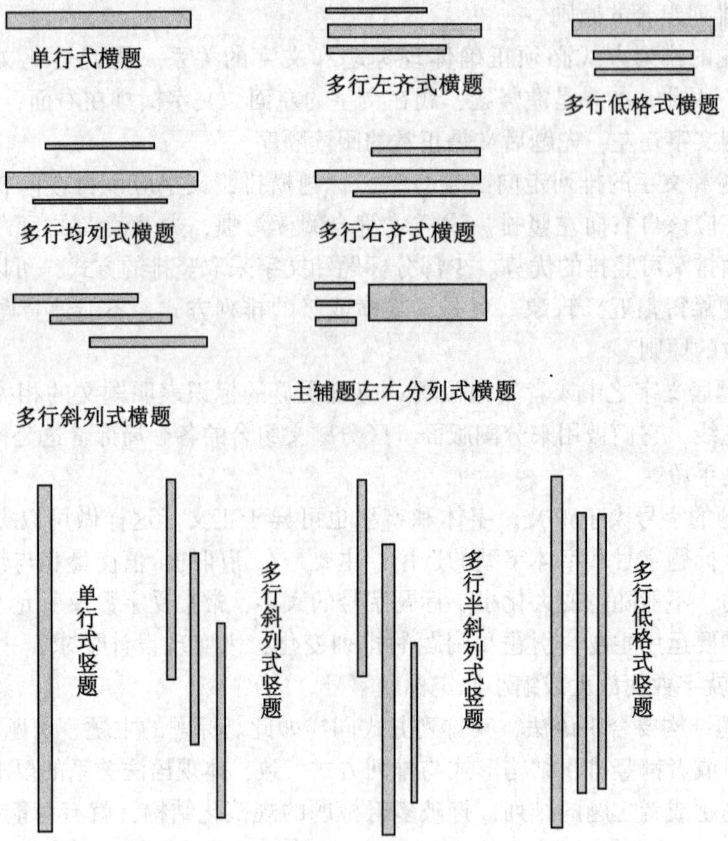

图 8-37

4. 标题与正文的位置关系

标题与正文的位置灵活多样，可任意设置，但不能影响阅读，如图 8-38 所示。

关于标题与正文的排列关系，我们可以看几个具体实例：

图 8-39 版面中标题的变化可谓丰富多样，既有左竖式串文题《加强领导落实责任强化措施　切实做好当前森林防火工作》，又有右竖式串文题《盛世梨园歌不歇》，还有横式串文题《北京市林火九成以上是人祸》、《人才兴馆　科技强馆　服务立馆》、《红军建军初期的著名将领　王良》；有竖式盖文题《吉林乾安县发生 5.0 级地震》，也有横式盖文题《台湾台东县地震造成 42 人轻伤》；还有上左题《怎样缴纳新消费税》。标题与正文的排列方式的多样性，可以赋予版面以灵活的形式，从而使读者在获得信息的同时，也增加了审美享受。

在图 8-40 所示的这个稿件中，编辑采用了竖式对角题的形式。这要求标题的两部分字数、形式大体相同。又如图 8-41 所示，此版的中间《巴以又陷暴力循环》为文包题（中心题）形式。

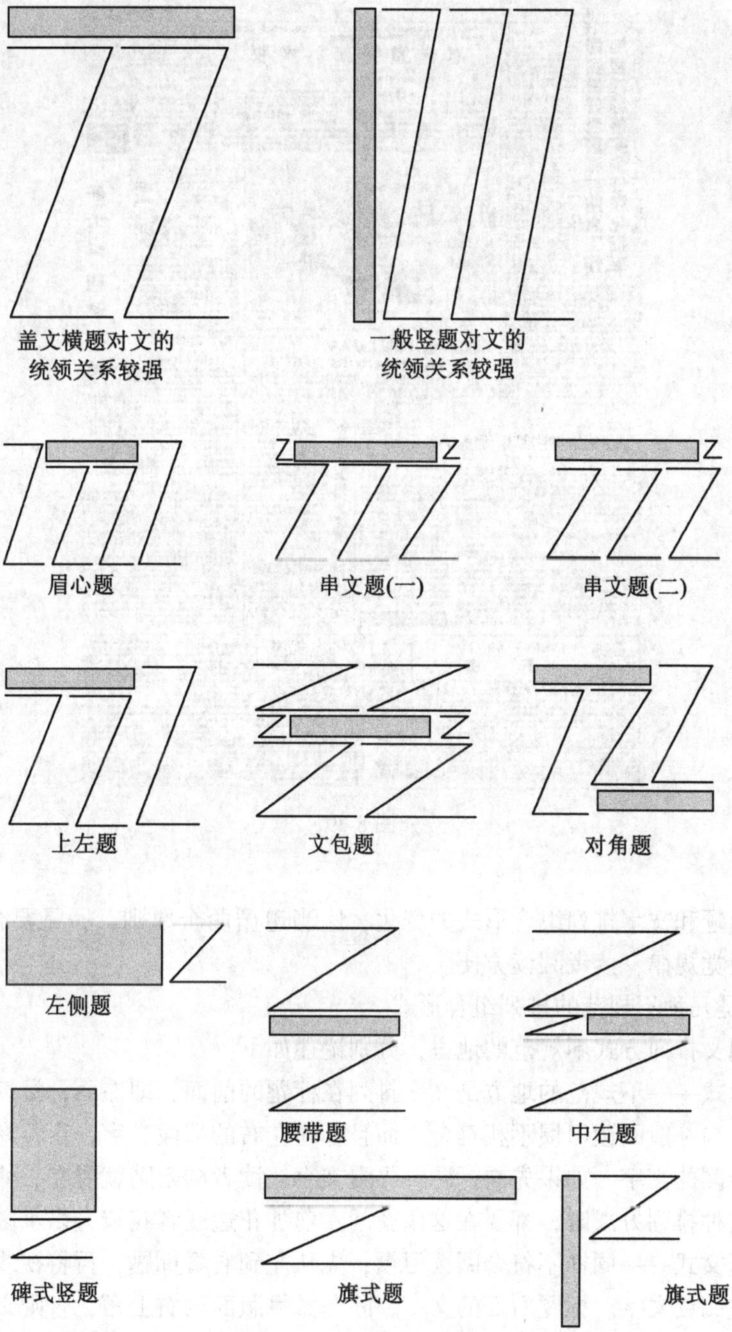

图 8-38

5. 题文排列组合的不规范形式

上面所举的几种标题和文字的排列组合方式，是常见的方式，不能概括一切。现在报纸题文排列组合形式变化很多，形式多种多样，可以将版面编排得生动活泼、美观、新

切实做好当前森林防火工作 加强领导落实责任强化措施

怎样缴纳新消费税

洞庭湖开始春季禁渔

北京市林火九成以上是人祸

盛世梨园歌不歇

国家图书馆——人才兴馆 科技强馆 服务立馆

吉林乾安县发生5.0级地震

台湾台东县地震造成42人轻伤

文化体制改革试点经验

王良

图 8-39

奇。但是，标题和文字排列组合形式的变化，应当遵循两个原则，一是要合乎汉语语法；二是要合乎视觉规律，读者阅读方便。

图 8-42 是几种不规范的排列组合形式：

这 5 种题文排列方式不规范的地方，分别论述如下：

①半角锁式——不规范的地方是文字排列在标题的前面，即左面，阅读顺序是先看文字再看标题，与一般阅读习惯不相符合，而且标题左右的那段文字，很容易被误会它是相邻的另一条新闻的文字。如果先看标题，再看文字，读者的眼睛就要左右移动，会感到不方便。采取这种排列方式时，都要在这条新闻左前加花边或者花线，以示区别。

②横题竖文式——同样不符合阅读习惯，先从左到右看标题，再将视线右移，从上到下、从右到左阅读文字。标题右面的文字，除非紧靠版面的右上角，否则必须加花边或者花线，与排列在它上面和右面的新闻隔开。如果将标题挪到右面，就没什么问题了。

③右竖题横排文式——这种格式现在已经普遍运用，其目的是避开标题相碰。这种排列方式不符合视觉规律。据生理学研究，人用眼睛看物，反映在视网膜上的物影，与照相机成像一样，为倒影，然后经过视神经的调节，转变为正像。因此，阅读这种排列组合的新闻稿件，先从右往下看标题，再将视线挪到左面，自左至右阅读文字，需要视线多次调节，视觉容易疲劳。

图 8-40

图 8-41

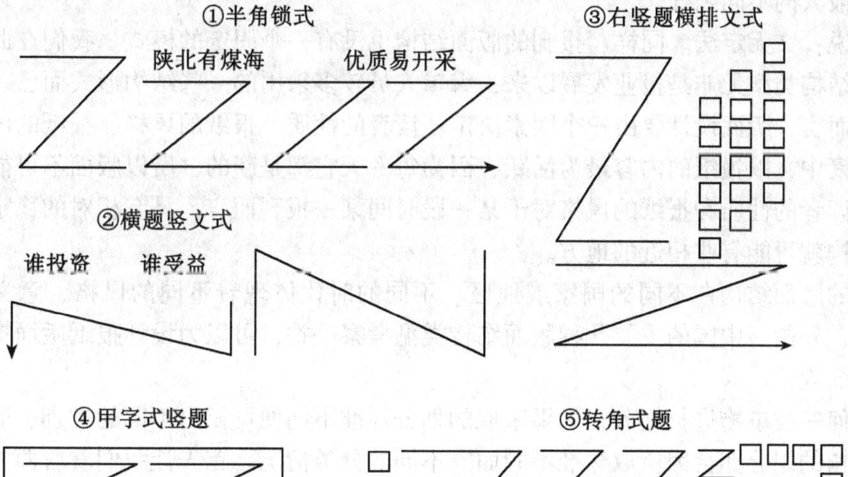

图 8-42

④甲字式竖题——这种排列组合比较费事，同时加框线所占版面地位较多。在时间性不强的版面上，才可以采用这种排列组合方式。另外，向下面延伸的标题，务必与它的左右和下面的文字有明显的区别。

⑤转角式题——这种形式多在专栏中运用。每一个题目究竟是哪一稿件的标题，很难一眼看明白。

标题和文字的排列组合形式，可以变化无穷。主要的原则是合乎题文走向和方便读者阅读。20世纪80年代末期，许多报纸编排出版专页，采取杂志式编排方式，标题多用折行题形式。优点是可以不受标题结构的约束，缺点是破坏中文文字排列的结构，汉字的优点消失，念起来毫无韵味。所以，日报的纸张应少采用杂志式题文编排组合方式。

第七节　版面的结构类型

报纸的版面结构，也称版式。它有两种含义：一是指报纸版面分栏的格式和规格；二是指报纸编排的方式或样式。

版式，原系书刊的专用名词。中国古籍中天头地脚、行栏界牌等就属于版式。另外，书籍版式虽然也指排版式样，如版面、版心、排式、书眉、页码、行距、标题、字体、插图等大小格式的安排，但这与报纸版面结构安排还是有很大不同，而且书籍版式只要设计一页，一本书的所有各页格式基本相同；而报纸的版面结构尽管也有基本类型（格式），却须每版分别设计，一份报纸的每一个版面的结构形式应有所不同。这是书籍版式与报纸版面结构最大的不同之处。

俗话说：文无定法。同样，报刊的版面结构也没有一个固定的模式。我们在此所说的报纸版面结构类型无非是报业发展以来，编辑人员较多采用的一些结构形式而已。

一般而言，版面设计要由三个因素决定：读者的性质、报纸的风格、报纸的内容。在这几个因素中，以报纸的内容最为活跃，因为每一天它都是新的，所以版面不可能一成不变。不过读者的性质和报纸的风格对于某一段时间某一报刊而言，具有相对的稳定性。因而版面结构就可能有些相近的地方。

不同的版面结构在不同的国家或地区、不同的时代体现着不同的风格、意义。把过去、现在、外国、中国的主要几种版面结构类型考察一番，可以为设计报纸版面提供一点可资借鉴的规律。

对任何一类事物进行划分，如果采取的划分标准不同便可得出不同的类别，同样对报纸版面结构的划分亦会因所取标准不同而有不同的分类情况。首先让我们看看西方报纸版面结构。

一、西方报纸（主要是英文报纸）的版面结构类型

英文报纸按版面分栏，基本上可分为四种版面结构形式：8栏式、6栏式和W形版式。其中6栏式目前较为流行，一般认为这种版式宽度适宜，正文字号大小适中，所以被人称为“最佳版式”。W形版式是指第一版左边有一自上而下的阔栏（约一栏半阔），刊登新闻提要或专栏作家文章，虽然版面上其他部分天天有所变化，但这个阔栏形式基本保持不变。

如果按版面的样式来分，英文报纸又可分为三种版面结构类型：垂直式版面结构、水平式版面结构、两者结合式版面结构。

（一）垂直式版面结构

垂直式版面又称纵式列式版面，也有人称为竖式版面。在过去较长的一段时期内，它在西方报纸上是一种占主导地位的版面结构形式。

这种版面结构，一般每版分为 8 栏，大都只有一栏两栏标题，很少有多栏题和大标题，只是在遇有重大事件的情况下，才使用通栏标题。这种版面结构又可细分为以下几种类型：

1. 对称式版面结构

对称式版面结构亦称“平衡式”版面结构。这种结构的版面，其新闻标题、图片，均是左右对称，即左边有个多大的标题、图片，右边相应位置也有同样大小的标题、图片。

“对称式”版面结构的主要特点有：

（1）头版标题以一栏为基础，可以有个别二三栏题，遇到重大事件，则可使用通栏标题。

（2）标题为多层式。第一层是主题，第二层以下是副题。副题一般有一至三层。旧式的平衡版面，重要新闻的副题可以多放到八九层。这是因为，标题既然以一栏题为主，新闻的重要性就只能用副题的多层来表示，新闻愈重要，其层次愈多。

（3）新闻标题集中在版面的上端。标题字号在版面上部的较大，越往版面下部就越小。

“对称式”版面结构的优点是：庄重、和谐，给人以有计划、稳定、可靠的感觉。这种版面结构对保守型读者很有吸引力。

“对称式”版面结构也有其致命的弱点：

①呆板，人工雕琢痕迹略显，缺少变化。

②削足适履地将新闻纳入对称的版面，不利于表现新闻价值及新闻稿件间的关系。

③新闻的长度很少恰巧适合“平衡式”版面结构的要求，大多数新闻要转到内页续刊，而“续刊”是不便于阅读的。有调查表明：有 70%的读者不愿跟着“续刊”翻到内页，有 30%跟着“续刊”翻阅内页后，就不再回到头版。

④标题多在上半版，新闻则密密麻麻排在下半部，版面显得头重脚轻。

“对称式”版面结构在一段时期内在美国占主导地位，但是自 20 世纪三四十年代，特别是“二战”以来，报纸日益感到需要更多的多栏题突出重要新闻，因而“对比与平衡式”版面结构遂从“对称式”版面结构中脱颖而出。

2. “对比与平衡式”版面结构

“对比与平衡式”版面结构是从“对称式”版面结构发展变化而来的，故有人又称为“非正式平衡式”版面结构。它现已取代“对称式”版面结构，成为美国报纸版面的流行版式。

“对比与平衡式”版面结构的主要特点有：

（1）比“对比式”版面结构较多地使用二三栏题以至多栏题，以便突出重要新闻，也较易照顾新闻稿件间的关系。

（2）标题、图片等可以在版面左右上下以及对角形成对比。

(3) 标题形式简化，标题字体革新。

“对比与平衡式”版面结构组版有两条基本原则，一是追求版面结构的“平衡”，二是巧妙运用“对比”。

一般认为，“对比”是突出稿件最好的方法。对于组版编辑而言，灵活地运用“对比”的方法，就像一个战士多了一件得心应手的先进武器。采用“对比”的方法，可以突出重要新闻，可以按新闻价值恰如其分地表现各条新闻。

对比效果的取得可以采取以下手段：①不同字号、字体和形式的标题形成对比；②不同色彩（油墨浓淡、颜色深浅等）、不同尺寸的图片形成对比；③标题与图片形成对比。

就版面设计而言，单讲“对比”是远远不够的，所以还得兼顾“平衡”。当然，这里所指的“平衡”并不是简单意义上的“对称”，而是一种心理上的感受。

尽管“对比与平衡式”版面结构较“对称式”版面结构更灵活多变，有较多的长处，但它亦非十全十美。事实上，它也有许多不足之处：①组版的难度较大、要求高，编辑组版人员如果对各条新闻的价值估量失当，将产生明显的错误；②版面虽比“对称式”版面结构有弹性，但仍不能非常鲜明地突出重要新闻。

3. “壁灯式”版面结构

“壁灯式”版面结构亦称为“突出右上角式”版面结构。其头条新闻与有关的重要新闻、图片集中地刊在版面的右上角，整个版面看起来就像挂有一盏壁灯的墙。之所以出现这种版面结构，一般认为与报摊卖报有关。因为报摊不能陈列整份报纸，只能一份压一份地露出报纸的一角。所以，报家为吸引读者购买报纸，便纷纷将精彩的新闻置于右上角，使读者见后不能轻易弃之。在整个版面上，版面设计人员苦心经营的右上角已形成一个强势区域，这个区域仿佛有一种无形的力量，将读者的视线牵引住。这样一来，版面就活起来了。

“壁灯式”版面结构的主要优点有：版面可以显著地突出最重要的新闻，如果精心将相关的新闻与图片编排在一起，能构成新闻中心，可以有效地吸引读者的注意。

这种版面结构也有一个弱点：由于重要新闻与图片被集中安排于右上角，版面其他部分配合较难掌握，弄不好，便造成头重脚轻的毛病。而且从其他三个角逐渐引导读者的目光集中于右上角，这中间的渐次过渡问题也是一个难题，稍有不慎，可能使版面脱节，反而削弱了版面的整体优势。

4. “万花筒式”版面结构

“万花筒式”版面结构的主要特点是新闻多、图片多、标题大。

众多的新闻与图片配以较大的标题，使整个版面看起来有如“万花筒”一般，让人眼花缭乱。这种版面乱哄哄、闹嚷嚷，好像马戏场上处处都在耍把戏，因而有人又称这种版面结构为“马戏场式”版面。

“万花筒式”版面是从美国黄色报纸大王赫斯特的报纸上发展起来的。它尽量多登新闻及使用大字标题、巨幅照片。美国黄色报纸多采用此种版面结构，以刺激读者，争取让更多的读者掏腰包。

由于“万花筒式”版面结构的特点，每条新闻只能刊登一小段文字，其余部分，均需转入内页。

法国大众化报纸（黄色报纸）不但乐于采用这种版面结构，而且比美国报纸更为极端。法国许多报纸的头版，基本上是由一块块的广告牌式的大字标题、图片组成。每条新闻几乎只刊登标题，文字全部刊在内页。这样的版面安排其实很像我国一些大众化杂志的封面设计，不同的只是杂志封面不分栏罢了。

仔细分析一下垂直式版面结构，我们可以发现这种版面结构的主要优点是：比较整齐、严肃，但这种版面结构类型也有较大的缺点：

（1）标题放在短栏里，分行就必然增多，一句完整的话要受到多次分割，阅读很不方便。设计者有时为避免这个毛病，不得不把标题字号缩小，但这样又会使标题不突出。

（2）长标题用得少，版面就缺乏吸引力。

（3）有时版面左右完全对称，要求对称的稿件具有同样长短、同样大小的标题，为此不得不让内容服从于形式，本末倒置。

（4）一篇新闻往往要从版面的上端看到底部，或者需要转往内页去看，阅读很不方便。

（5）由于大标题、图片都集中在版面的上半版，版面容易头重脚轻，显得不匀称。

正是由于垂直式版面结构类型有以上弱点，所以水平式版面结构类型就被版面设计人员推到了版面设计的新舞台，并渐渐取代了垂直式版面结构。

（二）水平式版面结构

水平式版面结构的主要特征是：大部分新闻采用多栏题，短栏题用得较少；标题简化了，一般以一行题居多，多行题用得少了，文字也不像垂直式版面那样一栏垂直排到底，而是通过转栏的方式，自左至右向水平方向扩展，一般文随题分为短行，串排题下；新闻的文与题多组构成一块块横的长方形，横贯于版面。读者读报不再是从版面上端循栏线下移，而是由左而右地读一块块长方形的新闻，因而这种版面被称为横式（或横开式）版面结构。

1. 准横式版面结构

准横式版面结构是从对比与平衡式版面结构发展而来的一种新的结构类型。这种版面结构虽然改变了传统的垂直式版面结构，但仍带有明显的垂直式版面结构的痕迹，如尚有少数竖排的一二栏题新闻，头条新闻仍在右上角，所以还称不上崭新的水平式版面结构，而只能称为准横式版面结构，或称作新型版面结构。

准横式版面结构的特点有：

（1）较多使用二三栏题以及多栏题。

（2）图片较多、较大。

（3）标题形式简化，标题层次减少。

（4）版面留有较多的空白。空白的产生一般由以下几种设计手段完成：第一，抽去栏线；第二，题与文之间、图片与说明之间多留间隙；第三，有时使用眉题，且眉题的字号和长度均为主题的1/2，眉题下加线。

准横式版面结构的头条新闻仍在右上角，这种版面结构也可以说是对比与平衡式版面结构。

2. 横式版面结构

横式版面结构是20世纪60年代，美国报纸在准横式版面结构的基础上进一步发展起来的一种版面结构形式。这种版面讲求实用、实效，因而又称为实效版面结构。

横式版面结构的主要特点有：

（1）主要新闻均为多栏题，新闻的文随题截为短行，串排在标题之下，题与文构成横的长方形。这样的一块块横的长方形新闻，从上到下，从左到右，横贯版面。

（2）头条新闻放在版面的左上角。

（3）版面上除头条新闻标题字体较大之外，其余新闻标题字体均不特别大。

（4）图片较多也较大，但不像垂直式版面那样主要是竖的长方形图片，多是横的长方形图片。

（5）图片不像壁灯式版面那样仅置于右上角，而是可以任意安排在版面的上下或四角。

（6）标题简化，多使用一行题，并且去掉副题。

（7）版面抽去栏线，删除装饰性版面设计符号，所以版面空白较大。

横式版面结构的主要优点是便于阅读。因为人们从儿童时起就学会自左至右地阅读，视线横贯版面读报，比从版面上端一栏一栏往下读要方便、舒服、自然得多。

横式版面结构的弱点是：版面是由一块块横的长方形新闻构成，这就在一定程度上强行将新闻纳入框框，这样的框框导致组版的弹性减少，不利于恰当地衡量新闻的价值。

总的说来，水平式版面结构现代气息较强，适合人们的阅读习惯。而采用多栏题和大标题又能使版面增添色彩和分量，易于吸引人。采用这种版面结构，可以使版面设计人员灵活地平衡版面，它还能引起一种错觉：一篇长文章在垂直式版面上“顶天立地”，而用水平式版面组版，因分栏多，看起来就显得短一些。

水平式版面结构的主要不足之处是：和垂直式版面结构比较起来，稿件相对要少登；设计和排版较费时间和精力，弄得不好，标题过大，容易显得虚张声势，显得单调呆板，而且就一个版面来说，设计时也应采用横竖结合的方法来安排，即横排式中间插进直列的形式，比如采用一张竖长形的照片来作对比，这样有利于版面保持平衡。

（三）西方现代报纸版面结构的新进展

事实上，在漫长的西方报纸发展史上，版面设计人员精心组构的版面决非仅仅以上所述几种，只不过这种版面结构类型最为典型罢了。

美国的报纸版面结构，在近几年来又有了一些新的变化：

第一，大多数报纸的栏数减少了，原来 8 栏的报纸现多为 6 栏。

以《纽约时报》为例，该报从 1976 年 4 月 7 日起便由 8 栏改为 6 栏。改版的原因大致有二：一是增加栏宽，便于读者阅读；二是节省纸张，降低生产成本。《纽约时报》曾说，改版可使平日的报纸由 88 页减为 84 页，而内容并不减少。

第二，图片更多更大，且多用长方形。

近年来，美国许多大报，如《华盛顿邮报》、《洛杉矶时报》、《巴尔的摩太阳报》、《波士顿环球报》、《堪萨斯明星报》等，均在头版和内页竞相使用图片。

以《纽约时报》这家版面一向比较严肃、图片不多且尺寸小的报纸为例，近几年，该报头版也都有两张至三四张图片。“新闻组”内页也几乎每页均有图片，其他各版，如“体育组”、“生活组”、“周末组”、“旅游组”等图片则更多、也更大。

一些报纸上的图片不仅尺寸加大，并且形状也多为长方形。一般认为小图片不吸引人，正方形的图片也显得呆板，因此现代报纸倾向于采用醒目的纵长或横阔的长方形图片。

对于图片的安排也有一些新的变化，比如说同一个版面上，如果有两张以上的图片，设计人员在组构版面时一般会挑选一张新闻价值大的图片作显著处理，比如用的尺寸较大、位置较显著，使其成为版面的视觉中心，其他图片则会居于从属地位。一般而言，同一个版面上不出现同样尺寸的图片，而且形状也不应相同。一个版面的图片尽量做到“横竖混合”，有人认为这样做可以收到“对比”的效果。

第三，版面上文字图片的“形”以横为主，但辅以一定的竖立“形”，使版面呈现出横竖结合的新结构。

现代报纸版面上的稿件，多以横形为主，但有时为了美化、活泼版面，会辅之以竖形稿件，从而使版面呈现出横竖相间的样态来。

第四，一些报纸倾向于使用巨幅而醒目的加框。

在过去，加框新闻多是短新闻或人情味新闻，框的尺寸较小，在版面上只是起穿插、调剂的作用。现在的做法是：①重要新闻或者有特色的长新闻加框，框的尺寸可以很大，框内的新闻往往配有图片。②框线用细线，不用粗线。这些细线的任务是将不同的新闻稿件区分开来。③框内留有较多空白，特别是框线与文、图之间要有空白，这样可以使新闻显得突出。④框内新闻的标题，较不加框时，字级大而且字体为细。因为加了框，已经显著，没有使用粗大标题的必要，且有利于保持版面的匀称。⑤版面的一边有特大标题时，可以在相对的另一边使用加框新闻，以求版面的平衡。这些新变化带给报纸版面以新的特色，由于其综合了水平式与垂直式版面结构的一些基本特征，糅合了这两种版式的长处，而且尚有一些其他新的变革，我们姑且将这种现代气息较强的版面称为垂直式与水平式相结合的版面结构形式。

从图 8-43 和图 8-44 两个版面我们基本上可以看出当代报纸版式的特征：

NATIONAL EDITION

Los Angeles Times

GROUND ATTACK BEGINS

16 Killed in Helicopter Crash Are First Allied Deaths of War

Pipeline Carries Big Hopes

A Big Question: Was Hussein Hit?

Dark Mood Descends as Baghdad Shuts Down

In North, Kurds Can Only Wait

图 8-43

The Guardian

US rallies the west for attack on Afghanistan

Mushroom cloud over Manhattan

图 8-44

二、中文报纸版面结构类型

(一) 从版面结构形式上的特征来划分

根据版面结构形式上的规则与否，可以将我国报纸版面结构划分为两种基本类型，即对称式版面结构和非对称式版面结构。

1. 对称式版面结构

(1) 规则对称式。这种版面结构的主要特点是，讲求版面左右的工整对称。版面以垂直的均分线为中轴线，左右两侧安排的稿件的形状，包括标题大小、题文关系、文稿长短、图片外形等完全相同，至少十分相似（见图 8-45）。

规则对称式版面追求的就是工整、同形等量的对称。其优点是：版面比较匀称整齐，端庄大方，对比性、整体感较强，美感突出，有均衡稳定的效果。比较适宜于表现一组内容上相关联篇幅又不很长的稿件。

这种版面结构也有其严重的缺点，主要表现为：

①内容常要迁就于形式。因为一般来说，报纸的稿件在内容和意义方面是不可能完全

34省区

这里沧桑 预约崭新希望

湖　北

兴建三峡 我不回家

江　西

千年瓷都 网上笑脸

湖　南

岳麓书院 见证变迁

福　建

福州古城 礼花满天

江　苏

夫子庙前 喜气读秒

图 8-45

等同的，每一篇稿件篇幅的长短和标题的大小很难做到完全相同。而采用规则对称式版面的首要条件就是版面对称的“形”要相同、数要等量。所以编辑设计人员在组构这种结构的版面时，常常不得不削足适履，让内容迁就形式，如将长稿了不适当地删短，或将短标题拉长等。

②由于对称的限制，版面的左右两边都不可能容纳 3 栏以上的横标题，而且对称的直标题又不符合阅读习惯——右边的直标题要放在文的右边，才能和左边的直标题对称——因而很难表现和突出重大新闻，所以要闻版较少用此结构。

③设计一个规则对称式版面需要花费较长的时间和较大的精力，而且还很难做到使稿件的价值与位置相符。

④这种版面结构工整对称有余，但缺少变化，处理不当，会使版面显得平淡刻板、没有生气，因此，规则对称式版面结构要慎用。

（2）非规则对称式版面结构。非规则对称式版面结构的主要特点是，整个版面讲求整体对称，不拘泥于左右对称，而讲求版面的四周或上下对称，其对称形式亦非同形、等量、工整等，而常常是不工整、不完全、异形的。

这种版面结构是我国报纸目前常采用的一种结构样式。其主要优点是：其一，版面上对比与对称结合，使版面容易做到匀称而生动；其二，它能使不同的稿件在版面上表现出不同的强势，又能使整个版面取得均衡。

非规则对称式版面结构常见的形式有两种：对角对称式与上下对称式两种。

①对角对称式。这种形式就是利用版面四个角的对应关系来进行对称，它主要两种形式："上左"和"下右"对称、"上右"和"下左"对称，它追求版面的整体均衡。图8-46为《中国青年报》的头版，在这个版面中，左上的稿件和右下的稿件是对称性关系，给人的感觉是版面右下的稿件其重要性并不逊于左上的稿件，因为两个稿子在标题大小、所占的版面空间上都非常相似，而且都配置了图片，这样看来，右下的稿件无疑就是前面讲的倒头条。另外，版面右上角稿件的形状是竖的长方形，这也十分相似于左下的稿群，给人的第一印象是其具有内在的相似性。

中国青年报
CHINA YOUTH DAILY

胡锦涛吴邦国温家宝贾庆林曾庆红吴官正李长春罗干分别参加审议讨论

一份真抓实干的『民生清单』
——解读二〇〇七年中央和地方预算草案

让所有孩子都能上得起学上好学
促进教育公平 政府在行动

四川团组织关爱留守学生

去年我国留学回国人数增长逾20%

李肇星就中国外交工作和国际问题答中外记者问

图 8-46

对角对称版面结构的长处是比较灵活。首先它对内容没有多大限制，在一般情况下，各种内容的稿件都可采取对角对称的版面形式。其次，它是在四角进行对称，比左右对称有较多的变化。

②上下对称式。上下对称式则是利用版面上半版与下半版的对应关系来进行对称。例如，上半版、下半版均放通栏题；或上半版放通栏题，下半版辟专栏，等等。由于采用通栏的情况不很多，因此上下对称的形式并不经常采用。

上下对称另有一种表现形式是，版面的上半部分与下半部分的"形"很相似，甚至完全相同，呈一种"倒影"式的对称。如图8-47所示，这个版面乍一看来，其下半部分就如同是上半部分的倒影，这也是一种奇妙的对称，只是读者要自己决定是从哪头开始读起。

CORREIO BRAZILIENSE

PARA LER EM CASO DE VITÓRIA DO BRASIL

Glória

Frustração

PARA LER EM CASO DE DERROTA DO BRASIL

CORREIO BRAZILIENSE

图 8-47

这种上下对称在目前报纸特别是都市报中也经常出现，如一些版面将版面分为上下两部分，上下各有一个醒目的通栏标题，这样，整个版面就只有两个稿件，上下明显是对称关系，提示读者两个稿件都非常重要。

2. 非对称式版面结构

非对称式版面结构就非常常见了，可以说，除了规则对称和非规则对称之外的所有版式都可以叫非对称式版式。它是我们最常见到的版面类型，可以根据稿件自身的特点自由编排，非常灵活，这里就不再赘述了。

（二）从稿件构图形状分

1. 交叉式（穿插式、咬合式）版面结构

交叉式版面结构是很长一段时间里中文报纸用得最多的版面结构形式。其主要特点是题文大部分为横排，少量用竖排，取横竖相间形式。行文单栏与破栏结合，稿件在版面上的构图多呈不规则多边形状，像小胡同一样左拐右折，少数文稿的构图呈规则的正方形、长方形。但“形”与“形”之间如楔子般紧密穿插咬合。所以也有人称这种版面结构为“穿插式”版面结构。这种稿件的组合方式我们在本章第三节版面空间中稿件的形状一部分已经讲得很清楚了。

这种版面结构的优点是匀称、大方、庄严，构图形状灵活多变，整体结构紧凑。好的交叉式版面结构，就像高级工匠精心建造的大厦，一砖一瓦紧密嵌合在一起。

组构这种版面结构时应注意以下几点：

（1）排文以单栏为主，灵活破栏。

（2）题文的搭配要多姿多彩，或横题横文，或横题竖文，或竖题横文。而标题的位置亦尽量不重复，或串文题，或夹文题，或文包题，忌单调。

（3）走文要易找易读、不乱转折（转折要符合受众的视觉习惯），不要下文上转或少量文尾“游离”于其他文中，切不可“神龙见首不见尾”，以免读者阅读时要花太多的精力在找文上。

（4）要严格遵守传统的编排原则，如不能碰题、不能断栏等，也就是说在版面上不能出现横向、纵向通版“胡同”。因为这样的“胡同”有一种游离于版外的感觉，从而削弱版面的整体美感。

（5）不得出现空白的死角与缺角。

（6）避免边线单一，亦不要滥用版面装饰符号。线条、花边主要用作分割版面文字。

（7）要避免题文过于拥挤，切忌在版面上出现大片的“无题区”或整版无图片等。

因为有如上许多的版面设计限制以及交叉式版面结构本身的特性，所以这种版面结构被认为有一定的缺陷：

其一，这种版面结构设计较困难。有人认为，设计这种版面就像做一首律诗，律诗讲究起承转合，要合平仄，要讲音韵，这种版面结构也有许多条条框框，设计一个好的版面需要足够的功底，而且往往费时较长，弄不好“律诗”会成为“打油诗”，令人哭笑不得。

其二，交叉式版面结构过于繁杂，而读者现代的审美心理是趋向于简约明了的构图。

其三，交叉式版面上的文稿构图讲究穿插咬合，读者需花一定的时间在找文上，不便于迅速阅读。

正是基于这些缺点，所以中文报纸的版面设计者们又推出了一种具有现代气息的版面结构：模块式版面结构。

2. 模块式版面结构

模块式版面结构之所以出现，除了前文所述为了弥补交叉式版面结构的不足之处外，还有一个重要原因，即电脑排版技术的进步。模块式版面结构应该说是版面设计者的智慧同先进的电脑排版技术相结合的产物。

所谓模块式版面结构，就是整个版面由一个个模块构成，模块往往是规则的“形”，如方块或长方块。

模块式版面结构，应该说不是我国版面设计人员独创的，因为美国报纸在20世纪60年代便设计出了这种版面结构。关于这种编排方式，美国密苏里新闻学院教授达里尔·莫恩曾作如下解释：“一个模块就是一个单位，是整体的一部分。运用到版面设计上来，模块就是一个方块，最好是一个长方形，它既可以是一篇文章，也可以包括正文、附件和图片在内的一组辟栏。版面由一个个模块组织而成，如果各个模块安排得妥当，这个版面就是上乘版面。”① 美国学者所作的调查表明，模块式编排得到多数读者的赞同。据悉，我国较早借鉴这种编排方式的是《解放日报》国际版，现在模块式版面结构已被国内多数报纸编辑采用了。虽是借鉴，不过我国报纸上的模块式版面结构也有一定的“中国特色”。

---

① 转引自陆炳麟、江和平：《美国报纸组合设计》，上海外语教育出版社1987年版，第69页。

如果仔细分析一下近几年我国报纸上颇受欢迎的模块式版面结构，我们还可以将这种版面结构细分为两种类型：一种为块状式版面结构，另一种为格子式版面结构。

（1）块状式版面结构。可以说块状式版面结构是传统的交叉式版面结构的一种“反叛”形式。因为交叉式版面结构的“形”大多呈不规则的多边形，只有少量的规则“形”，这种结构穿插咬合十分讲究，而块状式版面结构恰恰与此相反。在块状式版面上，每块文字都被编辑做成有规则的正方形、长方形或结构简单的多边形，并配有醒目的围框。

块状式版面结构在实际应用中，又有两种情况：

一种是文字或图片单独组成一个模块，一个版上有几则文字与图片，便有几个相互独立的模块。模块的大小不一，形状亦不求相同（见图8-48）。

水、电、气、热24小时抢修　送水、送奶、送餐一个电话搞掂
春节服务“全天候”
京城满街吉利话儿
京城处处是灯景
沾了“马年”就沾光
来京游客人数骤增
来的人多走的人少
114人被爆竹炸伤
除夕夜8人被拘留
发明专利产值90亿
大年三十抓逃逸
昨天“红九”摸出115个
庙会里面“乐子”多

图 8-48

另一种情况是混合型块状式版面结构。在这种结构中，版面上既有单篇成一模块的，也有几则文字、图片或文字图片混合在一起共同组成一个模块的，这种模块基本上相当于集纳专栏的性质（见图8-49）。

块状式版面结构目前被普遍运用于各类报刊上，有时亦见于头版。为什么编辑们乐于采用这种版面结构，而读者也欣然接受之呢？我们认为有如下原因：

其一，阅读方便。因为这种结构中每条稿件自成单元，读者不必花什么精力就能找到自己想看的内容。

大运会刊

倾盆大雨降工体 预演中断三分钟 三种措施备开幕

暴雨中三万观众不退场

大运组织工作赢得执委掌声

中国军团表态奖牌力争第一

大运前景看好更多城市申办

以更“国际”的心态……

基里安每次上车前都跟他握手

图 8-49

其二，对编辑而言，换稿容易，排版方便。如果需要换稿的话，只需取出所欲换的模块并用替代稿件填充进去就行了，通常不需要重新设计版面。

其三，由于这种结构的版面形式较简单，构图清晰，容易建立一个简约而悦目的版面。

块状式版面结构也有明显不足之处：

其一，这种版面结构由于过分突出每个单块的元素，处理得不好，整个版面可能会显得支离破碎。

其二，这种版面结构不适宜于组织篇幅较长的稿件，甚至也不适宜于组构稿件较短小、篇数多的版面。前者会导致版面单调乏味、缺少生气，后者则可能使版面太过于琐碎，太多的围框会令读者有应接不暇之感。

其三，由于每篇稿件均用围框，这在一定程度上是一种浪费，会减少版面的容量。

所以，版面设计人员在使用这种版面结构形式时，一定要注意根据稿件的实际情况来运用，不能在一段时期内用得太频繁。

(2) 格子式版面结构。格子式版面结构实际上是受西方报纸，尤其是英文报纸的影响而形成的一种最具有现代气息的报纸版面结构。

格子式版面结构与块状式版面结构的主要不同点是，不是每一则稿件独立加一个围框，而是将稿件置于一个个格子中，这种格子就像网球场或小孩子做游戏时的棋盘格子，通常是借用各种不同的花边、线条或稿件与稿件之间的空白来完成的。好的格子式版面，整个版面有明显的横的或纵的界限，如井字格，比较大方，有气势。这种版式不仅被广泛用于各种专刊、副刊，而且也常常用来组织要闻版（见图 8-50）。

胡锦涛接受7国新任驻华大使国书

未来价格上行风险依然存在

中国环境宏观战略研究正式启动

瓦斯开采企业将享受中央财政补贴

进一步加强投资者教育

银行可发行投资境外股票理财产品

实在干事　快乐做人

图 8-50

格子式版面并不意味着这些格子固定不变，恰恰相反，版面的格子是灵活多变的。我们说格子式版面结构，并不是一个固定的模式，而是必须根据稿件的实际情况在版面上组构合适的“格子”。现在的版式也常出现块状与格子结合式，如图 8-51 所示。

3. 混合式

混合式也是一种很常见的版面结构形式，这种版面结构有些局部是交叉穿插式的，有些局部又是块状式和格子式的。一般认为这种版式较有表现力，但难有鲜明的特色。

4. 齐列式版面结构

齐列式版面结构的特点是，全版稿件采用排列方法编排，各篇稿件的标题大小、题文关系以及图片、线条的运用均相同或相似，显得十分整齐。这种版面适宜于表现那种内容上具有共同性，而又不需要或者不应该强调它们重要性差别的稿件。

图 8-52 所示的版面就是一个典型的齐列式版面。版面很明显由四个稿件组成，每一组稿件均是由图片与文字组成。我们看到，这个稿件标题、图片、文字均十分相似，给人

财经／动态

捷达轿车改型不降价

北京市下调住房公积金存贷款利率

上海浦东人均GDP达6000美元

北京清理公司虚假出资行为

图 8-51

world cup

特别策划 T3

英格兰世界悲

四年之后再看他的

连点球都与他作对

他也许再也没有机会了

把最美好的自己

图 8-52

以鲜明统一的印象。

（三）从稿件内容及其他稿件的相互联系来分

1. 集中式版面结构

（1）特点。集中式版面的特点是用一个整版或大半版的版面集中刊载反映同一事件或同一主题的稿件，但题材、角度、体裁是多样化的。

集中式版面的最大优点是：

①中心突出，气氛浓烈，声势较大。

②可以同时多方面、多角度表现同一内容，有助于读者对该内容有一个较全面的了解。

在图 8-53 中，编辑将大部分版面用红色围框围起以独立于其他稿件，从而突出对《辛勤劳动创造美好生活》这一主题的报道。现在，很多报纸常采用这种版式，对某一重大的新闻事件或社会问题用集中性的版面做足、做透，以满足读者对新闻事件的全方位的信息需求。因此，集中式版面的出现也是现代新闻理念发展的体现。

国内要闻 3

胡锦涛结束访问回京

今日可与消费者见面

出口成交首超 300 亿美元

辛勤劳动创造美好生活

长江放歌迎“五一”

全面做好“五一”期间安全工作

舟山市 2006 年公开出让国有土地使用权公告

图 8-53

集中式版面的不足之处：同一版面主题比较单一，其他信息较少。如果读者对该内容不感兴趣，则无疑造成版面的浪费。所以除非某一新闻事件足够重大，引人关注，大多数人感兴趣，否则一般不宜采用这种编排方式。

2. 综合式版面结构

综合式版面是一种常见的报纸版面类型，其主要特点是：在版面上安排的稿件，其内容、体裁或是篇幅都不尽相同，犹如街头的综合商场，各种商品琳琅满目。这种版面类型适宜于安排稿件较多，虽有主次之分，但并不特别强调这种区分的稿件。

这种版面不是着意引导读者去注意版面的某一局部，而不太重视强势的营造，而是力图表现版面内容的丰富，并让读者自己去判断和选择（见图 8-54）。

人民日报
胡锦涛接受7国新任驻华大使国书
中国环境宏观战略研究正式启动
未来价格上行风险依然存在
瓦斯开采企业将享受中央财政补贴
临汾蒲巯煤矿瓦斯爆炸事故原因初步查明
进一步加强投资者教育
银行可发行投资境外股票理财产品
实在干事 快乐做人
劳动者之歌

图 8-54

这种版面整体匀称，容易做到四平八稳，也容易导致版面分散，因此，要特别注意稿件的组合。

3. 重点式版面结构

重点式版面特别强调版面的某一局部，并利用各种编排手段营造这一重点的版面类型。一般全版只有一个重点，有时会有两个重点，而且版面的重点非常突出，能自然地吸引读者阅读。

用来突出重点稿件的编排手段有：

（1）将稿件置于“左上”版区或上半部版区，即所谓“头条”位置，如有两个重点稿件，则最重点的放在“头条”位置，次重点放在“右下”或“下半部”的“倒头条”位置；（2）采用大标题；（3）加框；（4）变栏或使用必要的装饰手段。

图 8-55 所示的版面很明显编辑想突出《让媒体说话，天塌不下来》的稿子，将其放

评论
让媒体说话，天塌不下来
但愿天天都是阅读日
万人当街聚赌 谁乐谁忧
"头文字D"会给我们带来什么

图 8-55

在头条位置，并用明显强势于其他标题的字体字号来加以强化，从而用这种版面语言来表达报纸的编排思想。例如，从图 8-56 中可以看出，该版面有两个重点，一是头条稿件，一是下半部分的《恐龙，正从自贡奔上海》，因为这一稿件的编排手段明显不同于其他稿件，编辑用蓝色围框使其自成格局。虽然从版面区序上来讲它并不占优势，但特殊编排手段的使用却达到了突出这一稿件的目的。

三、报纸版式的新发展

（一）版式观念的变化

进入 20 世纪 80 年代之后，中国媒体进入一个全新的发展阶段。我国报纸逐渐引入西方报纸尤其是美国报纸的版面设计理念，越来越倾向于与国际流行接轨。总的来说，这

解放日报
东北地区振兴规划提交审议
曾庆红与萨克斯总统会谈
中国和苏里南相互信赖
吴官正在陕西考察时强调
注重反腐倡廉制度建设
"十一五"上海电厂能耗和排污预计降低 20%
机组大替小 煤耗高转低
今年推行"置换发电"23 亿千瓦时可节能 20 万吨标煤
科学发展 共建和谐
5 月居民消费价格涨 3.4%
继承发扬光荣革命传统
巴拿马运河国际顾问聚沪
发展大容量快速公交造福百姓
第 13 届上海电视节开幕
愿"白玉兰"常开不败
恐龙，正从自贡奔上海

图 8-56

30 年来我国报纸版面编排设计在美国报纸版式的影响下发生了如下观念性的变化：

1. 品牌意识增强

报业市场变得丰富起来，原先千报一面的版面模式改变了，各报纷纷通过版面来彰显品牌，突出自己的个性、品位和理念。

20 世纪 80 年代末 90 年代初，《北京青年报》抢先采用浓眉大眼的特色版式使自己在报丛中脱颖而出，鲜明地竖起了品牌大旗。

今天的一些报纸在塑造品牌时就显得更为成熟了。如何将报纸的办报理念融合到版式中，并通过版式将这些内涵传达给读者是报纸需要考虑的问题。这种考虑使其在报纸品牌、版面风格的塑造上更显理性。如广州市委机关报《广州日报》强调自己是一份上能直陈国政，下能关注民生，严肃性与平民性交相辉映的主流报纸，并致力于办一份"质量新报"。生活服务类报纸《精品购物指南》则根据自身服务性报纸的特质以及以白领女性为目标读者的定位，借鉴美国小报的版面编排手法，走上了软性杂志化道路。

为了塑造独特的风格，一些新锐报纸甚至还在印刷介质上动脑筋，如《经济观察报》模仿英国《金融时报》，采用橙色新闻纸。

2. 读者意识增强

重视读者的感受已成为我国报纸的普遍做法。报纸读者意识的增强在版面上最鲜明的体现是重视报纸的易读性。

（1）对内容进行合理整合。美国报纸设计界认为，好报纸应该像一幅地图，读者能顺利地找到所需到达的位置。中国报纸也逐渐引进这个概念，学习通过分版组来编排版面内容，现在很多版面较多的都市报都采用分版组的方法来编排报纸，如《南方都市报》。

此外，头版导读也是引导读者找到所需内容的重要通道。今天，导读几乎成为大多数报纸的必备栏目，甚至一些报纸的内页也专门设置导读。除了索引功能之外，导读还能增加头版有限版面空间内的信息含量。

（2）对编排布局进行调整。中国报纸开始引进美国报纸的设计理念，尽量考虑读者的视觉习惯和心理生理承受特点，通过对版面编排布局的调整为读者营造舒畅的版面视觉感受。

中国报纸纷纷告别正文竖排和标题竖排，在这方面率先尝试的是《解放军报》、《深圳商报》等，一些报纸还在编辑手册中明文规定不许使用竖题竖文。

中国传统的穿插式版面也因阅读不便而逐渐淡出版面舞台，新兴报纸引进西方模块式版面的操作理念，使之逐渐成为整个中国报纸版面设计的主流。

（3）采用方便读者阅读的“窄报”。自“窄报”因其便利读者阅读而逐渐在世界范围内流行后，我国港澳台地区的一些报纸也先后采用了“窄报”。内地最早采用窄报的是杭州日报报业集团旗下的《都市快报》。2002 年 8 月，《南方日报》成为第一份启用“窄报”的党报，这些具有影响力的报纸极大地促进了“窄报”潮流的蔓延。

3. 设计意识增强

在中国报社内部，文字编辑充任版面编辑不足为奇。近年来，这个传统也在美国等西方报纸编辑概念的冲击下被打破了。许多报纸启用专门的设计公司或专职的美编来设计版面，体现出报纸版面设计意识的加强。

在版面设计过程中，有着专业素养的美编还引进美国的现代设计思想来处理各种视觉元素，注重对图像、色彩、留白的合理运用。

（1）重视图片运用。在中国传统版面上，图片少而且很小，20 世纪 80 年代中期，《中国日报》率先在头版上半版版心位置刊登超过三栏宽度的大照片。到了新世纪的今天，报纸对图片的重视更是不容置疑，头版没有图片的报纸是难以想象的。

（2）理智使用色彩和留白。中国报纸从 20 世纪 90 年代开始引进彩版，很多报纸以彩色化作为读图时代竞争的主要手段。

从美术设计的专业眼光看，一张报纸首先应确立色彩基调，以体现报纸的办报理念、市场定位及独有的神韵。确立主色调后，还要注意营造色彩的变化，以活跃版面。留白也是近些年来报纸借鉴西方版式较为突出的表现。此外，报纸还借鉴杂志版面设计中的一些独到之处，对版面进行艺术化处理，如在内页上半版中使用超出版心的插图等，丰富了版面的艺术美感。

（二）报纸的版面风格的变化趋势

1. 版面结构

（1）三列分割式（或者是三横分割式）。即一个版面被纵向或横向分为三列，以纵向三列分割式运用最为普遍。纵向分割式，左右两列大多为一栏，栏宽比基本栏略宽，中间一列为二至三栏（见图 8-57）。

在这种版面中，一般的编排方法是，左边是新闻标题，中间是图片或报道，右边是新

2000

A MERCURY NEWS SPECIAL MILLENNIUM SECTION

San Jose Mercury News

Celebration!

From Auckland to Silicon Valley, a small world welcomes 2000
with massive parties, dazzling fireworks and hardly a hiccup

NEW YORK

WASHINGTON D.C.

LAS VEGAS

LONDON

SAN JOSE

A GLOBAL EVENT

New era sweeps in with hype, relief

MARKING A MILESTONE

Local

Nation

World

Technology

Reflections

MORE NEWS

Around the World

Mellow scene for revelers in Bay Area

TECHNOLOGY

Y2K verdict: more glitz than glitch

Mercury Center

COMING SUNDAY BUSINESS SV LIFE PERSPECTIVE

图 8-57

闻集。

还有的版面根据稿件自身的特点，左右两边各占一栏，中间用盖文题的形式统领三栏，全版看起来明显地被纵向分割成三部分。例如，图 8-58、图 8-59 中版面即是用线条将版面明显分割成三部分，条理清晰、布局简洁。三横分割式往往是在使用横式长方形大图片时运用，大图片一般放在中间部分，如图 8-60 所示。

(2) 封面杂志式。优秀的杂志封面是非常有个性和感染力的，它代表着杂志的精华内容和形式风格。杂志封面产生的效果是非常明显的，总结优秀杂志封面所产生的“封面效应”有利于报纸版面的借鉴设计。

目前，杂志封面在报纸版面设计中的运用主要表现出三种情况：

第一种，完全封面杂志式。典型例子是《精品购物指南》，仅从其封面已看不出这种报纸和杂志的区别了（见图 8-61）。

第二种，封面导读式。即头版由导读和大图片组成（见图 8-62）。

第三种，半杂志封面式。即头版是由一条重头报道、适当的醒目照片和导读组成（见图 8-63）。

2. 日益重视导读

356 名偷渡客殒命爪哇海

炭疽天花忙晕美国

伊拉克反对派向美讨钱

大红鹰　新时代的精神

图 8-58

E时代周刊

60余款笔记本新品将面市

「家贼」不再难防

西安圣和医院

内科　外科　妇科　皮肤科

图 8-59

Dear all, I survived yesterday

THE TIMES

America's might turns on Arab terrorist havens

INSIDE

TERROR IN AMERICA

图 8-60

图 8-61

南京晨報
21B
美国打伊
A4 美国展开地面进攻
A4 首轮空袭疑点重重
A5 九枚导弹炸科威特
A5 老萨兄弟逃出国门
A15 晨报记者到达海湾
WAR
中央商场
经营布局大调整
5万种商品超值热卖
春季新品全情参与
品牌＋实惠　折扣更空前

图 8-62

南国今报
3月21日
周五
伊战爆发　震惊全球
安南说：今天是联合国悲伤的日子。全球有无数人与我一样感到失望和震惊。
强烈呼吁停止战争
直击伊战第一天
一枪击毙歹徒
被劫人质无恙

图 8-63

导读成为市场化报纸必不可少的手段，它源于媒体竞争中提示意识的加强——报纸迫不及待地要把自己最吸引眼球的关键词端到前面来。导读成为营销时代报纸版面设计的重要组成部分，它几乎成为每张报纸的必备栏目，如图 8-64 中版面的导读功能就发挥得很好。

GUANGZHOU DAILY
广州日报
导读与索引
白云区沙河涌综合整治工程正式启动
3.8 万的哥变身警方“耳目”
行人过街绿灯延长
赴港澳购物“三项注意”
港警枪战案裁决徐步高合法被杀
台军演习科目军官要学自尽
体育成绩将成高校录取依据
40 万大学生今年在粤求职
施工挖穿煤气管近千人紧急疏散
转入强势整固
食品号称保健品 500 多老人上当
俄罗斯国葬送别叶利钦
与赫鲁晓夫葬于同一公墓
鲁尼绝杀

图 8-64

3. “读图时代”

“读图时代”图片的运用相对传统版面要大胆得多，不但图片数量大大增加，而且图片所占的版面空间也越来越大，有时甚至多于文字的空间。另外，版面上出现的图片类型也越来越丰富，图片的形态也变化多样，有时真是让人眼花缭乱。图片因其直观性和所具有的独特冲击性，备受编辑和读者的喜爱（见图 8-65、图 8-66）。

尽管西方一些号称为“质报”的报纸都曾经坚持少使用图片，比如《纽约时报》，就曾以保持新闻的纯度为理由很少使用图片，但随着图片拍摄技术的进步和传递方式的改进，它也逐渐放弃了这种“风格”。图片的非文字可替代性和充分运用的必要性显而易见。

4. 版面舒展整洁

传统的报纸总是试图表现错落有致、穿插套拼、横竖相间和厚文薄题，最为代表的是以《解放日报》、《新民晚报》等“海派”版式，有时甚至一篇文章要从左上角开始，七

年特刊
你可曾凝视过马的眼睛

图 8-65

Bay Area Living
It's Turkey DAY
Test your Thanksgiving knowledge
TURKEY FACTOIDS
Get out of the house!
Bored already!
JENGA
CLUE
Pictionary
Boggle
Turkey troubles!
Classic turkey day TV

图 8-66

扭八拐地到右下角结束。这样的版面单纯地强调形式上所谓的美观，让人产生稿件多的错觉，而忽视了阅读的方便，有违设计为读者服务的初衷。

与旧式版式大不相同的新潮版式，则倡导简洁、整齐、清爽、醒目、大图、大标题、短文、模板化（见图 8-67）。

QIANJIANG EVENING NEWS

钱江晚报

马年行情如何演绎 11版

网络游戏大赛在即 17版

布什明日抵京 23版

印度军火要占市场 24版

八个月建成湖滨大公园

西湖环湖南线景区整合今启动

300元一场电影真有人看

乍暖还寒时 还须多添衣

万马争春闹元宵

图 8-67

当然，追求整齐简洁之美，并不是说版面设计者什么都不做，只要把稿件一条条码上去就算完事了。其实，一个富有简洁之美的版面，有着更丰富的内涵，包括节奏、韵律、流畅等审美的需要。这样的版面要求设计人员具备更高层次的人文知识修养。

5. 标题：六个变化

（1）加大标题字号。我们稍微纵向地浏览一下几十年来报纸标题的变化，最为突出的变化就是字号有总体变大的趋势。

（2）改变题文比例。标题和正文所占版面的比例由“厚文薄题”转向“厚题薄文”。

其灵感同样来源于提示意识的增强，在标题字号加大以争夺眼球的情况下，为使有限的版面容纳更多的信息量，会相对地压缩正文字数。

(3) 减少标题字数。根据生理医学的解释，眼球每停留一次可以看到六七个字。那么，瞬间抓住读者的最好方法就是玩好标题“一瞥的艺术”。

减少标题总体字数的另一种方法是尽量用单行题，因为单行题往往比多行题更容易吸引住读者。

(4) 强化标题形态。一个标题特别是长标题中最引人注目的是关键词，适当地运用版面语言突出关键词，如改变关键字体的颜色、字号、字形等，可以增强这一局部的感染力。

(5) 调整语言顺序。在一般情况下，人们说话通常是按主谓宾的结构排列词语的，非常情况下会打乱语序。为了突出信息的要点，标题的语序越来越多地采用关键词靠前的手法，形成所谓的标题“倒叙法”。

(6) 去掉花哨装饰。版面编辑的工作是减法而不是加法，这个道理许多人至今仍然不理解。过去一谈到美化版面，大家就会去搞许多眼花缭乱的修饰，围花边，加立体勾黑边，再配上半黑半白的底纹，唯恐标题太“单调”了。这实际上有违于美学原理。什么是美？美是自然，是简洁清爽。什么是自然？很少人为干预的。过分地插花戴朵、涂脂抹粉，只能让人感到庸俗不堪，不忍卒读，拒而远之。

第八节 版面设计的美学原则

一张报纸到手，首先扑面而来的就是版面。版面是办报人将社会现实的最新生活通过独特的版面语言在一个特定的平面上予以表现的符号形态。生活是丰富多彩的，每一个编辑在用版面语言向读者“描述”当天的精彩生活的时候，他必须首先遵循生活的逻辑和规律，将鲜活的内容用恰当的形式体现出来，这就需要版面编辑具有较高的审美素质，他应该遵循如下的美学原则：

一、平衡原则

平衡是版面的基本要求，任何形式的版面编排，最后都要归结于二元空间的平衡问题。所谓平衡，即均衡、平均、等量之意。在理解平衡时，我们应该知道的两种不同形式的平衡：一种是对称的平衡，如上下、左右、前后等完全对称。在版面上两个字体字号以及大小完全一样的形状，就给人一种平衡的感觉。另外一种是非对称的平衡，这种平衡重在给人一种心理上的平衡感，而非视觉上的，它在现代的审美观念中成为造型的特征之一。依此原理，在一个版面上，不应该一部分过重而另一部分过轻；也不一定要求精确的数理平衡，如左右完全对称、等量等，但应以视觉中心为支点，来决定版面的哪一部分具有怎样的视觉分量。

左右两边的平衡比较容易做到，而上下的对称则会显得过于呆板。大多数报纸采用上端和下部不拘形式的平衡，形式并不明显，但有平衡感。达到平衡，还要注意块（图片）、条（标题）、点的合理搭配。这里的平衡不是说像四方形那样的均匀，而是要防止局部偏挤、成堆，给人一种不协调的感觉。

对于色彩的运用，也是平衡版面的一个很重要因素，它最能体现版面的特色和个性。版面的整体色彩倾向应据版面的定位、风格以及稿件的内容而定。一般说来，主色调的颜色在版面颜色中应至少占60%的面积。在主色调的基础上，还可以配上相邻色系的颜色，给人和谐统一的感觉。

只用同色系的版面，虽然整齐划一，但由于人眼所受刺激的单调及色觉的疲劳，会给人一种平淡、乏味的感觉。强烈的色彩对比又显得生硬，甚至刺眼，如果版面采用互补的色调，并能在色彩的明度与纯度、面积与布局上处理得当，就会产生鲜艳、明快、和谐、丰富的效果，这就要通过色彩的对比来完成，如色调冷暖的对比、纯度的对比等，产生画龙点睛的效果。

在新闻版的处理中，可以对重要稿件和重要版面区域，以色彩突出其强势。同时，淡化其周围的色彩氛围，对相邻稿件或不重要区位不作彩色处理，这样可以形成中心稿件与其他稿件的色彩反差，不至于全版都淹没在色彩海洋里。副刊专版类版面，由于内容上相对丰富多彩，强调趣味性、可读性，其色彩的运用可以灵活一些，尽量少用纯色，纯色太多，会使版面突兀、刺眼。版面对纯色的运用应该慎重，多用复色和次纯色，如粉绿、湖蓝、钴蓝、淡黄等。

版面色彩的和谐搭配一般有三种方式：一是同色搭配，即在版面上使用同一种色系的颜色，只在明暗度方面进行处理；二是类似搭配，即使用相邻的颜色，如明暗度、纯色相近的色彩；三是补色搭配，即版面以一种颜色为主，配色使用低纯度的颜色。

二、对比原则

平衡的版面对于版面来说是静态的，有些报纸需要生动活泼，需要一种动态的表现力，要创造这种表现力就应该在版面上追求一种变化。对比，是变化当中最典型的一种。所谓对比，就是使性质相反的一对（或几对）要素产生一种强烈的反差。日本学者朝仓直巳认为，“具有相反性质的要素”是指形态、色彩或质感，也可以指大小或配置的情况。把不同质的要素组合起来，造成极端异质的状况，并以某些方法在多种造型要素之间造成反差极大的效果就是它的目的所在。在版面上，对比是指两篇或两篇以上的稿件彼此明显不同或截然不同，如清淡标题与黑重标题的对比、小照片与大照片的对比。因为有反差，版面显得生动，读者有新鲜感。

如果版面的每一形块均是等量对称，且标题也很少变化，照片形状与大小相差无几，这样的版面，很难说是美的。版面设计人员应该理解对比的要义，力求在版面的设计中，通过文字、图片、装饰等符号的编排来寻求对比所需的“相反性质”。

三、变化与统一原则

变化与统一是编辑美学中不变的主题，统一是主导，形成版面的整体感；变化是从属，避免版面的单调和死板。一张报纸应该有自己的色彩基调，以体现报纸的编辑理念、市场定位及独有的神韵，以期在读者的心理上产生影响。

版面就整体来看，如果各种要素全是零散地各自为政的话，那么就无法获得高层次的美感享受。高层次的美感享受应该有某种足以统一全局的东西。变化与统一应该保持有机化，呈现充满生机活力的状况，这便是美学上所谓的“寓杂多于统一”的意义。

对于统一性，版面的编辑应该做到“乱中有整，违中有和”。这里的“违”是参差错落的意思，它与“乱”都是表示不拘一格、参差变化，即多变。但不管是“违”也好，“乱”也好，都应该有“整”有“和”，即整体和谐，亦称“统一”。如果一味求“变”而破坏了整体的和谐，那就破坏了版面整体应有的美感。

变化性就是要造成一种动势，也就是要有一种强烈的吸引力的形式。一个版面通常有一个焦点或几个焦点，所有其他因素在视觉上都给这些焦点以视觉支持。受众在看版面的时候，因为他的眼睛无法一下子看遍所有角落，所以，编辑要学会营造动势，调动受众的视觉趣味。调动视觉趣味一般可以采用组割方式，如黄金分割、井形分割、十字分割等。另外，利用有生命力的照片，以及多变的编辑符号手段，如线条、花边等，都可以达到营造强势的良好效果。

第九节　三组版例欣赏

当有突发事件发生或重大节日时，各家报纸必定会集中兵力、全力以赴，所以对这类事件的报道，最能显示报纸的实力和风格，下面，我们就欣赏三组版例，看看不同报纸的报道风格和独具匠心。

一、伊拉克战争爆发当天的头版

下面选取了若干报纸所报道的伊拉克战争新闻，如图 8-68～图 8-73 所示。

伊拉克战争今天上午爆发
伊拉克战争
第三波打击

图 8-68

伊战特刊
美军空袭巴格达
停止军事行动
今晨向伊全面进攻
隆重上市

图 8-69

图 8-70

图 8-71

图 8-72

图 8-73

二、汶川地震一周时的头版（见图 8-74~图 8-81）

The 竞报 First

悼

国务院昨天作出决定

图 8-74

文匯報

5月19日至21日：全国哀悼日

任何困难都难不倒英雄的中国人民

汶川地震震级：8.0 级

地震原因已有初步结论

图 8-75

东方早报

深切哀悼汶川大地震遇难同胞

5·19—5·21

全国哀悼日

下半旗志哀

今天14时28分起

全国人民默哀3分钟

汽车 火车 舰船鸣笛

防空警报鸣响

奥运火炬传递暂停三天

图 8-76

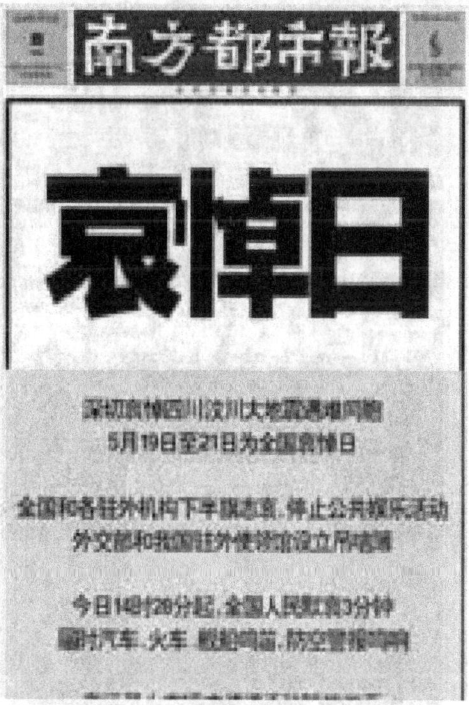

南方都市報

哀悼日

深切哀悼四川汶川大地震遇难同胞

5月19日至21日为全国哀悼日

全国和各驻外机构下半旗志哀，停止公共娱乐活动

外交部和我国驻外使领馆设立吊唁簿

今日14时28分起，全国人民默哀3分钟

届时汽车、火车、舰船鸣笛，防空警报鸣响

图 8-77

广州日报

国务院公告:2008年5月19日至21日

全国哀悼日

在此期间，全国和各驻外机构下半旗志哀，停止公共娱乐活动，外交部和我国驻外使领馆设立吊唁簿。

5月19日14时28分起，全国人民默哀3分钟，届时汽车、火车、舰船鸣笛，防空警报鸣响。

汶川地震修订为8级

奥运圣火将停传3天

图 8-78

华商晨报

哀悼

国务院公告

5月19日、20日、21日

为全国哀悼日

图 8-79

图 8-80

图 8-81

三、中华人民共和国成立60周年的头版（见图8-82~图8-88）

人民日报

努力创造出无愧于时代的辉煌业绩
为中华民族伟大复兴作出重要贡献

国务院举行盛大国庆招待会

庆祝中华人民共和国成立六十周年

迎接中华民族伟大复兴的曙光

热烈庆祝中华人民共和国成立60周年!

图 8-82

经济日报

努力创造出无愧于时代的辉煌业绩
为中华民族伟大复兴作出重要贡献

国务院举行盛大国庆招待会

庆祝中华人民共和国成立六十周年

沿着中国特色社会主义道路奋勇前进

图 8-83

科技日报

沧桑巨变波澜壮阔 共同祝愿伟大祖国

国务院举行盛大招待会庆祝新中国成立60周年

温家宝的讲话

努力创造出无愧于时代的辉煌业绩
为中华民族伟大复兴作出重要贡献

向着世界科技强国奋进

图 8-84

工人日报

庆祝中华人民共和国成立六十周年

迎着中华民族伟大复兴的曙光

图 8-85

光明日报

国务院举行盛大国庆招待会

图 8-86

农民日报

各地群众以各种方式喜迎国庆祝福祖国

庆祝中华人民共和国成立60周年

国务院举行盛大国庆招待会

在全面建设小康社会的道路上奋力前行

山东：农艺农机融合 挖掘增产潜力

人民的"健康卫士"

图 8-87

中国日报

CHINA DAILY

CELEBRATING 60 YEARS

Dragon dancers' excitement mounts

Founding fathers' families party with pride

图 8-88

◎思考题：

1. 版面有哪几种结构类型？
2. 比较传统报纸与现代一些报纸在头版内容及形式安排上的差异，指出各自的优劣。
3. 版面用来营造强势的编排手段有哪些？

第九章
图片编辑

第一节　图片在报纸上的地位

图片是报纸版面上不可缺少的重要组成部分，而且随着媒介竞争的加剧和科学技术的发展，图片在报纸版面上的地位越来越重要。中国新闻传播发生了由“重文字、轻图像”到“图文并重”的巨大变化。这个变化是划时代的，是中国新闻传播事业特别是报刊传播的一场革命。进入21世纪，各类报刊及电子媒体都在探讨“读图时代”这个概念。《新京报》视觉总监何龙盛曾在接受媒体采访时指出：“读图时代”本身就意味着杂志媒体营销时代的到来。

社会的发展和进步，使人们的社会生活节奏加快。人们要想在社会上生存就得学习大量的知识，获得大量的信息。如何才能又多又快获得信息？有人做了实验，从实验中发现：人们从文字上获得的信息量为13%，从影视上获得的信息量为23%，而从图片上获得的信息量可达52%。人们从图形图像上获得的信息快捷，而且不受受众文化程度及语言差异的影响，特别适应当今社会的快节奏。如今网络技术的飞速普及和发展，图片的传输也变得十分快捷和便利。纸质媒介快速适应社会的变化，一改过去以文字为主、图片为辅的模式，用图片快速传递视觉信息。同时，利用新闻图片产生的视觉冲击力，争夺读者的视线，激起读者的阅读欲，赢得读者，扩大发行量。读图已成为人们快速获得信息的重要途径。

同时，国际互联网络的高速发展、网络上涌现的大量照片极大地丰富了新闻图片资源。研究图片在报纸上的应用也成为一个越来越引人注意的课题。

对报纸版面来说，图片和文字是两种重要的传播手段，它们只能相互补充而不能相互取代。以前说的“图文并茂”偏重于新闻图片在报纸版面上的装饰性和辅助性功能，随着经济的发展，新闻改革的深入，电脑、数码相机的广为使用，图片作为一种重要的新闻报道手段，在报纸中日益凸显其作用。

在1990年8月召开的第一次全国报纸总编辑新闻摄影研讨会上，“图文并重，两翼齐飞”作为新时期的办报指导思想，被会议确定下来，推动了中国报纸的改革。大照片、多照片逐渐占据了报纸版面，并常常以独立新闻报道的形态出现，使报纸真正进入了“图文并重”的时代。

从1990年至今的20年中，中国报纸传播经历了加强图片报道→扩版→再加强图片报道→再扩版→厚报时代→读图时代这样一系列的重大变化。读者的接受观念也经历了从文字报道中获取信息→从文字加图片中获取信息→从独立的新闻图片报道中获取信息这样的变化。新闻传播方传播理念和形态的革命以及信息接收方接受理念和习惯的转变，促进了“读图时代”的形成。如今，报纸版面编辑往往以有一张（组）好新闻照片为荣。读者看报也首先看新闻标题和照片，从新闻图片中解读新闻，这已经成为习惯。①

一、从图片量剧增角度看，图片在版面中占有重要地位

图片量急剧攀升的主要原因是：

其一，经济体制原因。过去是计划经济体制，报业不讲经济效益，亏损由财政补贴。而现在实行社会主义市场经济体制，报业既要讲社会效益，又要讲经济效益，要靠自已抢市场、创利润来求得发展。

其二，20世纪90年代以来，媒介之间的竞争颇为激烈。报纸除了要与同行竞争外，还要与广播、电视、期刊、网络等媒体展开争夺受众“眼球”的竞争。为了在竞争中取胜，报纸寻到了一个法宝——图文并重。

其三，高科技的发展为图片的制作及传输提供了极大的方便。因此，我们可以看到图片在版面中占有重要的地位。

二、从传播功能角度看，图片在版面中占据主体地位

从传播功能角度看，可以把图片分为辅助性图片和主体性图片。辅助性图片是指在版面中不能传递新闻信息、不能佐证文字内容，只起装饰点缀作用的图片。主体性图片是指能够独立传播新闻信息，或佐证文字内容并与文字稿融为一体传播完整信息的图片。图片和文字双主体的特点在报纸的版面中已有充分体现，其表现形式主要有两种：图文合一与图文对位。

第一，图文合一：即图片与文字同时指向一个具体的新闻形象的传播形式。这种传播形式似“看图识字”，降低了智力门槛，使读者阅读时费力程度最小。其具体表现形式有：单幅照片与文字合一；多幅照片与文字合一；图表与文字合一；漫画与文字合一。

第二，图文对位：即图片与文字围绕着同一个新闻内容，在各自独立表现的基础上，又有机地结合起来的传播形式。这种传播形式在目前的报纸版面中得到了广泛的应用。图文对位不是给人以“看图识字”的简单感知，而是利用图片与文字不同步产生的信息差距，充分调动读者的联想，加大感知深度，从而使读者看了图片后急需阅读文字，或阅读文字后很想观看图片，极大地满足了读者获知信息的欲望，从而产生信息快感。其传播形式主要有：

（1）单幅照片与文字对位。例如，左边是图片报道，右边是文字报道，交代具体情况及其背景。（2）多幅照片与文字对位。如由于图片易唤起读者的有意注意，因此，读者一般会先看照片报道，看了照片之后仍不满足，很想知道事情发生的背景及其他新闻要素，于是阅读文字。这种照片与文字结合的报道给读者传播的是完整的信息。（3）图表与文字对位。图表可使报道中的数据信息和方位信息得以充分体现，而背景资料、事件发

① 参见许林：《“图文并茂”不等于“图文并重”》，《新闻战线》2003年第1期。

展的过程则由文字稿来叙述，这样不同类型的信息通过不同符号传向受众，便于受众接受。(4) 漫画与文字对位。

因此，要办好一张引人阅读的报纸，既要用好文字，又要用好图片，全面确立图片和文字在版面中的双主体地位。

第二节　图片在报纸上的作用

报纸传递信息主要依靠两类符号：文字语言符号和视觉性非语言符号。文字语言符号的表现物主要是报纸上的各类文字稿件，还有标题、栏题等，而视觉性非语言符号的表现物则主要为图片、色彩和版面结构。报纸以文字传播为主，这是肯定的，但是单凭文字有时还不能很好地完成传播任务，必须借助于图片。因为一张照片、一幅漫画、一幅插画……不仅能吸引读者去注意报纸上的材料，给读者以美的享受，而且它形象化的传播功能，也是文字所不能代替的。没有图片的版面，即使文字内容再好，也是“有缺陷的版面”，只有文图并茂的版面，才能算是真正的好版面。

说到报纸版面上的形形色色的图片，不得不提到图片摄影的历史。图片在报纸上的地位的提高还与科技发展有着密切的关系。在近代报纸出现的初期，摄影、照相制版和图片印刷技术还没有发明，或处在很落后的阶段，报纸还不可能采用图片传递信息。1839 年法国人路易斯·达尔盖的摄影技术得到了确认和公布。时隔三年之后，欧洲国家出现了最早刊登新闻照片的画报。报纸运用照片则要晚一些，在照相铜版发明之后，19 世纪末期的英、法、美、德等国的报纸上才有少量的新闻照片发表。20 世纪初期，传真技术发展到可以传递照片的水平以后，新闻照片在报纸上的使用才真正推广开来。

20 世纪中后期电视的出现对报纸重视图片的运用起到了巨大的推动作用。因为照片提供给读者的固定形象对于那些习惯了电视图像的人们来说具有强烈的吸引力，于是照片在报纸版面上多起来、大起来，并成为一种普遍的现象。1982 年美国诞生了一家全国性报纸《今日美国》，它在版面上大量采用大幅的彩色照片，而且每天出版整版的彩色天气预报示意图，以一种“快餐式”报纸的活泼新颖的形象在西方报坛独树一帜。《今日美国》的成功掀起了西方报纸的改版热潮，图片在报纸上的地位进一步提高。

今天，全世界的报纸都十分重视图片的运用，而且有越来越多地使用图片的趋势，因此对现代报纸来说，图片与文字构成了两种基本传播形式，它们只能相互补充而不能相互代替。图片在现代报纸上之所以占有这样重要的地位，是与它在报纸上所起的作用分不开的。下面就图片在报纸上的作用予以概说。

一、事实胜于雄辩

作为独立报道体裁的新闻照片具有再现新闻现场、记载真实瞬间的作用。这类照片成为报纸上不可或缺的重要组成部分。俗话说：“一图胜千言。”新闻照片能够以文字新闻报道所没有的非语言符号，形象地再现新闻发生现场的每一处细节，使读者得以最直观、最全面、最真实地看到事物的全貌。例如在 2004 年，第 47 届世界新闻摄影比赛中，一张刊登在《时代》周刊上，主题为“伊拉克战争中受伤的儿童”（组照）的照片获一般新闻一等奖（见图9-1）。

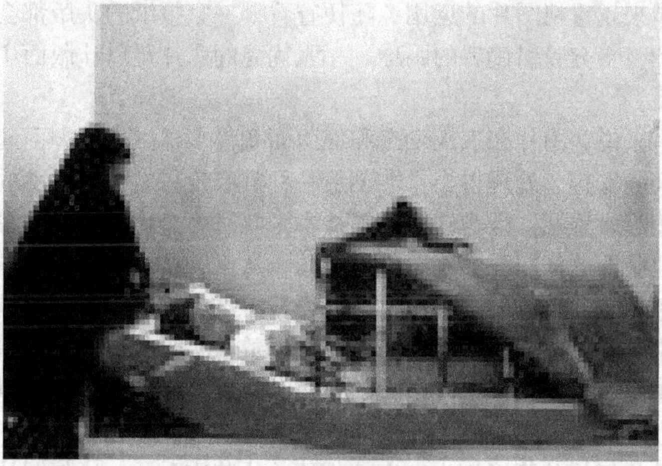

图9-1

如果用文字描写这件事就不会这样清楚、直观。光是花费笔墨形容母亲的悲伤以及受伤儿童的痛苦与惶恐就是一件很麻烦的事。如果再对周围的环境进行刻画，对当时的气氛进行渲染，文章就会变得冗长，成为一本“流水账”，读者看了会感到索然无味。

图片不仅能直观地再现，而且能够让每一位读者从中得到对这一事件的深刻印象，不感到枯燥之味。同时，妇女、儿童在这场战争中所受到的身体上、心理上的伤害，也能不言自明。

错综复杂的国际关系，如果要用一篇“国际述评”来分析评论，也许得花几千字，但是一幅好的漫画，就可以把这种关系勾画出来，同时还可以表明作者的鲜明态度。有一些复杂的现象，如果用文字来叙述，千头万绪，难免冗长，如果用一幅图画、一张图表或一张照片，配以简单的文字，读者便可一目了然。

二、记录历史

有人说，新闻记者是历史的见证人，他们所写下的新闻、所拍摄的照片就是历史的见证物。国内外的大事，如果没有那些摄自现场的新闻照片，当时的新闻传播就难以获得强烈的效果。今天的新闻是明天的历史，而新闻照片无疑是一种生动、真实的历史纪实。

新闻照片对新闻资源的充分发掘，对提高新闻报道的可信度具有重要意义。对于读者来说，文字报道固然能够描绘新闻人物或事件的发展变化，能够阐述其意义，但“耳闻为虚，眼见为实”。如果在阅读文字报道的同时还能够通过照片的形象性画面看到当时的真实场景，那么读者对报道内容的真实性便再无怀疑。例如，《羊城晚报》1999年9月7日的报道《50年公交大变身》，整版共有17张照片，通过“用照片讲故事”的形式，把50年来公交巨变的情形展现出来。由于照片角度多种多样，加上简短的文字说明，公交巨变令人毋庸置疑。

三、装饰版面

现在的报纸越来越重视图片的运用，随便查看哪一家报纸的头版都会发现：几乎在头版上都有一张照片，十分吸引读者的眼球。一张优秀的照片足以让版面生辉，从而强烈地吸引读者阅读报纸。

对版面设计者来说，图片在表现动态和使版面变得多样、生动方面起着十分重要的作用。图片与文字间隔安排、处理得当，能创造一种赏心悦目、引人入胜的效果。辅助性图片的装饰美化作用毋庸置疑，因为这样的图片本来就是为美化版面而存在的。主体性图片是否也能起到美化版面的作用呢？答案是肯定的。从审美角度讲，图片本身就是一种艺术品，它直观、形象，较之单调的文字稿要有趣得多。试想如果版面上尽是黑白相间的文字稿，能给读者带来美感吗？当版面不够稳定需要调整重心时，编辑经常最先考虑的是用图片来解决。没有图片，版面缺少密度最大的色块，容易显得轻浮，更难以形成一种跌宕起伏的美感。

图片的形象性特征使其可以作为文字稿件的美化装饰手段，比如照片可以用来衬托新闻标题，漫画可以用来点缀文字报道，示意图穿插于文字稿件中除了有解说作用外，也具有活跃和美化版面的作用。还有图饰，更是作为版面的装饰物灵活使用的，而且位置固定、频繁出现的图饰还具有标志版面的风格特色的作用。总的说来，图片在版面上的分布，是构成报纸形式美的不可缺少的条件。

四、引导读者阅读

视觉中心或视觉接触中心是美国心理学家 B. F. 斯金纳提出的一个概念——CVI（The Center of Visual Impact——视觉接触中心）。他认为一个有创造性的和谐的版面设计，就是要在版面上安排一个强有力的视觉接触中心。一个没有变化的版面，不能引导观察者向任何明确的方向移动，而图片就是版面上最具强势的视觉刺激物，能产生视觉上的冲击，成为读者的视觉中心。如果没有这样一个视觉接触中心，读者阅读报纸就会漫无目标并毫无顺序可言，而编辑如果能够利用视觉接触中心巧妙地设置版面，将视觉接触中心放在他认为能够最有效地引导和刺激读者进一步阅读的位置上，就可起到事半功倍的效果，那时，他“推销”出去的不仅仅是那几篇报道，而可能是整个版面，乃至报纸。

从现在市面上畅销的报纸图片版面来看，图片编辑都十分讲究版面中视觉接触中心的设置，图片版面中多数版面有 3 幅图片，这样可以形成 3 个视觉中心。图片有大有小，不论是从大图片向小图片的视觉流动，还是从小图片向大图片的视觉流动，只要有视觉流动，就存在着无形的视觉流动轨道，而这条轨道，拥有无形的视觉优势，把读者应优先注意的稿件或稿件群体，安排在这条轨道上，读者在目光流动的过程中，必不会轻易错过它们，这样便是有效地利用了视觉冲击中心之间视觉轨道上的视觉优势。

前面，我们介绍了图片在报纸上的作用。下面，谈谈报纸上常出现的几种图片类型。目前报纸上经常采用的图片种类较多，总的来说，报纸上最常用的图片主要有以下四种：第一种是照片。在报纸上出现的照片有新闻照片和非新闻照片之分。新闻照片是指那些记录新闻事件和新闻人物的图片，一般配以文字发表，也可以单独发表。非新闻照片不具备新闻照片的实效性、新闻性的特点，多为自然风景或明星照片等。这种照片大多数是起装饰的作用。第二种是漫画。漫画是美术作品的一种，特点是画面夸张、风格幽默，一般以辛辣的手法讽刺时弊。漫画有新闻性漫画、社会性漫画、图解式漫画，以及连环漫画、幽默画等。第三种是图表，包括统计图表、分析图表和新闻地图三类。最后一种是图饰，它与图表不同，不传递任何新闻信息，只是报纸版面的一种装饰，一般放在报头、栏题或标题等部位，使整个版面更加美观生动，恰当运用能体现报纸的编排思想。

第三节 新闻图片的编辑

报纸上的新闻图片主要有两大类：一类为主导图片，它在新闻报道中担当主角，承担主要的叙事功能。这类图片又可以分为单幅图片和成组图片。单幅图片的性质相当于一条消息，其报道领域非常广泛，强调实效性和动态性。单幅图片抓取事件发生过程中的精彩的瞬间，配合简短的文字，告诉读者新近发生的一件事情，体现事件的重大意义；或是报道一个侧面的现象，使人能体味生活的气息。例如，《青年参考》2004 年 2 月 18 日头版的一则新闻图片《镜头见证人性》就属此类。图 9-2 记录了 2003 年 3 月 31 日，伊拉克纳贾夫的战俘重组中心里，一名头戴黑套的伊拉克男子在抚慰自己受惊的孩子。这张照片荣获 2004 年度世界新闻摄影比赛的年度最佳图片奖。成组图片是将多张图片按逻辑顺序或时间顺序排列在一起，从而说明整个报道的过程或主题。

图 9-2

另一类为插图照片，这种照片是配合新闻、通讯等文字报道的，在新闻报道中起着辅助作用。一般来说，照片表现的就是文字报道中的一个场面，用直观形象为文字内容提供佐证，又给人强烈的现场冲击感。如 2004 年初，东南亚爆发禽流感，肯德基出现危机。《青年参考》2004 年 2 月 11 日 B19 版刊登了一则题为《肯德基危机公关应对禽流感》的文章，并配了一幅图片，内容为：在禽流感的阴影下，北京的肯德基正常营业，顾客正在用餐。这样便使文字内容真实可信。照片所展示的直观现场有很强的说服力。新闻图片的编辑过程大致包括以下程序：

一、新闻图片的审视

报社的新闻图片来自四面八方，可能是来自有经验的专业摄影记者，也可能是来自对新闻感兴趣的通讯员，因而图片质量就存在优劣混杂、良莠不一的问题，这就需要编辑的选择与加工。编辑对图片的审视，要注意以下几个方面：

(1) 编辑必须保证照片内容真实可靠，在技术上无明显的差错。在技术上有无明显的差错是照片能否被选用的最基本要求。诸如，这幅照片技术上有没有毛病？是否清晰？它所再现的事实是否属新闻事实？是不是人为制造的“新闻”？如果这些方面没有问题，就可以进一步考虑：这幅图片是否为受众所需求？受众是否感兴趣？

(2) 照片要具有新闻性，因为新闻图片离开了新闻性就失去了价值。比如它有没有新闻价值？是否该发头条？占多大的版面？放在什么位置？有没有必要进行连续报道？

在实践中，有很多新闻摄影作品，只有被安排在某一版面、位置、面积的时候，它才能打动读者，才是一幅优秀的新闻作品；否则，这幅作品就有可能被读者忽略，沦为平庸之作。从这个意义上说，新闻策划对图片编辑的要求是何等的高！有时候，当编辑看到摄影记者拍回来的新闻照片，有可能会发现这个新闻照片还有更高的新闻价值或者有进行深度报道的必要，需要进行深挖掘，这时就应该和摄影记者商量，如何回去重新拍摄整理，使该新闻事件得到恰当的报道。

二、图片选择的标准

报刊的版面是宝贵而有限的，所以一定要严格选择照片，不要让那些质量不合格的照片充斥在版面上。那么，什么样的照片才算是适合报纸刊用呢？原人民日报社社长邵华泽曾说：好的新闻图片应该具备以下条件：(1) 导向正确，图片所反映的内容是真实的，立意是正确的，产生的效果是积极的；(2) 新闻性强，反映的是新近发生的事，这是同艺术摄影最大的不同之处；(3) 形象生动，画面有创新；(4) 反映本质，这是最高标准、最高层次；(5) 图像清晰，这是最起码的要求。

具体来说，一幅好的新闻图片应具备以下条件：

(一) 真实、准确

真实是新闻的生命。新闻照片也一样，无疑要坚持新闻真实性的原则。新闻照片是对客观事物的如实反映，是现场的新闻纪实。一般而言，新闻照片的真实有三条基本要求：(1) 新闻形象真实；(2) 新闻的细节和人物的表情真实；(3) 新闻发生的现场气氛真实。以上这些条件均是维护新闻摄影形象真实的必要条件。

新闻照片的不真实，主要有下列一些情况：第一是在摄影时摆布、导演。新闻照片不是美术摄影，也不是电视电影镜头，不应成为导演与美术作者导演加工的对象，新闻照片应该而且只能是对客观的事实情景的写实，不能是记者“导演”的产物；第二，新闻照片要求客观地反映生活，要让读者感到照片上的人物是在自然地活动，而不是在“拍照”。所以，如果照片上人的眼睛望着镜头，那么就告诉了读者：这幅照片极有可能是他们在照相机前的“表现”。

2004年2月13日，新浪网发布快讯：武汉晚报社摄影记者邱焰拍摄的《非典时期的婚礼》荣获2003年第47届“荷赛”日常生活类（单幅）三等奖。第二天，《武汉晚报》在头版作了大篇幅报道，并刊出获奖照片（见图9-3）。据说邱焰得知获奖消息后非常激动，称自己第五次参赛首次获奖。高兴之余，烦恼却接踵而至。照片中的男当事人陈英和亲属获此消息后，以照片侵权为由向邱焰索要赔偿，最终将邱焰告上法庭。诉讼双方对于作假与否的根本理由不是集中在照片的后期编辑上，而是集中在照片的前期拍摄上。前期拍摄可能是导致报道失实的关键，又集中在“摆拍”这一个长期以来存在着广泛争议的问题上。

图9-3

另外需要强调的是，新闻照片的真实性并不意味着纯自然主义的照搬实录，对于某些涉及犯罪、暴力、色情、血腥的内容，要特别慎重，同时还要注意保守国家机密，维护个人隐私，否则就会起到相反的作用。对于这类照片，切不可以其新、其真为借口刊载发表之。

（二）新鲜、新颖

新鲜和新颖，就是新闻照片的内容要新鲜，形式要新颖。内容新鲜，就是指新闻照片反映的事实应该是新近发生的或受众从未听过的。也就是说，新闻照片要具备较高的新闻价值。不同的题材内容的图片对其新闻价值的要求不完全相同，有关非事件性新闻的照片，对其在时效性方面的要求可以稍微放低些，但有关事件性的新闻照片，对其时效性的要求则较高。

形式新颖，就是指照片本身的表现形式要不落俗套，具有一定的独创性，这是从审美价值方面对照片提出的要求。形式的新颖主要表现在以下几个方面：第一，画面新颖，有个性；第二，表现手法新颖，好照片不是平庸的模仿；第三，取景角度新颖。

（三）形象、生动

文章也好，照片也好，都要求生动。新闻照片要发挥它视觉形象的优势，来弥补文字之不足；要反映出现场的气氛、人物的精神面貌，以增加对读者的感染力。生动、形象的照片可以很好地吸引住受众阅读时的也许是匆忙的“一瞥”。照片是否形象、生动，原因有很多，归纳起来，主要有两个：一个是新闻事件本身生动、有趣；另一个则是摄影者能否选好角度，将新闻的细节逼真地表现出来。

新闻是反映人的社会活动的，因此新闻照片不但必须有人物，而且要有人物的动感。所谓动感，是指照片中的形象能给人以运动的感觉。众所周知，一切事物都处在运动之中，新闻摄影要截取的是运动的一瞬间。纯粹的静物画面，严格地说就不是新闻照片。“死”的照片要给人以“活”的感觉并不是件容易的事情。主题为直升机参加加州森林灭火的照片之所以能够荣获2004年第47届“荷赛”自然环境类一等奖（单幅），其成功的原因就在于照片充分地抓住了静态与动态交汇的一瞬间，给人以身临其境的感觉，有强烈的震撼力（见图9-4）。

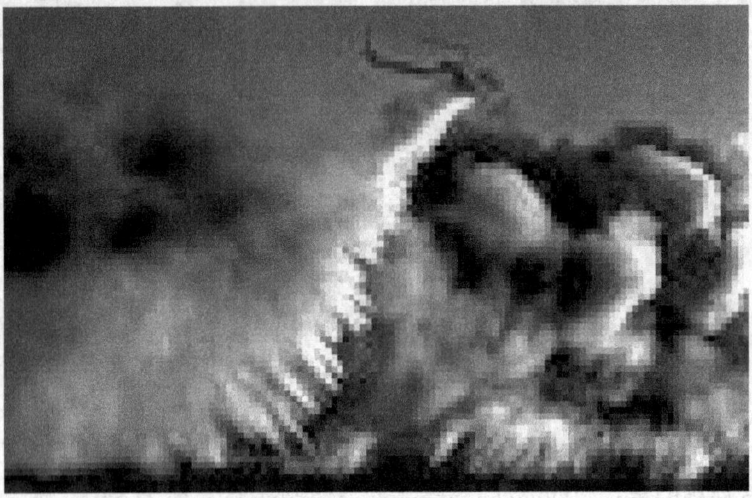

图9-4

（四）情感力量

目前，报纸的竞争非常激烈，每天都有新的报纸产生，又有旧的报纸消亡。在快节奏的现代生活中，要使缺乏阅读耐心的读者停下来注意新闻照片，就必然要求新闻照片具有视觉冲击力，能在纷繁的新闻海洋中迅速吸引读者的眼球，具有震撼效果，令人过目不忘。

新闻照片要以情动人，要重视人物命运与情感的表现。新闻照片的主要表现对象是人，新闻照片的读者也是人，而人是有血、有肉、有情感的。照片中人物的命运、表情会引起读者的强烈共鸣。实际上，那些长久地驻留在人们记忆中，挥之不去的照片都是在表现人物真情实感方面不懈追求，才最终取得成功的。

具有权威性和很大影响的世界新闻比赛，在一年一度的评选中，除了注重新闻价值与现场气氛外，还特别注重人物命运与情感的表现。历年来的评选结果颇能表明其追求的方向。

图 9-5 是第 50 届“荷赛”日常生活类（组照）一等奖的作品，题目是“孤独的男人”，男人的疲惫与孤独跃然纸上。

图 9-5

三、新闻照片的剪裁

照片是一种构图，这种构图能帮助读者清晰而迅速地抓住照片所要传达的信息。如果照片所表现的内容过于凌乱，读者的眼睛将无所投注。

照片的剪裁，是编辑对新闻照片进行的加工和再创作。我们在报纸上所见到的新闻照片，大多数都是经过剪裁的。因为编辑得到的新闻图片，并非都是上乘之作——不需要剪裁与修补即可发表。事实上，报社收到的新闻图片，在大多数情况下，有的是主体不够突出，有的是构图不够合理，不能鲜明地表现主题，在表现形式上不符合人们的审美习惯，这就需要编辑根据实际情况对其进行修补和剪裁。

新闻图片是要用二维空间表现新闻事实的存在。编辑在对照片进行剪裁时，不能完全从个人的喜好出发，随心所欲，而是要认真考虑主题和受众的需要。编辑在剪裁时要考虑以下原则：

（一）内容决定形式

要剪裁出吸引人的照片，必须严格遵循内容决定形式的首要原则。

不同内容的照片，表现形式应该是不同的。有的照片是表现人物的细节，突出局部情形，这时候就要用特写的形式。有的照片表现的是现场的气氛，人物之间的关系，则要尽量注意照片背景的运用。照片的剪裁要根据具体的情况而定，不能仅考虑画面的形式美。

与此同时，不同类型的图片，剪裁的侧重点也有所不同。如政治活动照片一般要求庄严、稳重；社会新闻图片则要求对现场气氛予以准确的把握；而体育照片则要求注意动势，等等。然而，一般不等于普遍，即使同类型的照片，在不同的情况和不同的要求下，剪裁方法也应当有差别。

（二）主体突出，主题明确

每一张照片都应当是一个完整的总体。画面上的各个组成部分彼此都应该有着内在的有机联系。新闻照片是对瞬间的记录，若摄影记者没有充分的时间去选择拍摄的角度，经常是匆忙间进行抓拍，这样的作品难免会粗糙，这是因为画面上的形象表意不明确，最能体现思想内容的那一部分杂陈在其他部分之间。编辑要通过剪裁使主题凸显出来，让读者领会到图片的含义。

同时，要围绕照片的主体去剪裁，删除画面上一切足以分散读者注意力的多余部分，让主体成为画面的聚焦点，把读者的注意力引导到主体上来。画面上较为次要的部分——衬体，则不能太引人注意，应居于次要地位，对主体起陪衬和烘托作用，否则就会喧宾夺主。有时，在拍摄者的照片原稿中，有不少人物的动作、视线都不一致，给人以一种杂乱的感觉。经过剪裁，可使照片画面显得更为完善，而内容也就更鲜明、突出。

即使是同一事件，不同的编辑从报纸定位、版面情况，以及自己的审美特点出发，可能会裁出不同的图片，请欣赏下面一组连战访华的图片，体会编辑的剪裁用心（见图 9-6~图 9-12）。

广州日报

5月1日盛大开盘!

连战抵南京 "相见恨晚"

学习借鉴上海成功经验 推进广州的大都市建设

服务业增加值占GDP五成多

全新阳光别墅均价5800元/m²

连珍贵园林园艺也是交楼标准

广东培正学院校园开放日

广州二中高中招生宣传月即将展开

图 9-6

环球时报

GLOBAL TIMES

三金西瓜霜

冲破六十年阻隔 迈出历史性一步

连战感叹相见恨晚

朝鲜会不会搞核试爆

图 9-7

图 9-8

图 9-9

图 9-10

图 9-11

东方早报

连战抵宁：台北南京并不遥远

上海又增200万m²配套商品房基地

图 9-12

四、图片的文字说明

报纸上的新闻照片一般都有说明文字，用以交待时间、空间关系，对照片起着解释、补充和升华的作用。新闻照片与照片的说明文字构成了一个有机的整体。新闻图片只是对新闻事件一瞬间精彩画面的截取，很难将这一新闻事件交待得完整、清晰，这时就需要用文字来补充背景材料、数字等。

在给照片撰写说明的时候有几点要注意：一是新闻照片与说明文字之间，是以照片为主，文字为辅。所以说明文字要简单扼要，画龙点睛，并且留有余地，让读者去思索。文字是为图片服务的，切忌长篇大论、喧宾夺主。2004 年 1 月 1 日的《新京报》上刊登了一张大照片，画面是一个妇女在橱窗前的躺椅上睡觉，橱窗里也有一张内容为美女躺在椅上晒太阳的巨画。图片的说明文字很简单，只有两个字："疲惫。"

同时，值得注意的是，新闻图片的说明文字和图片一样，都可能会存在着政治上、事实上、文字上的差错。新闻图片编辑人员要认真地审核这些图片的说明文字，不能因为只有短短的几行字甚至是几个字而马虎，否则轻则失实，重则会犯政治错误。

第四节　漫画、图表、图饰的编辑

报纸版面上的图片，除了新闻图片以外，还有漫画、图表及图饰等其他形式，它们与新闻照片一起，共同丰富版面内容、美化版面。

一、漫画的编辑

漫画是报纸的一种传统的图片类型，早在清朝末年我国报纸上就开始刊登漫画，在报纸有了很大发展变化的今天，漫画仍然是报纸版面上深受读者喜爱的一个重要类型。漫画与其他画种一样都是造型艺术，但是它又有本身的特点，那就是高度夸张、灵活多变的表现手法。这种表现手法常常巧妙地引导读者产生许多联想，从而对作品所描绘的题材获得深刻的认识。漫画的主要类型有政治、社会性漫画、漫画插图和幽默画等。

（一）政治、社会性漫画

政治、社会性漫画是漫画的主要种类。这种漫画对政治、社会现象可以歌颂也可以讽刺，性能相当于评论。一般来说，这类漫画主要是对社会现象给予讽刺或歌颂，形象而又逼真地鞭挞落后，鼓励先进，它用形象来说明复杂的政治社会问题，攻其一点，不及其余，简单明了，容易吸引读者。如《武汉晚报》曾刊登了一幅内容为寻找拉登的政治性漫画。漫画以游乐场为背景，在这里，警察和孩子都在寻找拉登。

政治、社会性漫画实际上是一种形象化的评论。它与文字评论的不同之处在于：①它对时势及社会问题的评论主要借助于幽默的图画、夸张的形象，它评论的对象也不像文字评论那样是具体的人和事，而是从社会现象中抽象出来加以想象和创造的。②虽然漫画可以借助标题和文字说明来表达主题思想，但与文字评论相比，漫画更注重的是以图说事和以图明理，文字只是帮助读者理解画面的一种向导。③正是由于图画对时政与社会问题的评论受到画面形象的限制，它对问题的分析往往不能像文字评论那样全面而深刻，对观点的表述也不能像文字评论那样准确明了，而需要读者根据画面形象，结合自己的知识和经验去思考，从而得出结论。

（二）漫画插图

漫画插图是附属于文字稿件的漫画，这类漫画目前常见的有以下几种：

第一种是配合新闻、通讯或评论的漫画。其作用在于利用夸张、幽默的特点，深化文字的主题思想和渲染内容的感情色彩。有的不能独立，离开了文字便不知所云。有的可以独立成为一幅歌颂和讽刺的漫画，但主题必须与文字主题相配合。这两种漫画插图都不是文字主题的简单重复，而应是内容的进一步发挥。

第二种是利用漫画的形象性特点，对文字报道或科普文章中比较艰深难懂的内容进行图解，帮助读者掌握相关的知识。这类漫画在一些科普性文章或者专业性较强的报道中经常采用，比如介绍罕见的天文现象、讲述一些复杂的技术原理时。配发图解式漫画，就能让读者产生阅读的兴趣而不致感觉太枯燥，对稿件中那些生疏的内容也比较容易领会（见图 9-13）。

（三）幽默画

幽默画主要是一类消遣性的漫画，它选取人生中一些使人发出“会心的微笑”的镜头，来博得读者的愉悦。但是，不能把幽默画的作用仅仅归结为笑。优秀的幽默画在令人捧腹的同时，还能够让人思索和联想，悟出人生的一些道理，使读者在“会心的微笑”之余，领会其中的积极意义。报纸刊登幽默画，可以使读者在学习报纸上严肃的材料之后，感到一丝轻松，得到一些精神上的享受，同时也得到一定思想上的收获。

A4 市十二届人大常委会第13次会议

骑车能否带人成百姓关注焦点

图 9-13

漫画是体现编者意图的有利工具，是报纸发言的一种手段，编辑要重视漫画的应用，在编辑漫画时要注意以下几个方面：

首先，编辑对漫画的选择和编排要注意在政治思想上把好关，因为政治、社会性漫画具有评论事实、发表意见的作用，必须要考虑到传播效果。有些不良的社会现象，虽然应该批评，但要采取与人为善的态度，一味采取无情打击的做法，不利于解决问题。同时，编辑对漫画中所反映的问题是否典型、反映的时机是否恰当、表现的方式是否合适、揭露和讽刺的分寸是否把握得当要慎重分析。

其次，编辑还要对漫画的意义是否深刻、构思是否新颖、笔法是否幽默风趣加以分析。要尽可能采用思想性强而且不落俗套的漫画作品。一幅好的漫画，不但要能令人惊奇，还要能令人思考，使人看后回味无穷。

二、图表的编辑

图表是报纸上一种形象化的资料展示，它包括统计图表、分析图和新闻地图。统计图表、分析图和新闻地图都是给读者提供形象化的资料，深化文字的内容，并加强文字的易读性，是编辑为读者服务的手段。图表最早是配合文字稿件使用的。当文字稿中有比较抽象的数字、内容或者难以描述的事物时，图表就会以形象化的方式给读者介绍。近几年，图表开始作为一种独立的报道体裁越来越多地出现在报纸上，为报社提供图示资料稿件，受到报社和广大读者的欢迎。

（一）统计图表

随着报纸版面的增加，读者读报所花费的时间总体上讲也会增多，图表的大量运用在方便读者快速阅读以及给读者增添读报乐趣方面是很有作用的。

统计图表是将统计数字以表格的形式进行条理化的罗列，使读者能够方便地阅读和比较。如果新闻报道和文字稿件中涉及的数字较多，而且这些数字需要进行比较，并能通过这种比较更好地表达主题思想，编辑就应该考虑运用统计图表帮助读者阅读理解。在2004年1月7日的《中国消费者报》上，刊登了一篇题为《逾七成消费者不满意服务态度》的文章，并配了一张统计图表。这张统计图表从“对消费者投诉的解决进度”、“消费者为同一问题去维修的次数情况”、“按六大区划分的投诉人分布”和“消费者对汽车维修网点服务态度的评价”四个方面作了条理化的罗列，方便读者阅读和比较。

统计图表主要用于说清数字概念，但报纸上使用的统计图表应该与经济工作中使用的不同。报纸上的统计图表主要用于说清数字概念，当然，报纸上使用图表是为了便于读者理解，引起读者的兴趣，因此要尽量讲究美观，构思新颖，以便产生直观的效果，增强理解和记忆（见图9-14）。

《中国汽车风云榜》
上周走势榜评

消费者最喜爱的汽车品牌

东风日产	一汽马自达	一汽奔腾	上海大众	上海通用
17%	12%	11%	10%	9%

消费者认为最佳售后服务汽车企业

一汽-大众	上海通用	广汽丰田	一汽马自达	广汽本田
23%	14%	13%	10%	9%

消费者最喜爱的车型

10万元以下车型				
比亚迪	奇瑞	捷达	爱丽舍	夏利
54%	27%	19%	12%	9%

10万–20万元车型				
标致307	马自达6	马自达3	赛迪欧	卡罗拉（花冠）
44%	9%	8%	6%	5%

20万–30万元车型				
天籁	迈腾	凯美瑞	雅阁	锐志
20%	19%	15%	14%	10%

30万元以上车型				
奥迪	宝马	克莱斯勒300C	奔驰	沃尔沃
21%	21%	16%	11%	10%

SUV车型			
普拉多	CR-V	陆地巡洋舰	瑞虎
21%	16%	14%	10%

（注：以上选项含多选）

图 9-14

这是《中国消费者报》2010 年 10 月 1 日的一个版面，将数字经过这样的表格处理，就显得清晰易懂了。

统计图表在版面上的运用，不但活跃了版面，还节省了读者的读报时间。编辑在设计制作这些图表时，除了对文字稿件进行详细的分析外，还要仔细检查统计图表中的数字。一要来源可靠、准确无误；二要具有可比性，能够说明问题、表现报道主题；三要安排得有条理，而且尽量避免文字稿件中的数字与图表中的数字重复，以便简练配发统计图表的文字。

（二）分析图

图表的作用在于使现象条理化、概念形象化，使要表达的内容准确地体现出来，因为数字是最能说明事物状态的，所以运用分析图，既可以增强新闻的真实性，又可以使读者清楚所要说的内容。《青年参考》曾刊登过一篇题为《七成中国高级经理人身心被压力困扰》的文章，并配了分析图。分析图从压力对个人生活负面影响的几个主要方面进行了分析，并用分析图展现出来，让读者十分清楚文章所要表达的内容。

分析图表是使复杂概念条理化的手段，它可以在读者心目中产生直观效果，增强理解和记忆。有些科普知识和时势分析，用文字来表达，一般读者不易接受。如果画成一幅分析图表，不但脉络清楚、生动活泼，而且版面引人注目，读者可以毫不费力、饶有兴趣地接受这一知识。

图表的设计，除了条理清楚、事实准确外，还应该形象美观、富有变化、不落俗套，这样才能不断地给读者以新鲜感。

（三）新闻地图

报纸上使用地图的目的，在于指明文字内容所描述的地理位置，从而显示其意义。所以凡是文字内容所牵涉的一些关键性地区，用文字说不清楚，或读者不熟悉的，便可以配以地图，使读者一目了然。

在报纸上，地图的比例一般不要求严格地按照比例尺准确地绘制，但是一定要主题突出，清晰易懂。而且，突出这些地点的新闻地图的表现方式也可灵活自由。比如，可以在地图上对强调的重点画星号标记，在战争发生地点画上战争标志，在发生病虫害地区画上相关害虫的图案等。

由于特殊的目的性，报纸上所用的地图与普通地图不同。首先，必须根据文字内容的需要，截取地图上的某一部分。其次，不必把这一地区的山脉、河流、道路、城市全部画出来，只要把文字中提到的内容画出来，这样简单明了，又能说明问题。所以，有时候无关大局的县城可以省略，而一个关键的小镇要印得特别明显。

编辑在选择地图时，首先要考虑到它能否充分说明问题，能否帮助读者更清楚、更准确地了解报道内容，以达到使用地图的预期目的。如果选用的是现成地图，要注意它的绘制年份。不能选用已经过时的版本。因为行政区域、边界划分都经常会有变化，旧版本的地图上可能反映的是过去的情况，与现实不相符。对新绘制的地图，也要注意它是根据哪一年的资料绘制的。如果在这些方面不注意，往往会造成错误，引起误解。如某个国家已经独立，有了新的国名，而使用的旧地图还使用着它殖民地时代的旧名；两国边界已经有了变动，而刊出的地图还是按原来的边界划分。如此种种，很容易引起外交上的纠纷，编辑新闻地图时都要引起注意，示意图更要根据最新的资料核实，防止差错的发生。

三、图饰的编辑

图饰是报纸版面上的一种美术装饰。美术装饰的种类比较多，它包括线条、色彩、版花，甚至还包括标题的字体等。图饰与图表不同，图饰不担负传递信息的功能，只是作为艺术性的装饰品点缀版面，活跃气氛。长期固定位置出现的图饰还有一种标志性的作用。

图饰主要用于装饰报头、报眉、标题、栏头。有时在版面上相对较空的位置，也穿插一些图饰，俗称“版花”。不同的图饰有不同的特点，会使读者产生不同的阅读心理，因此正确认识它们的作用，对于版面的美化是十分重要的。

（一）栏题

使用栏题的目的，在于加强重点报道的声势，突出报道的精神实质，实际上是重点报道的各条文字稿的总标题。栏题能增加视觉冲击力，它总领一个版面或这个版面的大部分，或者是一个专栏，栏题的美术装饰要根据内容来确定它的风格。栏题如果提出严肃的政治号召，形式要求庄重、朴实，不能太花哨，如字体要用宋体或黑体，用冷色调处理；有些栏题的内容是比较生动的新闻事件，形式可以活泼一些，如在栏题周围加上与主题协调的装饰画，字体可以用楷体或隶体，用暖色调来处理。

（二）题头

题头是经过美术装饰的标题，一般用在副刊上，一方面是表示向读者热情推荐这篇文章，另一方面也是为了美化版面。好的题头画应该是文字内容的“升华”，与文字的意境相吻合，以强化主题。题头的美化最简单的方法是用花纹网底或装饰图案，现代电脑排版技术的产生为版面的美化提供了强大的技术支持。

（三）栏头

栏头用以标明专栏名称，以点明专栏的特点，并对内容起渲染烘托的作用，故而要讲究艺术性。栏头的图案应该与专栏的内容一致，最好不要机械地画成“图解”。一个好的栏头，应该有独创的设计，做到既能体现内容又含而不露，既简洁明快又意味隽永。

（四）版花

版花是插在文字开头或末尾的装饰性小画，是美化版面的“游击队”。版花所占篇幅都不大，构图不应太复杂。在全版图片不多的情况下，有了它就可以打破版面的寂寞。它的图案与所插入的文章主题要和谐一致，以起到烘托的作用。好的版花要求既能体现内容又要简洁大方，起到画龙点睛的作用。

版花一般不用于政治性强、严肃、庄重的版面（如头版）上，经常在副刊上使用。可做版花的画种很多，写意的插画、富有幽默味的漫画以及图案画、剪纸、木刻等都可以。

因为现代报纸版面越来越强调对照片的使用，特别是新闻版，在彩色印刷普及之后尤其重视大幅彩色照片在版面上的地位。色彩成为版面上最富于变化也最具视觉冲击力的一个因素。在这种情况下，编辑开始大量运用电脑制作造型简单、不加装饰的栏头，但图饰在一些专版、副刊上的使用仍时有所见，而且恰恰也是得益于现代化的排版技术，编辑能够在版面缺少照片的情况下，能方便地用图饰来活跃版面气氛。

图饰用于装饰栏头在一些报纸的专版和副刊上备受青睐。值得注意的是，图饰虽然是版面的装饰物，但它对表达版面的编辑思想、标志版面或专栏的功能起很大作用。因此，编辑在设计和采用图饰时，要根据稿件的内容，以及版面整体安排的需要，选取最能传情达意的图片。当然，在图片较多、讲求时效性的新闻版面上，图饰的使用不宜过多。

◎思考题：

1. 新闻照片的编辑应注意哪几点？
2. 漫画、图表各有哪些主要类型？
3. 报纸编辑选择照片的标准是什么？

参考文献

蔡雯:《现代新闻编辑学》,四川人民出版社 1995 年版。
蒋晓丽:《现代新闻编辑学》,高等教育出版社 2003 年版。
许正林:《新闻编辑》,上海大学出版社 2002 年版。
邝云妙:《当代新闻编辑学》,暨南大学出版社 2000 年版。
郑兴东、陈仁风、蔡雯:《报纸编辑学教程》,中国人民大学出版社 2001 年版。
吴飞:《新闻编辑学》,浙江大学出版社 2000 年版。
姚争:《电视剪辑艺术》,浙江大学出版社 2003 年版。
饶立华、杨钢元、钟新:《电子媒介新闻教程》,中国人民大学出版社 2000 年版。
何苏六:《电视画面编辑》,中国广播电视出版社 2008 年版。
周勇:《电视新闻编辑教程》,中国人民大学出版社 2002 年版。
刘路:《新闻标题论》,中国社会科学出版社 2002 年版。
张子让:《当代新闻编辑》,复旦大学出版社 1999 年版。
任根珠:《实用版面编辑学》,山西高校联合出版社 1995 年版。
赵振宇:《新闻策划》,武汉出版社 2000 年版。
巴晓芳:《大众化报纸论析》,湖北人民出版社 2001 年版。
孔繁根:《摄影采访与图片编辑教程》,中国人民大学出版社 1990 年版。
胡武:《现代新闻编辑学》,武汉大学出版社 1996 年版。
特德·怀特:《广播电视新闻写作与报道》,新华出版社 2000 年版。
陆锡初:《广播编辑》,中国广播电视出版社 1989 年版。

后　记

第一版的《新闻编辑》曾是华中科技大学新闻与信息传播学院《21世纪新闻学业务丛书》系列之一。如今，当我修订本书时，已是七年之后了。

还记得当初辛苦撰写《新闻编辑》时的情景。那时我研究生毕业参加工作不久，受当时华中科技大学新闻与信息传播学院新闻系主任赵振宇教授之托，我接受了此书的写作任务。虽然自己当时已经在对本科生讲授“新闻编辑”一课，但毕竟经验不足，材料有限，从撰写第一个字开始，到书稿成形，始终是战战兢兢、如履薄冰，害怕自己的学术水平达不到著书的要求，害怕自己辜负了恩师的重托。当时，对我来说，这实在是个不小的挑战。

时光荏苒，绿了芭蕉，红了樱桃，一晃七年的时光过去了。在这七年中，我一直在从事“新闻编辑”的教学工作，学生送走了一批又一批，自己对新闻编辑理论的认识在教学相长的互动中也逐渐加深，有了一些切身的体会，手中掌握的材料也较以前丰富许多。

恰在此时，我接到了武汉大学出版社的电话，希望我重新修订《新闻编辑》，以期再版。这让我很是激动，一来能够重新修订本书，一直是我的心愿，因为我在后来的教学工作中确实发现了2005年版《新闻编辑》中存在的一些问题和不足；二来修订本书时，我已再次身处华中科技大学的校园中，正在攻读我新闻业务方向的博士学位，这可以让我有较多的时间和资源来完成这一任务。

最近一年来，身处喻园美丽的环境中，在安宁的心态中，我细细地修改原书中的每一章节，它是我七年来新闻编辑教学工作的一个总结，也是我对自己在此方向的一个交待，我希望能够尽我所能地将本书完善到最好，这成为我的一个梦想。不管它实际的水平是否达到了读者的期望，至少那是我心血结晶的一个体现。

在具体的写作过程中，我参阅了大量的书本资料和网络资料，我深深地感谢这些作者朋友们，他们的学术积累给了我很多写作上的灵感，如果说这本书还有一些价值的话，那都是与他们的默默支持分不开的。

感谢武汉大学出版社再次给我这个机会，感谢陶洪蕴主任对本书所做的辛勤工作，本书最后能与广大读者见面，与她的默默支持密不可分。

另外，我还想把本书献给我的女儿。她现在还小，我希望在她长大成人以后，能通过这本书看到妈妈当年辛苦奋斗的身影，明白做人要勤奋上进的道理，希望她能以我为前导，赶上我，并最终超过我，拥有她自己健康而生动的人生。

最后，真心地感谢各位读者朋友，谢谢你们！

陈红梅

2010 年 10 月于华中科技大学喻家山脚下